本书由国家社科基金重大项目"以全球城市为核心的巨
究"（22&ZD067）资助

经管文库 · 经济类

前沿 · 学术 · 经典

双循环格局下
长三角地区城际投资时空演化研究

SPATIO-TEMPORAL EVOLUTION OF INTERCITY INVESTMENT IN THE YANGTZE RIVER DELTA UNDER A DUAL CIRCULATION PATTERN

高 鹏 著

经济管理出版社
ECONOMY & MANAGEMENT PUBLISHING HOUSE

图书在版编目（CIP）数据

双循环格局下长三角地区城际投资时空演化研究/高鹏著．—北京：经济管理出版社，2023.7

ISBN 978-7-5096-9129-8

Ⅰ.①双…　Ⅱ.①高…　Ⅲ.①长江三角洲—城市—投资环境—研究　Ⅳ.①F299.275

中国国家版本馆 CIP 数据核字(2023)第 121251 号

组稿编辑：王　洋
责任编辑：王　洋
责任印制：黄章平
责任校对：蔡晓臻

出版发行：经济管理出版社
（北京市海淀区北蜂窝 8 号中雅大厦 A 座 11 层　100038）
网　　址：www.E-mp.com.cn
电　　话：(010) 51915602
印　　刷：唐山玺诚印务有限公司
经　　销：新华书店
开　　本：720mm×1000mm/16
印　　张：15.5
字　　数：286 千字
版　　次：2023 年 7 月第 1 版　　2023 年 7 月第 1 次印刷
书　　号：ISBN 978-7-5096-9129-8
定　　价：98.00 元

联系地址：北京市海淀区北蜂窝 8 号中雅大厦 11 层
电话：(010) 68022974　　邮编：100038

前　言

当前，中国正处于全面构建新发展格局、推动经济高质量发展的关键时期。该时期比以往更需要提高资源配置效率，优化生产力空间布局，促进地区间产业分工协同和要素自由流动。资本是经济增长的核心生产要素之一，其在区域间有目的性地流动，能够有效配置相对稀缺的要素资源。因此，推动资本要素的跨区域配置优化将成为经济发展的重点。城市中集聚了大量的企业，成为其开展投资经营活动的主要空间载体，在空间上形成以城市为节点的城际投资网络，其背后是资本和企业控制权在城市间的不断流动与重构。在经济全球化和技术革命的推动下，资本要素得以更加容易地跨越国界在全球范围内流动。长三角地区在中国最早迈开市场化步伐，受全球跨国资本的影响较大，成为中国吸引外资最为活跃的地区，且本地企业对外直接投资的规模和范围也持续扩大。同时，该地区在全国和区域范围内的产业转移速度明显加快，产业分工与合作不断加强。企业在全球、全国和区域范围内异地投资活动日趋活跃，使城市逐渐具有了多尺度的城际投资功能。因此，这就要求必须加强对长三角地区城际投资的多尺度研究，以全面认识并把握城际投资时空规律，引导资本跨区域高效配置。

基于上述研究背景，本书立足于多元学科相交叉、多级尺度相嵌套、多源数据与多种方法相融合，从多尺度网络分析的视角对 2003 年以来的长三角地区城际投资空间结构与演化进行了研究。鉴于研究主题的跨学科性质，本书吸纳了企业地理学、城市地理学、经济地理学和国际经济学等多学科的理论知识，关注长三角与境外、长三角与全国以及长三角内部等多尺度的城际投资格局；利用企业异地投资数据和社会网络分析方法构建多尺度城际投资网络，借助 GIS 空间分析方法和规模分布模式分析方法，刻画长三角地区城际投资时空演化特征；利用传统马尔可夫链分析与空间马尔可夫链分析相结合的方法，揭示城际投资时空演化的路径依赖特征以及空间因素的影响，利用向量自回归模型和地理加权回归模型相结合的方法，分别对同尺度和跨尺度的空间关联性进行检验；此外，选用空间面板计量模型分别对长三角地区城际投资的动力机制和经济绩效进行考察。

全书共分为八章对该研究主题进行了解构和分析。第一章为绪论，首先阐述了本书的选题背景，提出本书的研究问题及理论与实践意义，介绍了研究思路和研究内容，并在本章最后提出几条可能的创新之处。第二章为理论基础与研究进展，在梳理和归纳城际投资的相关研究进展和理论的基础上，构建出集“地理过程—空间关联—动力机制—经济绩效”于一体的长三角地区城际投资时空演化的理论分析框架。第三章为实证准备章节，介绍了本书研究对象的主要数据源，并对样本企业进行描述性统计分析。分析表明长三角地区吸引着越来越多的外资企业和国内其他地区企业到该地投资，同时长三角地区本土企业也开启了全球化、全国化以及本地化扩张进程，全球尺度上为生产性服务业驱动型，全国和区域尺度上为制造业驱动型，且各尺度均呈现跨行业多元化投资特征。第四章聚焦地理过程，结果表明全球、全国和区域城际投资网络分别处于快速发展、稳步发展和完善发展的阶段，城际投资格局已初步形成多尺度、多中心、多节点的网络型结构，“沪宁合杭甬”发展带日益凸显，上海、杭州、南京等在长三角地区逐渐发挥对外辐合全球和全国投资、对内辐射区域的作用。第五章聚焦空间关联性，结果显示长三角地区城际投资在“路径依赖与路径创造”“引进来与走出去”和“国内国外双循环互动”过程中分别存在显著的邻近空间关联性、同尺度空间关联性和跨尺度空间关联性。第六章聚焦动力机制，结果表明整体上全球化、市场化和地方化共同驱动着长三角地区城际投资的时空演化，但影响城市各尺度城际投资水平的主要因素共性与差异并存，而且周边城市的间接影响也不容忽视。第七章聚焦经济绩效，发现投资网络嵌入对城市经济增长的影响具有多维异质性，即融入的空间尺度越大，对城市经济增长的促进作用就越强，但随着时间的推移更多的是依靠国内（全国和区域）资本的流动，核心区域相较于外围区域在各尺度投资网络嵌入中获益较多，但后期外围区域也在网络嵌入中明显获益。第八章为结论与展望，并从城际投资的主导方向、双循环互动、环境营造、空间实践等方面，提出了促进长三角地区城际投资发展的政策路径。

笔者自 2016 年以来长期从事城市网络和区域经济的理论与实证研究，前期主要关注的是城市群内部的城市网络结构及其形成机制。近年来，“以国内大循环为主体、国内国际双循环相互促进的新发展格局”已逐渐成为我国应对风险的战略基石。双循环战略旨在实现中国经济的安全顺畅和持续增长，其中重要的问题是如何让双循环落地，与城市和区域发展实现有效对接。在此背景下，笔者对城市网络的研究重点从区内单尺度分析转向国内国外多尺度分析，从多尺度城际投资网络的角度来研究我国的双循环发展格局。本书系统汇总了笔者对长三角地区多尺度城际投资的相关研究成果，并获得国家社会科学基金重大项目“以全球城市为核心的巨型城市群引领双循环发展研究”（22&ZD067）的支持。全书在写作过程中，得到华东师范大学宁越敏教授的悉心指导，华东师范大学何丹教授也提出了宝贵的指导意见。本书的顺利出版也离不开上海师范大学全球城市研究院的同仁及经济管理出版社的支持，借此机会一并表示诚挚的谢意。

由于编写时间仓促，书中如有不足之处，恳请广大读者批评指正。

上海师范大学　高　鹏

2023 年 6 月

目录

第一章　绪论

第一节　选题背景

一、资本跨区流动规模和格局呈现新现象

过去40年间，境外资本大量涌入中国，在中国经济和社会发展中扮演着日益重要的角色。联合国贸易与发展组织的数据显示，中国实际使用外资已连续多年位居发展中国家首位。截至2018年底，在中国设立的外资企业累计达到96万家，实际使用外资超过2.1万亿美元。与此同时，中国对外直接投资迅速增长，与吸引外资差距不断缩小，2018年两者基本持平。根据相关数据，截至2018年底，中国对外直接投资存量达1.98万亿美元，超2.7万家华资企业在全球188个国家（地区）设立分支机构。与此同时，国内资本的规模也突飞猛进，且国内资本的跨区域投资日益活跃。以A股上市企业为例，2018年底企业数量已突破3500家，总市值近50万亿元；同时上市企业投资异地子公司的数量呈爆发式增长，同年年底异地子公司的总量已超过4.6万个，平均每家企业投资了近15个异地子公司（马光荣等，2020）。资本跨区流动在中国也呈现出一定的组织规律，表现为企业总部、研发中心和生产部门的分离现象，企业分部的区位选择改变了中国的经济地理格局，并重塑了中国的城市体系和城市的功能与地位（宁越敏和武前波，2011）。由此可见，中国的资本跨区流动规模和格局已呈现出新的发展趋势。如何进一步促进资本跨区域有序自由流动，既是中国发展面临的重大现实问题，也是学者应该关注的重点。

二、中国加快构建经济双循环发展新格局

当今世界正在经历百年未有之大变局，世界经济在后危机时代依然表现疲软，全球产业结构进入深度调整周期，大国战略博弈风起云涌。聚焦国内的经济发展，中国经济正向高质量发展阶段迈进，经济结构、发展模式与主驱动力亟待转型升级。在上述国内外背景下，“加快构建以国内大循环为主体、国内国际双循环相互促进的新发展格局”，是对“十四五”和未来更长时期中国经济发展战略、路径所作的重大调整，也是事关全局的系统性、深层次变革（刘鹤，2020）。

无论是从社会生产总过程中的各环节看，还是从要素和产品的需求与供给角度看，经济活动都是一个动态的循环过程。此过程本质上是商品（包括服务）、资金及信息在不同经济主体之间实现价值增值的循环过程（黄群慧，2021）。现实中的经济循环主要包括从数量到结构再到地域构成等几个层面。量的层面上是总供给与总需求的平衡，结构层面上是产业链与供应链之间的结构适应，而地域层面上则是产业与地理叠加的空间布局与优化改进（王玉海和张鹏飞，2021）。若以国家或经济体边界为划分依据，经济循环可分为内外两部分。其中，内循环就是国内市场如何能够出口转内销，将对外投资转化为国内投资并在循环中带动科技创新、产业迭代升级，促进经济持续发展。外循环是外部经贸关系如何与国内产业更好契合，国际市场如何与国内市场对接兼容，改变以前国内外相互阻隔甚至脱节的现象。从资本流动角度看，构建经济双循环发展新格局的重要手段是通过畅通资本内外循环，优化产业投资结构，目的是将资本引流到实体经济，关键是要落实到区域和地方实践中。

三、长三角一体化迈向高质量发展新阶段

改革开放前，中国各地方政府统一接受中央的纵向垂直管理，只有政府的行为才能干预城镇网络的发展，企业的行为基本上可不予考虑（宁越敏，1993）。改革开放后，长三角地区领先于全国迈开了市场化的步伐，地方企业和民营经济异地投资趋于活跃，成为中国经济最发达、一体化程度最高的地区之一。

长三角区域一体化可追溯至20世纪80年代初国务院关于成立上海经济区的决定。在经济全球化的席卷下长三角地区各省市定位更明确，经济外向度明显提高。长三角一体化发展过程中生产要素的空间集聚与扩散现象十分突出（毕秀晶和宁越敏，2013），城市之间存在较为密切的经济联系，形成了以上海为核心，杭州和南京为次中心，沪宁、沪杭、杭甬Z字形高速发展带，且外围地区也陆续

融入长三角经济网络进行协同发展（李仙德，2014；郑德高等，2017）。2019 年 7 月，中共中央、国务院印发《长江三角洲区域一体化发展规划纲要》，将长三角地区的战略定位确立为“一极三区一高地”。

长三角一体化已迈向转变发展方式、优化空间配置、转换增长动能的高质量发展阶段，其成功的关键取决于要在社会主义市场经济体制机制改革上走在全国的前列，通过生产要素的自由流动推进经济一体化（宁越敏，2020）。资本要素是经济增长的核心生产要素，促进其在一定空间范围内的自由流动与配置，是推动长三角一体化的重要抓手。1990 年，中央正式宣布开发开放浦东，自此以上海为核心的长三角地区快速融入到国际劳动分工体系当中，资本跨区域流动日益活跃。2018 年，全球尺度上，地区的外商直接投资、对外投资分别占全国的 39%和 29%（中共中央和国务院，2020）；全国尺度上，在除长三角地区以外的 2364 家 A 股上市企业中，有 70. 2%的企业在长三角地区设立分支机构，而在总部位于长三角地区的 1219 家 A 股上市企业中，更有多达 84. 9%的企业将分支机构设立在长三角以外地区；区域尺度上，74%的本地 A 股上市企业选择开展区内的异地跨城投资活动。

2018 年 11 月末发布的《中共中央　国务院关于建立更加有效的区域协调发展新机制的意见》也特别提到，促进资本跨区域有序自由流动是健全市场一体化发展机制的重要内容。已有学者注意到跨区域的资本流动或投资对于区域协调发展的重要意义，尝试从该角度来解析区域间的联系，但是多尺度、系统性的研究仍有待加强。因此，进一步深入探讨长三角地区异地投资问题，具有重要的科学价值和现实意义。

第二节　研究问题与研究意义

一、研究问题

城市是当代社会经济中生产与要素流动的基本节点，在城市实体地域中聚集了大量企业，且越来越多的企业选择超越城市边界进行异地投资。企业异地投资活动的日益活跃导致呈现大规模的资本跨区流动现象，进而促使城市经济辐射范围逐渐超越了传统的腹地范围，使城市具有了超越本地经济的全球、国家和区域等多尺度功能。长三角地区是我国经济发展的高地，位于该地区的城市在全球化、市场化和地方化共同作用下产生了城际投资活动的尺度分化，具有地理学特色的尺度在长三角地区城际投资演化过程中扮演了重要角色，成为分析城际投资空间组织规律的新视角。

基于以上研究前提，本书将题目定为《双循环格局下长三角地区城际投资时空演化研究》。因此，本书的主要研究目标是将企业间的异地投资关系投射为长三角地区城市与全球、外部（国内）和内部的城际投资连接，研究多尺度下长三角地区城际投资的网络化过程、分布模式和空间关联性，并探讨不同尺度城际投资的动力机制及其经济绩效问题。具体研究问题如下：

（1）探究长三角—境外、长三角—全国以及长三角区域城际投资网络分别处于哪个发展阶段，空间分布格局有何特征，网络对称程度如何且研究期间是否有所改善。此外，长三角地区各尺度城际投资的规模分布是否呈现多中心发展势头，是否符合齐夫定律，随着时间推移呈现怎样的集聚与扩散趋势，且不同维度的规模分布规律是否具有尺度依赖性。

（2）探究长三角地区各城市不同尺度的城际投资水平的路径演化特征如何（路径依赖还是路径创造?），在路径演化过程中是否受到邻近空间的影响。同尺度内、外向城际投资之间存在怎样的空间关系，这对于城市促进“引进来”与“走出去”协调发展有何政策启示。此外，不同尺度城际投资之间存在怎样的空间关系，这对于构建国内国际双循环互促格局有着怎样的政策意义。

（3）探究哪些因素影响了长三角地区各城市的城际投资水平，各因素对内、外向城际投资的影响有何差异，位于周边城市的各因素对长三角地区城际投资发展是否会产生影响。

（4）探究城市通过融入不同尺度的城际投资网络是否能促进城市的经济增长，邻近城市的城际投资发展状况能否对城市经济增长产生间接影响。此外，从时间和空间分异的角度看，各尺度城际投资影响程度的时序变化有何不同，其对核心区域和外围区域的影响有何差异。最后，应制定怎样的差异化政策以促进长三角地区城际投资协调发展。

二、研究意义

（一）理论价值：构建多尺度城际投资分析的研究框架

城际投资指的是城市之间投资的行为和过程，城际投资网络则为城市之间相互投资过程中表现出具有一定网络特征的空间结构形态。随着企业异地投资活动

的增加，城际投资格局日益呈现出网络化倾向，网络视角下的城际投资研究成为学术领域的热点问题。已有研究大多仅关注某一特定的空间尺度，多尺度视角尤为稀缺，且缺乏长时间的比较研究（李涛和张伊娜，2017），无法深入分析各城市在不同尺度城际投资网络中的地位及其变化趋势。本书将研究转向多尺度网络视角，构建了“地理过程—空间关联—动力机制—经济绩效”的较为完整的理论分析框架。按照这一研究框架，对长三角地区多尺度城际投资现象进行系统性考察，揭示城际投资的时空演化规律，分析空间因素对城际投资的影响，探讨城际投资的动力机制，验证城际投资对城市经济增长的作用及其时空异质性，具有重要的理论价值。本书还将拓展我国城市区域的研究视野，为国际上关于多尺度经济活动地理空间组织的研究提供来自中国的证据。

（二）现实意义：提供长三角地区城际投资格局的优化策略

长三角地区资本跨区流动日益频繁，互动合作不断加深，是我国开放程度最高和经济发展最强劲的地区之一。但整体上看，长三角地区城际投资发展不平衡、不充分，协同性有待提升，这成为长三角地区未来发展过程中面临的重要挑战之一。但同时需要看到，中国正加快构建经济双循环发展新格局，地方政府和企业处于“一带一路”建设及长三角一体化发展等国家战略机遇期，优化城际投资格局成为长三角地区更好地服务和融入新发展格局和国家战略的重要抓手。在此背景下，从多尺度网络视角研究长三角地区城际资本流动现状与演化趋势，提供长三角地区城际投资格局的优化策略，具有十分重要的现实意义。

第三节　研究思路与研究内容

一、研究思路

本书遵循“逻辑起点—实证准备—实证分析—研究总结”这一从理论到实证的基本分析逻辑，采用多元学科相交叉、多级尺度相嵌套、多源数据与多种方法相融合的手段，在新的发展背景下围绕“长三角地区城际投资时空演化”这一研究主题展开深入探讨。本书总体技术路线如图 1-1 所示：

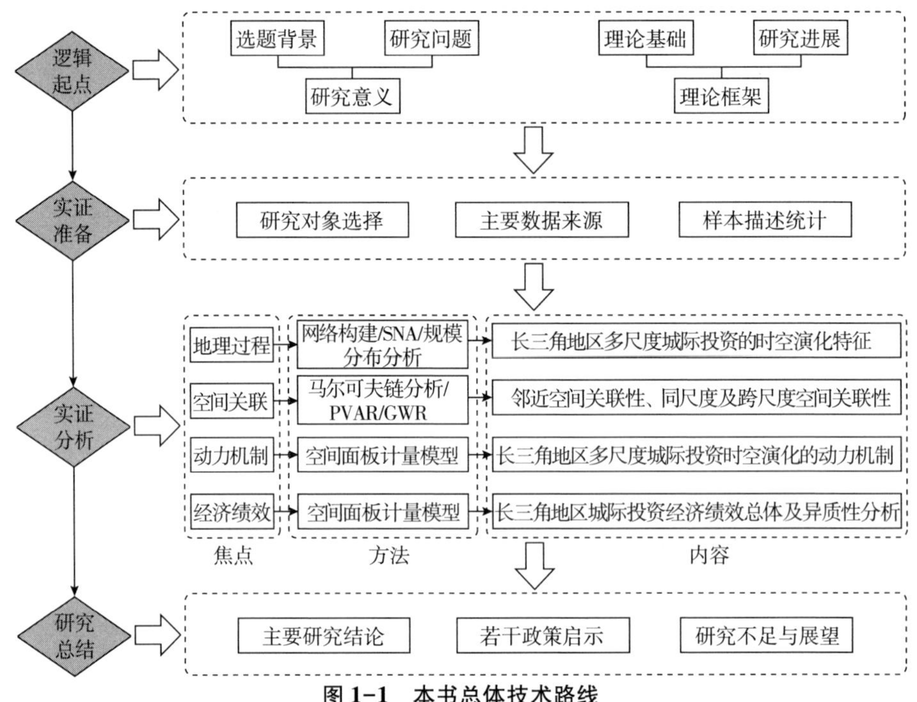

图 1-1 本书总体技术路线

本书的逻辑起点始于对资本跨区流动新现象、中国发展新格局以及长三角一体化新阶段等新发展背景的关注。在此基础上，对各学科相关理论进行梳理与归纳；此外，对城际投资的实证路径、不同尺度下城际投资的演化特征、形成机制及其对经济绩效等相关文献进行全面检索与回顾，总结现有研究进展及存在的不足，从而搭建起本书的理论分析框架。

接下来进入实证准备阶段。在该阶段需要确定本书的研究对象，即在全球、全国和区域尺度需要选取哪些城市作为本书的研究对象。紧接着需要确定各尺度城际投资数据的主要来源，进行数据的收集与处理，完成长三角地区城际投资数据库的构建工作。另外，本书还进一步对所收集的样本数据从投资企业数量、投资额、行业特征等角度展开描述性统计分析，为后文的实证分析做好铺垫。

在实证分析阶段，本书依次聚焦长三角地区城际投资的地理过程、空间关联、动力机制以及经济绩效四个方面的内容。首先，分别构建长三角—境外、长三角—全国以及长三角本地城际投资网络，结合社会网络分析（SNA）和规模分布模式分析等方法，揭示长三角地区多尺度城际投资的时空演化特征。其次，运用马尔可夫分析法识别出城际投资的邻近空间关联性；将面板向量自回归模型

(PVAR) 和地理加权回归模型 (GWR) 相结合，识别出其同尺度以及跨尺度空间关联性。再次，力图构建解释长三角地区各尺度城际投资动力机制的统一的理论分析框架，在此基础上借助空间面板计量模型对其进行实证检验。最后，同样借助空间面板计量模型对其经济绩效进行总体和异质性分析。

本书的最后对上述理论和实证研究进行高度概括和总结，凝练本书的主要研究结论，在此基础上提出优化长三角地区城际投资格局、推动更高质量一体化发展的政策建议。此外，本章的最后还深入剖析了本书存在的一些不足之处，并指明未来值得深入研究的几个问题。

二、研究内容

本书的主要内容分为八章，具体各章的内容如下：

第一章为绪论。该章节达到的主要目标是系统阐明全文的主旨及内容，其中包括本书的选题背景、研究问题、研究思路、研究内容以及创新之处等。

第二章为理论基础与研究进展。关于理论基础方面，梳理汇总可以用来解释城际投资现象的理论，它们是企业地理学中的企业空间扩张理论、企业空间组织理论以及企业与城市互动理论，城市地理学中的城市体系理论和城市区域理论，经济地理学中的集聚与扩散理论、路径依赖理论、尺度嵌套理论以及集聚经济理论，国际经济学中的对外直接投资动因理论以及投资发展路径理论。关于研究进展方面，梳理现有的关于城际投资研究中的主要实证路径，分析不同空间尺度下城际投资的特征与形成机制，归纳关于城际投资对城市与区域经济发展影响研究的主要观点，并做出简要评述和讨论。对文献的梳理与研究发现，尽管相关成果层出不穷，但遗憾的是国内外尚未有对多尺度城际投资的系统性理论探索与实证分析。基于此，在章末提出本书总体的理论分析框架。

第三章为研究区域与数据说明。本章首先说明全球、全国和区域尺度上研究对象城市选择的依据以及具体包括的城市；其次介绍数据来源，即全球尺度城际投资数据来源——BvD-Zephyr 全球并购数据库，以及全国和区域尺度城际投资数据来源——Wind 数据库中的 A 股上市企业年报，并详述数据收集与处理的过程以及研究时段的选取问题；最后对各个尺度上的样本企业数量、投资额、行业结构与行业联系展开详尽的描述性统计分析。

第四章为长三角地区城际投资的时空演化特征。本章首先依据图论的方法构建有向加权的城际投资网络。其次从网络结构和规模分布两个角度，分别对 2003~2018 年长三角—境外、长三角—全国以及长三角本地的城际投资的地理过程和时空演化特征进行分析。其中，关于城际投资网络结构的研究将主要借助社会网络分析方法刻画，重点描述全局网络结构、关联度以及中心性的空间演化，同时关注网络的对称性特征。关于城际投资规模分布的研究则利用多中心度指数和位序—规模分析法展开分析，以考察基于城际投资的城市体系规模分布规律以及集聚与扩散特征。

第五章为长三角地区城际投资的空间关联性。本章将与现实背景紧密结合，从三个方面揭示出空间因素对长三角地区城际投资发展的影响。首先，基于传统的和空间的马尔可夫链分析的结果对比，挖掘各尺度城际投资发展演化过程中邻近城市对其路径依赖的影响，并进一步讨论长三角地区城际投资发展路径演化的尺度异同性问题。其次，关注同尺度空间关联性问题，即在不同尺度上考察内向城际投资（“引进来”）与外向城际投资（“走出去”）之间的空间相互作用关系，采用理论分析与定量模拟检验（PVAR 模型和 GWR 模型）相结合的手段开展研究。最后，采取与同尺度空间关联性检验的相同的实证路径，对跨尺度空间关联性进行实证检验，为更好实现“国内国际双循环相互促进”提供科学依据。

第六章为长三角地区城际投资的动力机制。首先对全球化、市场化和地方化对长三角地区城际投资中的影响进行了剖析，其次引入空间集散、网络外部性和空间竞合作等机制，最后构建起解释长三角地区城际投资格局形成与演化机制的三角理论模型。在实证模型构建阶段，将引入空间面板计量模型，并从全球化、市场化和地方化三个维度选取计量模型的主要解释变量，对各尺度的总体城际投资水平以及内、外向城际投资水平进行解释。

第七章为长三角地区城际投资的经济绩效。在理论分析的基础上构建城际投资经济绩效模型，将各尺度城际投资水平作为核心解释变量，并根据柯布—道格拉斯生产函数以及新增长理论和新经济地理理论选取其他控制变量。在实证分析阶段，将从整体、分时段、分区域等角度考察城际投资对城市经济增长的影响和作用，从而证实城市的城际投资功能是影响城市经济增长的一个重要因素，并揭示各尺度的城际投资功能对城市经济增长影响的时空异质性。

第八章为结论与展望。在归纳全书主要结论的基础上，提出长三角地区推进更高层次的对外开放、引领全国高质量发展、形成区域协调发展新格局的实现路径和政策建议。最后指出本书存在的不足与未来进步值得深入研究的地方。

第四节　可能的创新之处

相较于以往国内外相关研究，本书的创新之处体现在研究视角、理论分析、研究方法和实践层面四个主要方面：

（1）研究视角的创新。企业网络的城市网络研究最重要的实证路径之一，最初主要应用于世界城市网络研究，后期在全国尺度和区域尺度的城市网络研究中也得以广泛应用。然而，现有研究多是从单一尺度入手，多尺度的综合集成式的研究尚不多见。多尺度网络分析是城市网络和城际投资研究的新视角，具有较大的研究潜力，值得引起学者重点关注。基于此，本书尝试突破传统的单尺度视角，构建“全球—全国—区域”多尺度网络视角下的长三角地区城际投资时空演化分析框架，为城市体系和城市网络的研究提供借鉴和参考。

（2）理论分析的创新。本书的理论创新是多方面的，总的理论贡献体现在构建了一个相对完善的理论分析框架，可对多尺度城际投资的地理过程、空间关联、动力机制和经济绩效进行全面系统的考察，这为相关研究指明了一条适用性较强的理论分析路径。其他较明显的理论创新点包括提出了长三角地区多尺度城际投资格局形成与演化机制的三角理论模型，以及从“供给—需求”“直接—间接”的角度入手来分析城际投资活动影响城市经济绩效的作用机制和作用路径。

（3）研究方法的创新。其一，利用长时段连续的数据，并引入擅长遍历性分析的马尔可夫链分析方法，完整展现了城际投资网络的地理建构过程，把静态的网络分析引向动态的路径演化研究。其二，如何揭示不同空间尺度之间的连接，在研究方法上有待突破（汪明峰，2019）。本书尝试引入面板向量自回归模型和地理加权回归模型相结合的方法，分别考察同一尺度内外城际投资之间以及不同尺度城际投资之间的空间关联效应及其动态演化规律，为相关研究提供了一条有效处理内生性问题的实证路径，填补了该方面研究的不足。其三，多数研究基于研究对象完全依赖城市自身固有属性的预设展开影响因素和网络外部性的计量分析，对于地理空间格局的影响重视不够，较少考虑周边城市的影响，估计结果存在偏差。本书在充分考虑这一空间相关性的基础上，采用多种空间面板计量模型对空间溢出效应做了具体测度。

（4）实践层面的创新。在区域发展中，城市网络往往作为一种空间规划的目标得以实施，促进了城市的网络化进程。如何从作为空间实践的城市网络的角度，回答当前推进的相关国家战略与政策中面临的实际问题，是城市网络研究中亟待创新之处。本书尝试从多尺度城际投资网络分析的视角出发，将研究的理论问题与当前的实际热点问题紧密结合，对长三角地区城际投资时空演化的地理过程、空间效应、动力机制和经济绩效展开实证研究，是城市网络研究在实践层面上的一个突破。

第二章　理论基础与研究进展

第一节　企业地理学相关理论

一、企业空间扩张理论

对企业空间扩张理论溯源发现，Hagerstrand（1952，1967）在对创新扩散的空间特征进行研究时首次提出空间扩散的问题，指出创新扩散具有邻近效应和等级效应。其中，邻近效应表现为创新由发源地向邻近空间进行扩散，等级效应表现为创新从高等级城市向低等级城市扩散。基于此，Morrill（1968）和 Hudson（1969）分别提出接触扩散理论和等级扩散理论，分别对 Hagerstrand 提出的邻近效应和等级效应做了较深入的解释，进一步推进了空间扩散理论的发展。自 20 世纪 70 年代以来，西方地理学者提出了很多理论模型，来揭示企业组织空间的演化过程，具有代表性的包括泰勒的公司组织变形与区域演化模型、哈坎逊的全球扩张模型以及迪肯的全球转移模型等（李小健，1999）。尽管这些模型存在差异，但向我们展示了企业空间扩张的一般轨迹：首先是从单厂到多厂、单区位到多区位的扩张，其次是销售起先导作用，再次是生产机构的建立，最后是市场占领促进企业的扩张。

企业空间扩张模式大体可归纳为接触式扩张、等级式扩张以及混合式扩张三类。其中，企业接触式空间扩张指企业在同一区域内层级上的范围扩张，具有地理邻近性和距离衰减性。有研究发现连锁零售企业的空间扩张较为符合接触式空间扩张的模式（Jones，1982；贺灿飞等，2011）。企业等级式空间扩张指企业按照不同的市场层级由高等级区域向次级区域扩张，由于该类扩张模式具有较高的门槛，从而阻碍了企业的扩张速度。在企业扩张过程中，地理距离并不总是起着非常强大的影响作用，市场规模有时会发挥更为重要的作用。等级较高的城市一般具有较大的市场规模，企业往往依据城市等级进行空间扩张。此外，企业实现跨区投资经营也可以在采取接触式扩张的同时采用等级式扩张，也就是混合式空间扩张模式。这种扩张模式是为了集合前两种模式的共同优势，如降低交易成本，实现规模和范围经济（Laulajainen，1988；娄帆等，2016；高士博等，2017）。

此外，关于企业空间扩张的方式也是多种多样的：可以通过企业内部自身的发展进入新的生产或服务行业，通过兼并（或合并）、控股（或参股）其他领域的企业，或者投资新建的生产经营单位，也可以通过与其他经营领域的企业实行契约式联合来实现等（安筱鹏，2004）。

二、企业空间组织理论

企业空间组织可理解为企业的地理结构，即多区位企业内部各部门之间按照一定结构组合成一体，各部门的空间分布塑造了企业的地理结构（李小健，1999）。在企业追逐利润最大化的前提下，企业空间扩张过程中就必然会呈现出一定的空间组织形态，以保证最大限度地提升企业的运行绩效。究其原因，为充分发挥不同区位的比较优势和竞争优势，就意味着企业必须根据各种管理层级和职能部门的需求进行区位决策，进而形成特定的企业空间组织。

对企业组织结构的研究一直是企业地理学的热点问题，诸多学者都对这一问题进行了探讨。随着企业发展战略的演化和技术的进步，企业组织结构也不断变化（钱德勒，2002），如从传统等级式的 U 型组织，到母子式的 H 型组织，再到多分部的 M 型组织，直到企业网络组织的出现。其中，U 型组织是现代企业最为基本的组织结构，其特点是管理层级的集中控制。H 型组织即控股公司结构，多地出现在由横向合并而形成的企业之中，总部持有子公司或分公司部分或全部股份，下属各子公司具有独立的法人资格。M 型组织是由一种相对独立的单位或事业部组成的组织结构，总部之下设立具有相对独立性的多个事业部或分公司，属于集权和分权相互结合的组织形式。信息化时代的到来使企业组织在空间上表现为两种特征（宁越敏和武前波，2011），一种是跨国公司各组成机构在空间上布局更加灵活，在全球范围内逐渐构建起全球生产网络，包括旗舰（flagship）公司自己的分支机构，以及它的转包商、供应商和战略联盟伙伴（Ernst 和 Kim，2002）；另一种是全球生产网络在空间上扩散的同时，并在地方上呈现出集聚的现象，形成不同类型的专业化集群，并分布在不同规模和不同职能的城市。

尽管企业空间组织的形态丰富，但学者对企业组织的区位研究集中于各分部的区位特征上（熊世伟和宁越敏，1997；李小健，1999）。对于企业总部而言，其本质是企业的经营管理中心，该功能就使得企业总部需要位于交通、信息、金融等可得性较好的区位；对于企业研发部门而言，由于其技术、知识密集性的特点，其对区位的要求一是需靠近各种科研机构，二是便于获取掌握相关技术的人才；对于企业生产部门而言，一般来讲需要遵循接近原材料来源地、接近劳动力市场、接近市场等基本布局原则。

三、企业与城市互动理论

企业与城市互动理论认为，大型多区位企业与城市之间的关系是一种相互嵌入的复杂关系。具体而言，城市是企业活动的主要空间载体，位于城市中的企业不可避免地要嵌入城市所形成的关系网络之中；城市还嵌入在企业的空间组织中，城市经济反映了它们嵌入大型企业组织空间的不同方式（Dicken，2003）。企业与城市之间通过这种双向嵌入性耦合在一起，而这种嵌入性所反映的每个层面都对企业投资经营活动空间组织的重构提供了不同的动力，进而推动城际经济（包括投资）关系的形成与演化（李仙德，2015）。

诸多学者将企业网络和城市网络相耦合来解释现代经济背景下的城市体系演变。对二者关系的探讨可追溯至海默（Hymer）对跨国公司的研究，他首次探讨了跨国公司组织结构与其所处的地理空间的相关关系（Hymer，1972）。Pred（1977）认为，在工业化过程中，大型多区位企业组织（multilocational business organization）构成了城市系统中城市之间相互依赖关系的复杂性。Conhen（1981）认为，新国际劳动分工是沟通跨国公司经济活动和世界城市体系两者之间重要的桥梁。宁越敏和严重敏（1993）较早地从劳动空间分工的角度探讨中国中心城市的不平衡发展及空间扩散问题，提出在中心城市企业集团的发展中，除保留企业总部、产品销售及研发等部门外，应将一般的生产部门向劳动成本较低的地区转移，遵照劳动空间分工规律逐渐形成合理的城市体系。大量研究显示，城市网络是企业网络不可或缺的嵌入环境（Wall，2009）。Camagni（2007）认为，不同的企业空间组织逻辑能够在城市体系中引发不同的效应，由此形成不同的空间组织模式。他将企业空间组织逻辑分为地域的、竞争的和网络的三种逻辑，并分别导致不同类型的城市网络，分别为等级式网络、垂直网络、互补性网络和协同（创新）网络。近年来，基于企业网络的城市网络理论与实证研究层出不穷，其中又以 GaWC 小组的研究最具代表性，其构建的企业—城市耦合的经典城市网络模型——连锁网络模型（Taylor，2004，2014），在学界得到广泛应用。

第二节 城市地理学相关理论

一、城市体系研究：从中心地到网络的范式转向

“城市体系”（urban system）是指地处一定地域范围内一组相互关联的、具有一定结构和功能的城市综合体（于洪俊和宁越敏，1983）。从该定义出发，城市体系的研究内容较为广泛，其中城市间的相互作用关系是城市体系最为重要的研究内容之一。德国地理学家克里斯·泰勒通过对德国南部城镇的调查，建立起中心地理论（central place theory）。该理论从城市众多的职能中，选取服务职能作为城市的中心职能，对各中心职能划分高低等级，并依据中心职能等级对中心地进行划分。可见，中心地理论把城市体系的组织形式看作自上而下的城市等级体系。如图 2-1（a）所示，人们想要购买或享受更高等级的产品或服务，只能去更高等级的城市，同一规模等级城市之间则不产生交流，从而忽视了同等级城市之间的水平联系。

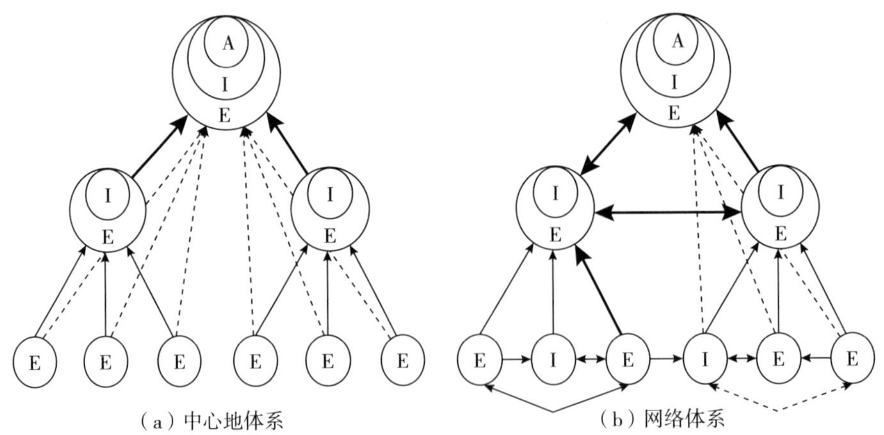

图 2-1 中心地体系与网络体系

注：资料来源于汪明峰（2007）的文献；E、I、A 分别表示城市拥有的基本的（Elementary）、中级的（Intermediate）和高级的（Advanced）产品或服务。

20 世纪 90 年代以来，在以快速交通为基础的物理连接和以信息技术为基础的虚拟连接的支撑下，围绕各类要素流动而建立起来的流动空间（space of flows）不断浮现（Castells，1996）。有越来越多的学者注意到流动空间背景下城市网络的巨大潜在影响，认为它带来了认识城市体系的全新范式转变（Camagni，1993；Cooke 和 Morgan，1993；Meijers，2005）。这种研究范式的转变首先是基于城市专业化分工与合作程度不断深化所引起的集聚经济的变化，即集聚经济在继续强化中心城市成为经济增长中心的同时，也打破了传统的中心地城市等级体系，城市间关系变得更加复杂多样，并呈现网络化的城市体系组织新模式。如图 2-1（b）所示，在这个体系中，规模不再是决定职能高低的唯一因素，小城市也可以拥有更高等级的职能，从而为中等城市甚至大城市提供产品或服务。此时，在该城市体系中，不仅包括自上而下的垂直联系，还衍生出城市间双向的、跳跃中间层级的垂直和水平联系等（Smith 和 Timberlake，1995；沈丽珍和顾朝林，2009；汪明峰，2019）。

尽管网络已成为城市体系研究的主流范式（胡国建等，2019），但仍然不可忽视等级结构存在的事实。正如汪明峰（2007）所言，现实中的情况往往是“等级+网络”的复合型城市体系。Campagni（1993）所提出的“城市网络等级体系”（the hierarchy of city-networks）就体现出类似的内涵。城市网络等级体系具体是由三个等级的城市网络所构成，由高到低分别为由世界城市组成的网络、由专业化的国家城市组成的网络以及由专业化的区域城市组成的网络。在该体系中，各等级之间都会产生交互作用，既存在垂直的层级差异，也存在横向的互补和联系。

二、城市区域理论：场所空间与流动空间的辩证

19 世纪末至 20 世纪，西方城市的实体地域在数量和规模上不断扩张，逐渐显现出若干个都市区在地域空间上连绵化的现象，并引起了西方学界的广泛关注。Howard 在其著作中提出田园城市概念，同时也较早提出城镇集群（town cluster）的规划设想；在 Geddes 于 1915 年出版的《进化中的城市》一书中则用组合城市（conurbation）的概念来描绘城市新的发展趋势。1957 年，法国地理学家 Gottmann（1957）在研究美国东北部城市体系时提出“megalopolis”这一术语，用它来定义世界上的巨大城市带，开创了现代城市区域研究的先河。此后，McGee（1991）提出半城市化区域（desakota region）概念，指城乡互动过程中形成的由大城市、城市边缘区、半城市化地区、农村人口密集区和人口稀少区等共

同组成的区域；Scott（2001）定义了全球城市区域（global city-region）的概念，认为全球城市区域是全球化和地方化相互作用的链接点，是城市为培育全球竞争优势，以错综复杂的方式加强和腹地的跨界联系所形成的一种区域城市体系；Hall 和 Pain（2006）提出巨型城市区域（mega-city region）概念，指介于 10~50 个城镇，空间上分离但功能上相互联系，通过新的劳动分工显示出巨大经济力量的城镇密集区域。

中国学者对城市区域的研究自改革开放以来日趋活跃，目前已成为中国城市地理领域重要的研究议题。于洪俊和宁越敏（1983）在 1983 年出版的《城市地理概论》中首次以“巨大城市带”的译名将 Gottmann 的思想系统引入中国，从此引起国内学界对这一地理现象的关注；宋家泰等（1985）于 1985 年编写的《城市总体规划》一书中首次提出城市群的概念，并定义为多经济中心的城市区域；1988 年，周一星（1988）在都市区基础上，提出与大都市带的尺度相似的概念，即都市连绵区；步入 20 世纪 90 年代，中国沿海地区城乡空间结构发生了显著变化，中心城市与周边区县的经济联系日趋紧密，由此构成的都市区快速崛起（谢守红和宁越敏，2005），空间上邻近的若干都市区组成类似西方大城市带的新型城市群体组织，其中长三角地区是典型的区域（宁越敏等，1998；李健等，2006）；姚士谋（1992）在全国层面上进行了系统研究。

目前，对城市区域的研究主要是置于场所空间和流动空间这两大理论框架下进行。在早期文献中，城市区域空间和边界的识别和划定长期以来依赖于行政区划和社会经济统计指标（如城市化水平、人口等级规模、经济指标、基础设施等）（McGee 和 Robinson，1995；Dewar 和 Epstein，2007），以及通过探索性空间数据分析（Celebioglu 和 Dall'erba，2010）、遥感影像识别（Kumar 等，2011）和夜间光照数据（Yu 等，2014）等进行空间形态透视。这种基于“场所空间”理论所理解的城市区域是一种“马赛克”式的城市区域，很难指出城市区域是如何通过空间互动的社会经济活动过程再现的（Harrison 和 Growe，2014；Zhang 等，2018）。随着地理学领域的“关系与网络转向”，主张将空间概念化为网络关系的视角对场所空间下的城市区域研究提出了挑战（Allen 和 Cochrane，2007）。发展成熟的城市区域的一个关键特征是其内的城市在功能上是跨界互联的，并具有巨大的集聚外部性，因此城市之间的功能经济联系是认识城市区域的关键决定因素（Taylor 等，2009，2013）。此外，目前对城市区域多中心的研究也分为形态多中心和功能多中心两种思路，前者基于场所空间理论，关注区域内各中心的属性规模，认为规模差异较小的、层级少的即为多中心结构；后者则基

于流动空间理论，关注区域内各中心之间的关系，认为关系分布是均衡的、多方向的即为多中心结构（Parr，2004；Liu 等，2016；孙斌栋等，2017；卓云霞和刘涛，2020）。

随着研究的深入，越来越多的学者意识到城市区域是地域空间和功能主体共同作用的产物，单一视角的研究有其局限性（Burger 和 Meijers，2012；张艺帅等，2018；Zhang 等，2020）。在侧重研究城市区域场所空间特征时，也要注意从功能联系的角度来看区域空间的组织关系；在基于流动空间视角研究城际关系时，亦要一同考虑到实体地域的场所属性特征。Rozenblat（2010）从企业行动者微观视角出发，构建了企业空间组织从城市内部到城市之间的推进过程，体现出城市区域是场所空间与流动空间耦合作用下的地域空间组织。具体来说，企业根据目标城市的人力资源、基础设施、资源禀赋、创新环境、制度厚度等属性特征选择集聚，由此形成以集群为主要形式、体现地方属性特征的地域生产系统，且在其内部建立起一个复杂密集的地方网络。与此同时，各个城市区域在全球化作用下尺度上推，在更大的空间尺度上配置资源、扩大市场布局，推动供应链调整、产业结构升级和价值链跃迁，实现全球网络与地方网络的紧密嵌套。

第三节　经济地理学相关理论

一、经济活动空间分布动力：集聚与扩散

面对现实世界中普遍存在的经济活动空间分布现象，以完全竞争和规模报酬不变为前提假设的新古典经济学无法给出合理的解释。直到 20 世纪 90 年代开始，以 Krugman（1991）为代表的学者对新经济地理理论展开了详细的研究。新经济地理学者利用包括区位因素、运输成本、垄断竞争、报酬递增等因子的数学模型模拟空间集聚经济，成功将空间问题纳入主流经济学的分析范畴，从而对不同尺度的经济活动集聚与扩散现象做出了较好的解释。

表 2-1 为 Fujita 和 Mori（2005）所归纳的经济活动空间分布的集聚力来源和扩散力来源。具体分析，考虑运输成本的生产异质性商品的企业向同一区域聚集，该区域的消费者能够获得多样化的产品，并吸引其他消费者向该地迁移，因此该地市场规模不断扩大，随之产生了更多的商品需求和劳动力需求，进而吸引

更多的企业向该地聚集。在循环积累机制的作用下，形成了经济活动空间分布的集聚动力。虽然不同的新经济地理理论模型中关于扩散力的分析有所差异，但基本可以归纳为由不可移动资源所引致的地方需求推动力和要素价格推动力。其中，地方需求推动力来源于消费者的空间分散，要素价格推动力来源于集聚经济带来的土地消费和使用价格的提高以及劳动力成本的增加。经济活动空间分布由集聚力和扩散力相对强弱所决定，当前者大于后者时，经济活动趋于空间集聚；相反，当前者小于后者时，经济活动则趋于空间扩散。

表 2-1 经济活动空间分布的集聚力来源和扩散力来源

集聚力来源	扩散力来源	原型模型
1. 产品的规模报酬递增； 2. 消费者的多样性偏好	不可移动资源：劳动力	Krugman（1991）
	不可移动资源：1. 土地；2. 生产	Fujita 和 Krugman（1995）
	不可移动资源：1. 土地；2. 消费	Helpman（1998）

资料来源：由 Fujita 和 Mori（2005）的文章整理所得。

城市经济学理论关注各类经济要素在空间上的集散对城市区域空间结构的影响（奥沙利文，2008）。早在 20 世纪 50 年代，佩鲁、缪尔达尔和赫希曼等关于空间极化理论的研究就蕴含了集聚与扩散效应在增长极与区域腹地联系和互动中的作用。Friedmann（1966）构建了区域发展空间演化模型，认为随着经济发展阶段的推进，在极化效应和扩散效应这对矛盾的共同作用下，区域空间结构经历“前工业化阶段的低水平空间均衡—过渡阶段的单中心增长极—工业化阶段的集中的分散—后工业化阶段的高水平多中心均衡”的演化过程。此外，Hall（1984）的城市演变模型、Lang 和 Lefurgy（2003）提出的“无边城市”以及 Meijers（2008）、孙斌栋等（2017，2019）关于形态/功能单中心—多中心的研究等，均体现出城市区域的集聚与扩散问题。

二、区域经济空间演化：路径依赖与路径创造

“路径依赖”（path dependence）描述的是惯性发展的现象。20 世纪 80 年代该概念被引入经济学领域，特别是通过 David（1985）关于技术经济史的研究、Arthur（1988）关于非线性与自增强经济过程的研究以及 North（1990）关于制度变迁问题的研究，此后路径依赖这个概念得到多个学科的广泛关注，成为解释经济社会系统演化的重要范式。路径依赖可以表述为某个系统如果进入某一路

径，在发展惯性的驱动下进行自我强化，甚至将锁定于这一特定路径上（尹贻梅等，2012）。可见，路径依赖可归纳为三个基本特征：第一，产生的随机性；第二，产生后的积累和自增强机制；第三，路径锁定（path lock-in）。

路径依赖具有明显的经济地理含义，如一些国家或地区由于建立起收益递增机制，使经济要素和财富生产在此不断集聚，而一些国家或地区却陷入发展陷阱，产生强者愈强、弱者愈弱的“马太效应”，在空间上则呈现出不断强化的“核心—边缘”空间结构。随着经济地理学经历一轮新的“演化”“制度”以及“关系”转向，路径依赖被陆续引入到该研究领域，并迅速成为学者们理解区域经济景观演化的基本理论之一（Martin 和 Sunley，2006；Boschma 和 Martin，2010）。区域路径依赖由诸多因素造成，归纳起来大致包括七个主要来源（Martin 和 Sunley，2006；Martin，2014）：一是自然资源，即依赖和受制于某一特定原材料或资源而形成的区域发展路径；二是由地方专业设备、基础设施、生产场地等物质资产所带来的沉没成本；三是由产业专业化所引致的地方外部经济；四是区域技术锁定效应，即通过地方集体学习、认知惯性、知识转移和模仿行为形成独特的地方技术制度或创新体系；五是企业衍生（spin-off）引致的区域经济发展，即当一个企业诞生并获得成功后，该企业作为母公司开始衍生出众多子公司和新的企业，当地产业随之具备了自我生长的能力，继而推动区域经济发展演化；六是集聚经济，包括产品和劳动力市场效应，以及由供应商、相关服务和信息等构成的紧密网络；七是区域间各类相互联系和依赖的关系，如投入—产出关系。

路径依赖是区域产业经济空间演化的重要特征，但有些区域能够从嵌入的结构中脱离出来，突破现有路径并创造出新的发展路径。如图 2-2 所示，产业经济空间演化的典型路径依赖模型分为四个阶段（Martin，2010）：首先，路径依赖被视为一种非遍历的随机过程，初始期小的历史偶发事件或随机事件，可能会对某产业第一批企业的初始区位有重大的长期影响；其次，由于惯性的力量，企业的区位选择不断自我强化，产业经济空间演化的初始路径被创造出来；再次，在规模经济、集聚经济和网络外部性等机制的作用下，产业与区域获得报酬递增效应，导致有利的路径依赖效应，然而，路径依赖也可能导向不利的局面，如一旦区域陷入刚性和过度专业化的陷阱，将最终致使区域走向衰落，产生路径依赖的锁定效应；最后，路径解锁（path delocking）阶段，即不可预测或以外的外部冲击将导致产业区位格局的不稳定与扰动，甚至导致整个产业和区域经济的衰退。

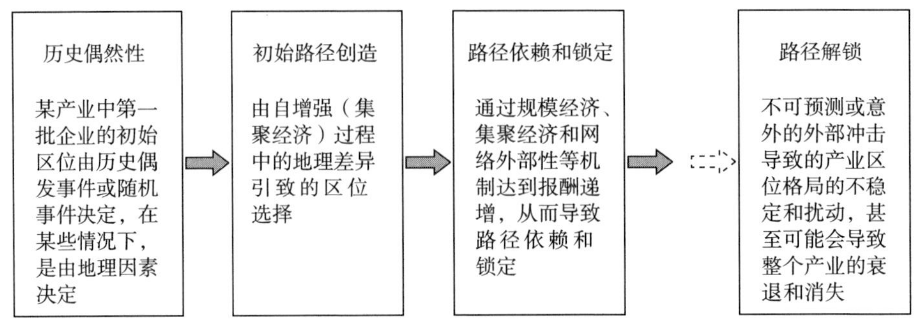

图 2-2　产业经济空间演化的典型路径依赖模型

资料来源：根据 Martin（2010）的文献绘制。

“路径创造”（path creation）理论研究的是路径解锁后路径自身变化和路径转变的可能性。经典的路径依赖模型强调路径创造是纯粹的随机过程，路径解锁后因为微小的偶发事件而在多种可能的路径中无目的性地选择了某条路径，并在自增强机制作用下沿着该路径持续发展。另外，区位机会窗口理论也认为路径创造主要受客观偶然因素的影响，即新产业很可能相当程度上独立于已有空间结构和条件而发展，这意味着新产业兴起阶段具有大量区位可供其选择，新产业可以任意选择满足其发展的区位，具有初始区位空间选择的随机性和偶然性（Storper 和 Walker，1989；Boschma 和 Lambooy，1999）。实际上，对于已经形成的区域路径锁定，企业家和地方政府可以“有意识偏离”现有路径，创造出新的区域发展路径（Garud 和 Karnøe，2001）。全球生产网络理论也强调，区域资产（包括知识、技术、劳动力等）与行动主体之间能动性的战略耦合能够促进区域创造新的路径（Coe 和 Yeung，2015）。

三、经济地理研究新视角：全球与地方互嵌

“尺度”（scale）是地理学最具代表性的学科研究视角之一，与空间、地方、网络等概念共同构筑了人文地理学基本的概念群组和话语体系（Andrew，2011）。人文地理学视角下，尺度是一个社会建构的概念（Maston，2000），可以从“等级的隐喻”“实践的工具”“认识论框架”三个方面对尺度的概念进行剖析与理解（王丰龙和刘云刚，2015）。其中，从等级的隐喻视角来分析尺度，反映了学界对尺度最为普遍的认知。至于可以把现实世界分为几级尺度，不同学者持有不同的理解。其中，较具代表性的研究成果是 Taylor（1982）提出的三级尺

度体系，即在“边缘—半边缘—核心”世界体系结构的基础上引入了“全球—民族国家—地方”垂直尺度体系，分别对应于作为真实的尺度、作为意识形态的尺度和作为日常体验的尺度。Smith（2008）立足马克思主义空间生产理论，提出全球、民族国家、区域和城市四级地理尺度，其中全球尺度是资本和要素流通的空间范围，随着全球化的发展资本和要素在国际间流动和转移；民族国家尺度是由资本和政治权力两者相结合而形成的特定空间载体，是参与全球劳动空间分工与竞争的主要组织单元；区域尺度是现代经济运行的主要空间表达，随着区域化的发展该尺度已成为空间生产的重要空间组织形式；而城市尺度是劳动力日常工作和其他生产要素组织管理的基本节点，与劳动过程和价值增殖过程联系紧密。

传统的方法根据经济系统的机制（投入、产出、价格、技术等）来分析区域经济。与传统的分析方法不同的是，20 世纪 80 年代以来，新区域主义成为经济地理学和城市与区域研究的重要取向。新区域主义流派十分重视地方化之于现代生产空间组织的重要性，强调地方关系资产、内部根植性、制度厚度等对技术创新和区域经济发展的决定性作用（Cooke 和 Morgan，1998；Scott，2002）。例如，Storper（1997）认为，对地方尺度的分析是理解全球经济的关键所在，他通过重新认识学习、技术和地方机构在区域发展中的作用，提出“技术—组织—地域”三位一体的地域生产系统组织模式。

然而，另一派学者却十分强调超越地方尺度的分析，认为局限于区域内部的技术与生产合作会诱发消极路径依赖，可能最终导致区域走向衰落。尽管空间和非空间的邻近形式有助于知识交流，但并非所有的知识互动都发生在地理邻近的地方，区域外的知识联系对城市地区来说越来越重要（Dicken，2004；李琳和熊雪梅，2012；Trippl 等，2018）。其中，跨国公司扮演了重要角色，塑造了地区更加复杂和多元的空间知识与经济体系（Cantwell，1995；Phelps，2008；Pavlínek，2012）。

随着现代交通与通信技术的发展和生产方式的转变，企业生产过程的空间组织模式也发生相应变化，从过去全球和地方割裂的单一尺度，演变为全球与地方相互嵌套形成的“全球地方化”（glocalisation）（Swyngedouw，2004）。区域边界具有多孔的特性，网络成为准确理解全球与地方尺度的关键（Cox，1998）。近年来，一些学者基于关系网络的分析范式，为全球和地方发展提供了一个多尺度理论分析框架（贺灿飞和毛熙彦，2015）。关系经济地理学家 Bathelt（2002）构建了著名的“全球管道—本地蜂鸣”（global pipeline and local buzz）理论模型，认为某一地区既可通过“全球管道”获取本地区之外的新异知识和先进技术，又通过“本地蜂鸣”不断将知识传播扩散至本地，形成“全球—地方”良性互动的知识获取空间路径，从而为区域发展带来巨大的竞争优势。全球生产网络学派强调多空间尺度多样化行动主体之间的互动过程，认为地方与生产网络之间的战略耦合（strategic coupling），是地方与全球建立经济联系的重要机制，有助于区域实现价值产生、价值提升和价值保持（Coe 等，2008；Yeung，2009；李健和宁越敏，2011；刘逸，2018）。

Gottmann（1976，1987）把巨大都市带描述为“不仅是孕育社会经济发展趋势的空间场所，还是链接两个或多个空间网络的枢纽，其中一个为国内网络，另一个为国际和海外网络”。因此，可以明显地看出，巨大都市带的概念强烈地隐喻了该城市系统经济功能是多尺度嵌套（全球—国家—地方）的。正如 Harrison 和 Hoyler（2015）所指出的，巨大都市带所具有的孵化器和多尺度链接功能体现出关系经济地理的特征。宁越敏等（2011）也强调，大都市区是多尺度劳动空间分工叠加的结果，核心大都市区通过垂直和水平空间分工与周边腹地区域结合成全球城市—区域，经过空间尺度上推（upscaling），在全球范围内进行资源配置，参与全球竞合（见图 2-3）。

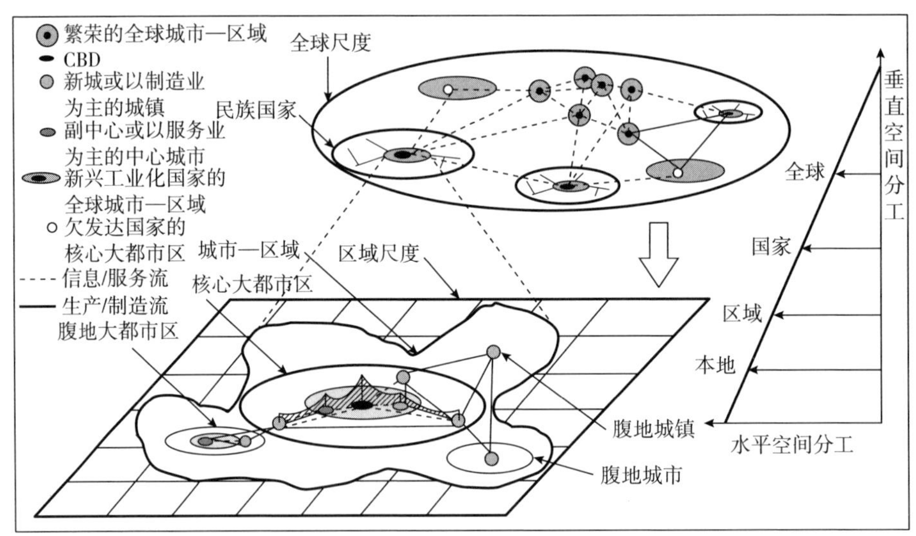

图 2-3　多尺度劳动空间分工主导的全球城市—区域格局

资料来源：宁越敏和石崧（2011）。

四、集聚经济理论流变：从集聚外部性到网络外部性

集聚经济理论关注各种产业和经济要素的空间集聚所带来的经济效果，已成为经济地理学和空间经济学等学科持续研究的重点理论之一，其主要讨论的是企业区位、产业和城市与区域集聚的形成机理。如图 2-4 所示，随着研究的深入，近年来学界逐渐深化对集聚经济生成形式和地域范围的认知，从而导致集聚经济的研究焦点从传统的集聚外部性向跨越地理边界的网络外部性的转变（林柄全等，2018）。

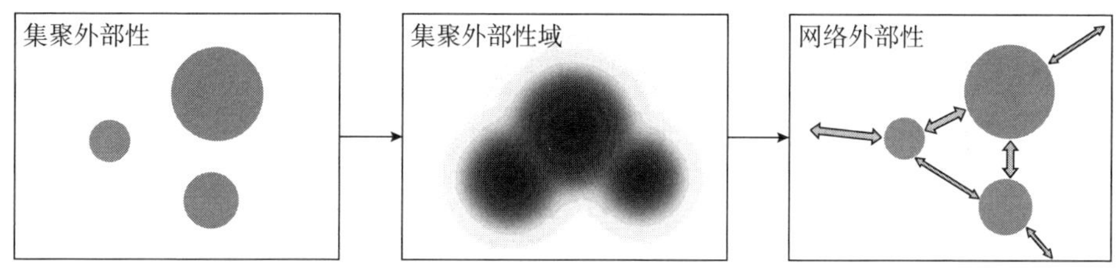

图 2-4 从集聚外部性到跨越地理边界的网络外部性的演进

资料来源：根据 Burger 和 Meijers（2016）的文献绘制。

“集聚外部性”（agglomeration externalities）指大量的经济主体彼此接近和集聚，这种集聚能够带来成本降低和效率的提高。经济活动的空间集聚是城市得以形成和劳动生产率得以提高的主要驱动力之一。Krugman（1991）等新经济地理学派将集聚外部性纳入规模经济分析之中，认为集聚外部性引致的规模报酬递增效应加速了城市发展；Glaeser 等（1992）和 Henderson 等（1995）建立了一个动态城市增长模型，将集聚外部性内生化于卢卡斯和罗默的内生增长理论框架，并识别了静态和动态外部经济之间的差异。城市集聚外部性的形成主要来源于三个微观机制：第一，公共基础设施和中间投入品的“共享”；第二，市场主体和经济发展要素之间的“匹配”；第三，知识与信息扩散的“学习效应”（Duranton 和 Puga，2004）。长期以来，“共享、匹配、学习”三个机制的实现方式通常受限于单体城市边界内部或者某个经济集聚区，且外部效应呈现出显著的距离衰减特征（Baldwin 等，2008；皮亚彬和陈耀，2019）。

Capello（2000）将“网络外部性”（network externalities）概念引入集聚经济研究中，指出城市之间的功能关系往往更具互补性，而非竞争性，这得益于规模经济、知识交流和协同效应。城市网络作为一种空间组织系统，由各种经济和社会纽带将城市连接起来，原本不相邻城市之间也可以通过彼此的功能联系实现互补整合（功能互借）和协同效应（Boix 和 Trullen，2007），促使集聚经济能够超越单体城市边界在更大的地理尺度上发生。因此，网络外部性是对传统集聚经济理论的重要补充。城市群地区之所以具有更强的经济集散能力和更高的效率，正是由于单个城市集聚外部性和城市间网络外部性共同驱动的结果（魏守华等，2013）。甚至有学者指出，城市发展越发依赖于建立和维持与其他城市之间联系的能力，网络外部性对城市发展的贡献可能超过本地集聚经济的影响（Meijers 等，2016）。例如，纽约和伦敦等城市的影响力已越发取决于与世界城市网络的连通性，而不仅仅受自身绝对规模的影响（Taylor 等，2014）。

然而，需要引起注意的是，并非每个城市都能从网络嵌入中获取同样的经济效益，中小规模的城市在城市网络中容易滑向从属地位，此时向大城市的借用规模行为会受阻，反而更易产生虹吸效应，出现集聚阴影（agglomeration shadow）（Meijers，2015），按照中国的语境即为“灯下黑”。例如，以前的“环京津贫困带”现象就是集聚阴影存在的具体表现（陈玉和孙斌栋，2017）。

第四节　国际经济学相关理论

随着经济社会的发展，投资日趋广泛和多样化，投资的内涵也越来越丰富且新颖。从一般意义上讲，投资是指经济主体将一定的资金或资源投入某项事业，以获得经济效益的经济活动（刘昌黎，2008）。按照投资主体在国民经济管理系统中所处的地位层次的不同，可将投资分为中央政府投资、地方政府投资、部门投资、企事业单位投资和家庭个人投资。其中，企业作为投资主体，从自身经营目标出发，进行企业性投资，该类投资是驱动现代经济社会发展的最主要力量之一。按照企业的投资行为可进一步将企业投资分为直接投资和间接投资。作为投资者在国外直接经营企业的投资活动，国际直接投资是国际经济学最主要的研究对象之一，且相关理论已非常成熟。其中，对外直接投资动因理论、投资发展路径理论等均与本书的主要内容（城际投资，特别是全球尺度上的城际投资）具有较为紧密的关系。

一、对外直接投资动因理论

FDI 作为国际资本流动的重要形式之一，对全球包括中国在内的经济社会发展产生了深远影响。国际上关于对外直接投资动因的研究起始于 20 世纪 60 年代，在理论研究方面已相对成熟。早期的对外直接投资动因理论主要基于美国和欧洲等发达国家和地区的观测样本得出，包括如下主要理论：

垄断优势理论（Monopolistic Advantage Theory）由 Hymer（1976）和 Kindleberger（1969）基于美国微观企业视角，解释跨国公司能够对外投资并在与东道国企业竞争中取得优势的原因。该理论将外商直接投资研究与产品市场不完全竞争的经典模型相结合，认为外国直接投资者拥有当地企业无法获得的某种专有或垄断优势，是促进企业开展对外投资活动的最主要的原因。这些优势必须是规模经济、卓越的技术或营销、管理或财务方面的卓越知识。外商直接投资是由于产品和要素市场的不完善而产生的。外资企业往往是产品市场的垄断者，或者更常见的是寡头垄断者。垄断优势理论还暗示了政府应该准备好对其实施控制。

产品生命周期理论（Product life Cycle Theory）是指产品被引入市场，直到从货架上取下为止的时间长度，产品的生命周期分为引进、成长、成熟和衰退四个阶段（Vernon，1966）。利润率通常在引入阶段很小，在成长阶段结束时达到峰值，然后下降。产品生命周期理论揭示出企业的利润率和比较优势是不断变化和转移的，企业的投资行为与此息息相关。企业应尽量瞄准投资时机，而进行跨国经营，就可以利用不同阶段的有利条件，长期占据相对有利的优势而持续获得较高的利润率。

内部化理论（Internalization Theory）由 Buckley 和 Casson（1976）提出，他们认为当一个事务由一个实体本身处理而不是给其他人处理时，就会发生内部化。这一过程可能适用于商业和投资交易，也可能适用于企业界。在商业中，内部化是一种在公司内部而不是在公开市场上进行的交易。内部化也发生在投资领域，当经纪公司从自己的股票库存中填写股票购买订单，而不是使用外部库存进行交易时。内部化也适用于跨国公司，当公司决定在不同国家的子公司之间转移资产时，就会发生这种情况。内部化理论强调企业通过内部组织体系协调企业内部资源的配置，以便降低交易成本，拥有异地经营的内部化优势，并把获得该种优势当作企业对外直接投资的真正动因。

国际生产折衷理论（Eclectic Theory of International Production）由 Dunning（1981）提出，他认为以往的相关理论只能对国际直接投资做出部分解释，客观上需要构建一种集各家所长的折衷理论。国际生产折衷理论在整合了厂商理论、区位理论、工业组织理论和国际投资学中各派思潮的基础上，总结出影响企业跨国投资的三个关键性因素，分别为所有权优势、内部化优势以及区位优势①。国际生产折衷理论认为企业只有具备三个关键性因素且缺一不可，才会选择开展跨国投资经营活动。此外，Dunning（1998）还根据不同的区位决定因素，将直接投资动机进一步细分为自然资源寻求型、市场寻求型、效率寻求型、战略资产寻求型、贸易及分配型、辅助服务型六种类型。

全球化也给发展中国家带来了对外投资的机会，并表现出独特的对外投资特征。一方面，随着参与全球劳动分工程度的加深，中国等发展中国家和地区与全球其他经济体的经济联系日趋紧密，在国际投资和贸易格局中的地位逐渐凸显。另一方面，由于对外投资起步晚、政治经济环境的独特性等原因，中国等发展中国家和地区对外投资的方式、动因与西方国家相比，也表现出显著的差异性特征（Taylor，2002）。于是，一些学者基于后发国家的观测样本构建理论分析框架，试图回答后发国家如何挑战全球经济格局中既定地位的问题。

联系—杠杆—学习理论（Linkage-Leverage-Learning，LLL）是由Mathews（2002）基于对亚太新兴工业化国家内知识密集型企业考察后提出的，是发展中国家对外直接投资动因理论中最具代表性的理论之一。该理论认为，后发国家的企业可以通过对外直接投资融入由发达国家构建的全球生产网络中，以快速获取发展资源和提高竞争力，从而实现追赶战略。大体可分为三个步骤实现追赶：首先，在全球化背景之下，后发国家的企业通过对外直接投资与国外市场建立联系，融入全球生产网络；其次，利用全球生产网络的杠杆效应撬动更多的新资源；最后，后发国家企业实现成功追赶的关键取决于将新获得的资源整合到公司现有的体系中，企业通过学习提高了技术能力，从而获得了在其他高附加值细分市场重复链接、撬动和学习的新机会。

---

① 所有权优势：Dunning认为所有权优势是跨国企业从事对外直接投资的基础。他认为跨国企业所拥有的所有权优势主要包括三个方面：一是资产性的所有权优势，包括设备、先进技术和原材料等价值资产优势；二是交易性的所有权优势，包括管理、专利、商标、信息、货币、商誉等无形资产优势；三是规模经济优势。

内部化优势是指通过对外直接投资将资产或所有权内部化为企业所拥有的优势。Dunning认为，市场的不安全使企业的所有权优势逐步丧失，企业将拥有的资产通过对外投资转移给国外子公司，即将企业优势内部化，可比通过交易转移给其他企业获得更多利益。

Dunning所讲的区位优势是指可供投资的国家或地区对投资者来说在投资环境方面所具有的优势。形成区域优势的条件主要包括自然因素、经济因素以及制度和政策因素。区位优势是由投资国和东道国的多种因素共同决定的。

二、投资发展路径理论

投资发展路径理论（Investment Development Path Theory，IDP）最早阐述了随着一国的经济发展水平和结构的变动，该国吸引投资和对外投资两者之间的关系问题（Dunning，1981，1986）。IDP 理论将净对外直接投资按照经济发展的不同阶段（以人均国民生产总值）划分为五个阶段。如图 2-5（a）所示，第一阶段，经济发展处于初级水平，本国市场缺乏区位优势，对于外资缺乏吸引力，且本国企业缺乏所有权和内部化优势，对外投资能力积累不足，因此其吸引外资和对外投资都较少，净对外直接投资表现为接近零的负值。第二阶段，本国劳动力和资源优势逐渐显现，吸引外资的速度加快，虽然随着本国企业所有权和内部化优势的提升，对外投资也有所发展，但增长速度相对较慢，净对外直接投资表现为负值且绝对值不断增加。第三阶段，经济发展水平进一步提高，处于该阶段的国家的主导优势向资本和知识优势转移，具备了较强的对外投资能力，对外投资发展速度明显快于吸引投资的速度，因此净对外直接投资不断趋向于零但仍为负值。第四阶段，本国完全呈现出资本、知识型区位优势，本国企业也呈现出全面的所有权和内部化优势，对外投资的规模和速度全面超过外资流入，净对外直接投资由负转正且数值不断增大。第五阶段，理论上本国市场区位优势和企业所有权优势趋向成熟，净对外直接投资在零值上下震荡。自 IDP 理论被提出以后，不断有学者对其进行修正。其中有代表性的研究为 Durán 和 úbeda（2001）基于 FDI 存量数据对 IDP 理论进行的重新表述（见图 2-5（b））。

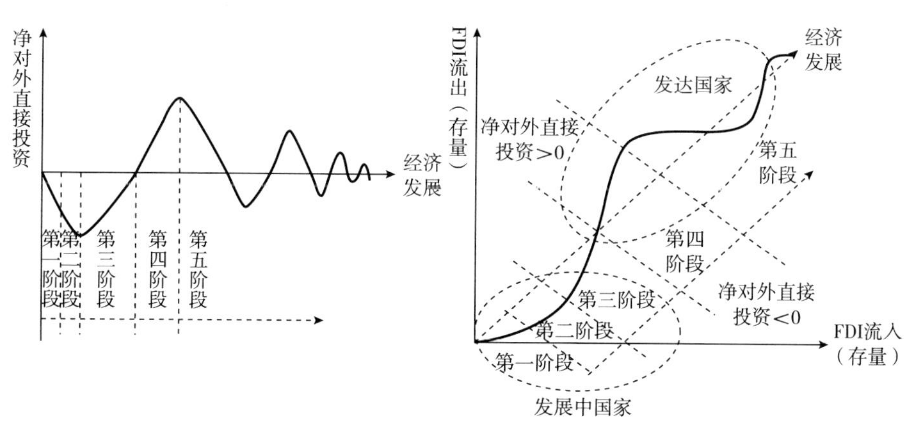

（a）传统投资发展路径（IDP）五阶段模式　　（b）投资发展路径（IDP）理论新框架

图 2-5 投资发展路径（IDP）理论

资料来源：根据黄武俊和燕安（2010）的文献绘制。

由上述分析可知，IDP 理论除了主要关注宏观经济发展与吸引投资和对外投资之间的关系，该理论还隐喻了吸引投资对外向投资的促进作用。后来 Dunning（1993）进一步研究了吸引投资与对外投资之间的关系，认为东道国吸引外商直接投资不仅能促进该国的经济增长，而且会造成生产技术和经营管理经验在东道国当地的扩散，从而提升东道国企业跨国开展对外投资的能力。

第五节　城际投资的相关研究进展

近年来，国内外学界对不同空间尺度的城际投资问题越来越关注，涌现出众多的相关研究成果，本章将从以下四个方面对现有文献进行整理归纳。首先，梳理了城际投资研究中常见的几条实证路径；其次，回顾和总结多尺度城际投资研究的最新进展，并分析不同尺度城际投资的时空演化规律，探究城际投资的影响因素和驱动机制，以及包括哪些主要研究方法；再次，对城市网络（包括城际投资）对城市与区域经济发展影响的研究进行归纳总结，探讨中外理论与实证文献关于此内容的最新研究动向与焦点问题；最后，对已有相关研究进行综合述评。

一、城际投资研究实证路径

综观城际投资的相关研究，学者对城市之间投资数据的发掘是极其深入和多样的。从现有文献来看，主要涵盖如下三条实证路径：

（一）基于外商直接投资数据的实证路径

外商直接投资（Foreign Direct Investment，FDI）已成为世界性的城市结构调整的驱动力（Wu，2000），能够对城市与区域经济社会发展产生深远的影响。在早期的研究中，利用城市层面的 FDI 属性数据对城市的城际投资水平与格局进行分析是最为常见的实证路径。这些研究大多采用城市统计年鉴中的“实际利用外商直接投资”来表征城市吸引外资的水平（Gong，1995；He，2002；Madariaga 和 Poncet，2007；Huang 和 Wei，2016；胡志强等，2018），或利用跨国公司微观投资数据，以探讨基于跨国公司功能区位的城市内向城际投资的功能与地位（Zhao 等，2005；Defever，2006；贺灿飞和肖晓俊，2011；王俊松和颜燕，2016）。随着研究的深入，学者们逐渐聚焦于特定经济区（Dawley，2007）、省域（Ying，2005；陶修华和曹荣林，2007）、城市区域（Zhao 和 Zhang，2007；刘可文等，2013；Indraprahasta 等，2018；Ye 等，2019）、大都市区内部（宁越敏等，1998；赵新正等，2011；Hoff 和 Wall，2020）等地域的外资生产空间与结构特点。此外，还有学者对与特定国家、特定产业的投资联系与区位布局展开深入探讨，如 Bathelt 和 Li（2014）基于加拿大对华直接投资案例，提出了全球集群网络和全球城市区域网络的概念；符文颖和吴艳芳（2014）分析了德国知识密集型制造业在华城市投资特征；王承云和杜德斌（2007）对美、日跨国公司在华 R&D 的城市投资区位进行了比较。

绿地投资（greenfield investment）又称新建投资、创建投资，是一种外商直接投资方式，即一家公司作为其子公司在其他国家开始运营，并直接投资建设工厂、办公室和其他附属设施等，从而管理其运营并实现对其活动的最高级别控制。长期以来，外商直接投资进入东道国的重要方式之一即为绿地投资。由于绿地投资能够引起资本大规模的跨区域流动，且绿地投资数据集往往包括投资源（或称“发送者”）以及目的地（或称“接收者”）的城市位置及其他属性信息（Crescenzi 等，2017），使之成为研究全球尺度城际投资较为重要的实证路径之一。例如，基于绿地投资数据，Roberto（2004）探讨了外资制造商在意大利的投资区位特征；Burger 等（2013）分析了欧洲不同区域之间的外资竞争态势；Dogaru 等（2014）考察了中欧、东欧国家的城市功能与部门分工格局；Burger 等（2015）聚焦产业集群对于城市在吸引生命健康产业绿地投资方面的影响；Crescenzi 等（2017）对欧洲城际 FDI 流动空间展开了研究。根据《金融时报》旗下 Fdi Markets 数据库的统计，中国已成为全球最重要的绿地投资来源国之一。在此背景下，国内学者主要从宏观层面关注中国企业对外直接投资方式的选择（蒋冠宏和蒋殿春，2017），“一带一路”倡议对中国企业对外绿地投资的影响（吕越等，2019），以及绿地投资的就业效应（周学仁和李梦君，2017）等方面，但鲜有研究关注城市层面的绿地投资活动。

同绿地投资性质一样，跨国并购也是外商直接投资进入东道国市场主要方式之一。并购一般指兼并（merger）和收购（acquisition），是通过产权、股权交易获取标的企业（部分）控制权的投资行为。并购投资是企业实现组织与空间扩张的常见手段，其目标多是进行生产结构优化与实现范围经济等（干春晖，2004）。《2019 年全球并购展望》报告数据表明，2018 年全球并购交易量已超过 4 万亿美元大关，绿地投资将逐渐被跨国并购所取代。随着企业异地（特别是城际）并购活动的增多，在空间上逐渐形成网络化的并购投资格局，并购投资数据已成为衡量城际投资联系的重要依据。国外对并购投资活动研究起步较早，早期主要从宏观国家层面进行分析，并逐渐向城市层面的城际并购投资流的空间组织与影响因素等方面深入（Green 和 Cromley，1984；Zademach 和 Rodríguez-pose，2003，2009）。2008 年全球金融危机以来，中国并购市场发展速度惊人，现已成为全球第二大并购投资市场，紧随美国之后。随着企业并购活动的增加，其影响逐渐显现，国内学者开始关注异地并购这一空间现象，但主要集中于企业并购的区位选择、决定因素与产业重组效应，以及国家或者省域层面的并购投资联系（贺灿飞等，2019；计启迪等，2020；魏乐等，2012；王凤荣和苗妙，2015；黄玮强等，2015；吴加伟等，2019），仅有少数文献从城市视角分析企业的并购活动。例如，汪传江（2019）基于企业并购数据对中国城际投资网络的结构与演化特征进行了定量研究。

（二）基于总部—分支投资数据的实证路径

由于企业发展的需要其功能逐渐分化，并根据区位条件的不同而产生功能的空间分离现象（Westaway，1974）。无论是绿地投资还是并购投资，体现在具体投资主体和被投资主体上，均为总部—分支投资。在目前的中西方城市网络研究中，总部—分支企业组织路径是主流（李迎成，2018）。Taylor（2004）开创了基于总部—分支视角的企业内部网络研究，其领衔的"全球化与世界城市研究小组"（GaWC）采用生产性服务业企业与分支机构投资数据，并利用连锁网络模型将企业空间布局转化为城市联系，对城市网络开展了大量研究（Hoyler 等，2008；Taylor 等，2014；Zhao 等，2015；Derudder 和 Taylor，2016）。此外，Alderson 和 Beckfield（2004）、Rozenblat（1993，2010）等学者则采用多类别跨国公司的总部—分支投资数据，并运用频数或数值累加的网络直接构建方法来测量城市之间的联系，并将注意力集中在城市网络中的权力与地位上。

国内学者也逐渐引入总部—分支企业组织的实证路径来进行中国案例的研究，其数据主要来源于经济普查数据（程遥等，2016；Cheng 和 LeGates，2018）、上市企业数据（李仙德，2014）、企业 500 强数据（武前波和宁越敏，2012；赵新正等，2019）、相关网站挖掘数据（唐子来等，2017；高鹏等，2019，2021；李哲睿等，2019）等。近年来，中国各地的上市企业如雨后春笋般出现，大部分成为了行业的龙头企业（李仙德，2015）。2018 年底，A 股上市企业数量已突破 3500 家，总市值近 50 万亿元，居全球第二位。随着上市企业规模的不断壮大，其在国民经济中的影响力也与日俱增，致使基于上市企业总部—分支数据的城际投资研究趋于活跃和深入，研究尺度呈现多样化。例如，基于上市企业总部—分支投资数据，盛科荣等（2018）系统分析了中国城市网络的中心性；李仙

德（2014）重点聚焦长三角城际投资空间格局；胡国建等（2018）分析了福建省内城际投资及对省外投资的特点。

（三）基于风险投资数据的实证路径

风险投资（Venture Capital，VC）最早起源于美国，是一种私募股权的形式，也是投资者向被认为具有长期增长潜力的初创企业和小企业提供的一种融资类型。风险投资的活跃不仅代表企业间资本流动更加频繁，其跨区域流动还能够塑造城际投资网络，并推动科技型创业企业发展。Green 等（1989）较早地构建了城际风险投资网络，此后基于风险投资数据的城际投资研究方兴未艾。自 1985 年第一家风险投资公司成立以来，经过 30 余年的迅猛发展，中国风险投资的资本规模已经连续多年位居世界第二，由此引起学界的广泛关注。基于城际风险投资数据，学者们发现中国风险投资产业存在明显的空间集聚性，形成以北京、上海等为核心节点的城际投资网络（Zhang，2011；汪明峰等，2014；Pan 等，2016；钱肖颖和孙斌栋，2021），且在种子期、初创期、扩张期和成熟期等不同投资阶段，呈现出不同的演化特征（庄德林等，2020）。此外，还有学者深入探究了京津冀（方嘉雯和刘海猛，2017）、长三角（赵玉萍等，2020）等地区内部的城际风险投资活动。

二、不同空间尺度下城际投资的特征与形成机制

城际投资按其空间尺度的差异可以分为全球尺度城际投资、国家尺度城际投资和区域尺度城际投资三个层面。近年来，随着研究的深入，部分学者将视角转向多尺度分析。

（一）全球尺度城际投资

全球尺度城际投资研究肇始于对世界城市的研究。英国学者 Geddes 在其 1915 年出版的《演变中的城市》一书中指出，一些城市在区域甚至世界范围内发挥着越来越重要的作用，并将其称之为世界城市（world city）；20 世纪 60 年代，Hall（1966）较早地从城市功能的角度描述了世界城市的基本特征，认为世界城市是世界经济的枢纽所在地，与世界范围内的其他城市有着密切的社会经济联系。此后，Friedmann（1986）提出了世界城市等级体系的设想，指出世界城市的跨国城际投资功能较为突出，是资本集中和积聚的场所。与此同时，Cohen（1981）、Sassen（1991）分别从新国际劳动分工下跨国公司空间组织以及高端生产性服务业企业的角度，强调全球城市（global city）的协调与控制功能。随着跨国公司的日渐活跃，生产要素在全球范围内得以集聚和配置，资本的跨国城际

流动频繁发生，由此推动世界城市网络的形成与演化。20 世纪 90 年代以来，Taylor 及其团队对世界城市网络做了大量研究，研究表明全球尺度城际投资活动在空间上高度集中，且随着时间的推移，呈现出集聚化、层级化和区域化等时空特征（Taylor，1997；Taylor 等，2002；Derudder 等，2010；Neal，2011；van Meeteren 和 Bassens，2016）。

随着新兴市场国家特别是中国经济的快速增长，其城市在全球城际投资格局中的地位和影响力与日俱增。相关研究表明，中国城市的全球投资联系趋于紧密，其中北京、上海、香港等城市的全球地位尤为亮眼，并呈现区域化倾向（Taylor，2006；Liu 等，2014；Derudder 等，2018）。虽然中国城市迅速融入全球投资空间格局中，但中国城市的跨国投资联系极不均衡。除少数城市外，其他城市的全球投资连接度仍较低（赵渺希和刘铮，2012；Derudder 等，2013）。近年来，中国企业大规模走出去，中国已成为世界上主要的资本输出国（中华人民共和国商务部，2018）。在此背景下，有学者开始基于中国企业对外投资数据进行全球尺度的城际投资研究。例如，薛德升和邹小华（2018）基于中资商业银行总部—分支投资数据，分析了 1978 年以来中资商业银行境外投资扩张的时空变化；徐宁和李仙德（2020）则对上海上市公司 2005 年以来对外投资网络的演变特征进行了研究。

在机制解释方面，研究表明，中国城市之所以在全球投资网络中凸显，源于中国制度背景、市场力量以及全球资本力量等的共同推动（宁越敏，1991；Ma 和 Timberlake，2008）。自 20 世纪 80 年代开始，中国开始实施以“市场换技术”的改革开放战略，并把以全球城市建设带动全面开放作为推进举措。经过多年发展，中国的对外开放已形成一个全方位、多层次、宽领域的对外开放格局，其空间后果呈现出北京、上海、广州、深圳等前沿窗口城市快速崛起、城际投资功能在东部沿海高度集中、中西部内陆发展较快的时空特征（武前波和宁越敏，2008；胡志强等，2018）。此外，国际经济学和经济地理学领域的学者也较为关注全球异地投资问题，与城市地理学者关注异地投资的空间结构不同的是，他们更为关注全球异地投资的形成机制。其中，国际经济学者整合了宏、微观视角来综合理解国际直接投资的动因和发展路径（Dunning，1986，2001；Mathews，2006）；而经济地理学者则注重对由地理差异引起的空间、组织、社会、制度、认知等邻近性机制（Boschma，2005；Ly 等，2018；梁育填等，2018）。

（二）国家尺度城际投资

对国家尺度城际投资的研究主要受世界城市网络研究的影响，主要关注国家

内部城市之间的投资关系。现有文献的考察对象大多集中在发达国家。例如，Tonts 和 Taylor（2010）考察了澳大利亚国家城市体系中企业总部的地理位置及其对城市资本控制力的影响，发现悉尼和墨尔本占据了主导地位；Liu 等（2012）基于高级生产性服务业企业总部—分支数据刻画了美国城际投资网络，发现纽约、洛杉矶、旧金山、芝加哥是网络的核心节点。过去 20 多年来，不仅外资企业在中国落地生根，且中国自身也成长出一大批本土的内资企业。由于中国幅员辽阔，且地域经济差异显著，这些企业开始大量地在异地投资注册子公司，在异地优化配置资源（曹春方等，2015），从而把价值链的不同环节、区段配置在不同城市，在国家层面上形成日益复杂的城际投资联系。近年来，针对中国的国家尺度城际投资的研究逐渐成为热点。总体而言，现有研究普遍发现全国范围内投融资覆盖面越来越广，整体投资联系强度提升，但资本向北京、上海、深圳等核心城市集聚的趋势也十分明显（吴康等，2015；叶雅玲等，2020；Zhang 和 Tang，2021）。此外，国家尺度下中国城际投资的研究还涉及日资、韩资等特定投资在中国城市的生产网络组织模式（陈艳华等，2017；潘峰华等，2011；刘玉潇和王茂军，2020）、特定产业跨国资本的地方镶嵌与中国地方的网络嵌入（李健等，2008）、地方化及全球化下中国城际投资网络的比较（武前波和宁越敏，2012）、高铁开通对异地投资空间扩张的影响（王金杰等，2020；马光荣等，2020）等内容。

对于国家尺度城际投资形成的机制，现有文献从不同视角进行了深入研究，主要运用 OLS 回归模型（叶雅玲等，2020）、固定效应模型（盛科荣等，2018）、条件 Logit 模型（刘丙章等，2020）、指数随机图模型（盛科荣等，2019）等计量模型方法，发现了经济规模、市场机会、知识资本、区位条件、投资成本等因素具有正向的影响，而空间距离、制度距离、市场分割等因素对城际投资活动产生了负向的影响。企业异地投资中往往伴随企业迁移的现象，对发达经济体的国内企业跨区域迁移的研究结果表明，地方政策和制度因素对企业迁移的影响不甚显著（Lee，2008；Deller 等，2015；Conroy 等，2016），而企业的市场行为是驱动其开展异地投资的主要驱动力量。相较而言，中国企业跨区域迁移和城际资本流动嵌入在独特的制度环境之中，政府起到巨大作用，企业迁入地以高行政等级城市居多，且政府投资、税率等都有可能干扰资本流动（潘峰华等，2013；万天浩，2017）。

（三）区域尺度城际投资

通过成熟、完备、合理的产业分工协作共同参与国际劳动分工，是创造和支撑城市群或全球城市区域运行的内在核心动力（宁越敏，2013；Scott，2019）。区域内部即有的城际投资格局能够影响城市之间的产业分工关系，进而决定城市群的集合效能与活力。此外，城市群的空间集聚效应能够反过来显著影响企业投资行为，城市群通过行业内及跨行业的集聚效应对企业间的投资策略产生作用（赵娜等，2017），进而对地区城际投资格局产生影响。

西方学者对区域尺度城际投资的关注主要体现在对功能多中心城市区域的研究上，实证结果表明不同区域以及不同要素存在差异，导致多中心化程度存在显著的异质性特征（Burger 等，2014；卓云霞和刘涛，2020）。中国的区域经济正加快向城市群经济转变，以城市群为代表的集聚经济已成为中国经济发展的新增长极。由于长三角、珠三角和京津冀城市群地区地位突出，彼此间内部城际投资格局和形成机制差异较大，故成为中国的区域尺度城际投资研究非常关注的区域。研究发现，长三角地区城际投资网络化特征明显，处于等级扩散和邻近扩散阶段，呈现多中心发展趋势，但具有显著的行政地域性，制度和市场是驱动地区城际投资演化的主要因素（赵渺希，2011；李仙德，2014；朱查松等，2014；Zhang 等，2020）。珠三角地区城际投资的空间形态呈现出围绕广州和深圳形成近域合作组团特征，并逐渐由市场导向的非公有企业部门所主导（王伟等，2018；Zhao 等，2017）。在京津冀地区，北京和天津占据主导地位，两个城市是企业投资净流出地，河北各城市则是企业投资净流入地；此外，产业基础、政策环境、创新能力等是企业投资区位选择的重要因素（赵渺希等，2014；谢专等，2015；张永波和张峰，2017；卢明华等，2020）。

（四）多尺度城际投资

随着城市区域逐渐成为参与全球竞争的主要空间组织，区域性的城际投资网络通过新的国际劳动分工融入国家和世界城际投资格局当中。因此，单一空间尺度的分析可能难以识别城市地位的全貌，而多尺度网络的嵌套衔接分析能够有效解决这一问题。早期的相关研究重点放在了理论分析模型的构建上。Gottmann（1957）认为，大都市带区别于以往功能区域的一个主要特征，就是大都市带具有多尺度叠加的功能，可以将区外甚至全球尺度的城市与本区内的城市相连接；Campagni（1993）将全球、国家和区域城市网络整合进传统的城市等级体系分析模型，在该体系中各要素能够在层级之间自上而下和自下而上自由流动。针对区域网络实证研究过于注重区域内部分析而忽视其外部关联性的局限（Hoyler 等，2008），近年来，有学者将视角转向多尺度功能联系分析。Taylor 等（2008）考察欧洲八大巨型城市区域内外城市间的相互关联，发现不同尺度城市网络关联性高，伦敦、巴黎、法兰克福等城市既是区域中心城市，也在国家、欧洲乃至全球尺度城市网络中占据中心位置，是全球资本的控制枢纽；Hoyler（2011）对德国以及 Schmitthe 和 Smas（2012）对北欧的城市体系研究印证了 Taylor 等的上述观点，并进一步指出同一城市在不同尺度网络中的相对地位存在差异，具有较强的尺度敏感性。Martinus 等（2015）基于澳大利亚能源企业总部—分支投资数据，探索各城市在全球、国家和区域等尺度上的能源投资网络中的作用，也发现一些城市在更大尺度网络中的地位较弱，并与能源贸易的社会、经济和地缘政治驱动因素相关。此外，全球生产网络理论也强调多尺度分析的重要意义，如 Yeung（1994，2009，2017）从企业内部、企业间以及公司外部三个方面分析了企业的生产网络关系，认为地理空间属性是全球生产网络的固有特性，全球生产网络是包含“地方—区域—国家—全球”的多尺度网络。

随着劳动分工的深入发展，中国的城市网络化进程呈现出多尺度交织的态势，关于中国多尺度城际投资的研究近年来开始得到国内外学者关注。按照不同尺度组合，可大致归纳为全球—全国—区域、全球—全国、全球—区域、全国—区域多尺度城际投资研究等，揭示了中国多尺度城际投资的网络属性、关联特征、影响因素及其空间效应。①关于全球—全国—区域多尺度城际投资的研究，李涛和张伊娜（2017）从全球、国家和区域三个尺度比较研究了企业关联投资视角下中国城市群的多中心网络，发现中国城市群的多中心度也具有尺度敏感性，随着空间尺度的缩小，城市群网络的多中心度则相应提升；其余研究则主要集中在珠三角地区，如 Yeh 等（2015）、Zhang 等（2016，2018）基于生产性服务业企业总部—分支投资数据的研究表明，珠三角地区内部城市的相互连接以及与中国其他城市的连接主要分别通过本地和全国企业，而该地区与境外主要城市的连接则主要依赖于境外大型跨国企业，且不同尺度上的城际投资格局在很大程度上受中国独特的监管环境以及政府与市场关系的影响。②关于全球—全国多尺度城际投资的研究，Shi 等（2018）基于覆盖中国主要城市的国内与跨国投资项目，探讨了国内投资网络指标与城市对 FDI 吸引力之间的关联，发现城市在国内投资网络中的位置与吸引 FDI 的能力呈正相关，认为刺激中国城市之间跨地域经济联系的战略政策应该有利于城市吸引外资。③关于全球—区域多尺度城际投资的研究，唐子来和赵渺希（2010）采用关联网络和价值区段分析方法分析了全球和本地视角下长三角区域城市体系演化，主要发现上海起到“两个扇面”作用，是该区域的投资进出门户城市；曹湛和彭震伟（2017）同样从全球和本地视角对长三角地区进行实证研究，认为城市“属性”特征和城市“网络”特征的互动是城市区域发展演化的关键特征，并进一步强调“属性与网络”互动也存在负面效应，即来自区外的分支机构可能被本地专业化集群锚固，并最终导致地域生产组织陷入路径依赖和低端锁定而难以实现产业结构调整升级。④关于全国—区域多尺度城际投资的研究，李艳等（2020）借助财富中国500强企业总部—分支投资数据对中国城市群城市网络联系进行了整体认知；胡国建等（2018）分析了福建省上市企业在省内和全国城市跨地域投资的时空格局，发现其空间差异十分显著，厦门和福州占据核心地位，沿海城市的子公司数量和投资额远高于其他城市。

三、城际投资对城市与区域经济发展的影响

城市外商直接投资是表征一个城市参与经济全球化的重要变量，对城市与区域经济增长产生重要的推动作用（赵新正等，2011）。因此，利用城市层面外商直接投资数据来探讨全球尺度城际投资对城市与区域经济发展的影响，是重要的研究方向之一。大部分已有文献显示，城市外资对经济增长具有显著的直接促进作用（宁越敏，2004；王志锋和杨少丽，2011；王晗等，2014；Vongpraseuth 和 Choi，2015；刘戈非和任保平，2020），并通过影响城市创新、就业、工资和城市化进程等路径以及空间溢出效应对城市经济绩效产生间接的正向影响（Ge，2006；Ning 等，2016；刘修岩和艾刚，2016；季颖颖等，2014）。然而，有观点认为，城市吸引外资也有可能阻碍城市经济绩效的提升。例如，李小平和王紫（2019）发现外资进入水平高的城市其出口国内增加率（DVAR）反而比较低。再如，逯建和杨彬永（2015）基于221个城市空间面板数据研究了外资流入对中国各城市税收收入的影响，结果显示 FDI 每增加1%各城市的税收收入将减少0.31%~0.37%，表明鼓励引进外资的经济政策将不可避免地造成地方政府财政资源的流失。

另一个新兴的研究方向是企业投资网络视角下城市网络的外部经济性研究。Capello（2000）改进了传统的聚集外部性，提出“城市网络外部性”（city network externalities）的概念，强调了城市之间功能网络的协同效应和互补效应；Huggins 和 Thompson（2014）、Cortinovis 和 Van Oort（2018）分别提出了“网络资本”（network capital）、“网络相关性”（network-relatedness）的概念，从理论上解释了地方经济表现与通过网络联系获取经济上有价值的知识的能力之间的紧密联系，指出有意识投资建立的网络关系是区域资产的重要组成部分。近年来，企业投资网络视角下城市网络的外部经济性已引起学者的广泛关注。然而，现有

文献中对城市网络发展与经济增长关系的研究并没有统一的结论。有学者认为，与城市规模等内生因素相比，城市嵌入国内外城际投资网络对城市经济增长的影响更大（McCann 和 Acs，2011）。其他学者认为，城市网络和集聚经济对城市经济增长都有正向影响，但由于城市间的竞争，并非每个城市都能平等地受益于网络嵌入，城市网络的经济绩效在城市群城市和非城市群城市之间以及不同规模水平的城市之间存在差异，位于城市群内的城市以及规模较大的城市从网络中获得的利益可能要相对更高（盛科荣等，2020；Zhao 等，2020）。此外，关于网络嵌入空间溢出效应是否影响城市经济增长也尚未达成共识。Shi 和 Pain（2020）基于企业异地并购投资数据刻画长江中游城市群的网络结构，并进一步评估了空间溢出效应，研究发现某城市较高的城际投资联系水平，不仅有利于本市经济增长，还对周边城市产生显著的正向溢出效应。然而，Ma 等（2020）的研究表明，与集聚经济相比，城市网络外部性并不依赖于城市的地理邻近性。

四、国内外研究述评

通过对以上文献的梳理和总结，发现国内外关于城际投资的相关研究所涉及的学科领域众多，研究主题宽泛而复杂。迄今为止，尽管城际投资研究取得了丰硕的研究成果，但也面临着明显的瓶颈和挑战。在对国内外城际投资研究进展进行了相对全景式的归纳总结的基础上，本节从如下四个方面展开述评：

（1）城际投资数据有待进一步挖掘。①外商直接投资数据本质为属性数据，难以真正反映城市的全球城际投资联系；基于企业组织构建的城际投资网络，多以总部—分支机构数量数据替代企业内部真实投资流量数据，忽视了公司规模、持股比例等重要信息，从而无法精准刻画城市的城际投资水平；此外，基于风险投资数据的实证路径导致边缘城市容易被忽视。②受截面数据所限，已有研究多为城际投资的静态分析，缺少时间序列上的动态演化分析，进而无法深入挖掘城际投资时空演化的规律性特征。③大部分城际投资数据得出的投资联系强度不具有方向性，无法反映城市关系的非对称性且难以准确描述城市在不同尺度城际投资格局中的地位。

（2）已有量化分析方法存在一定缺陷。①时空演化分析方法多采用不连续年份的截面数据展开研究，而对于连续面板数据的分析存在局限，无法全面反映城际投资演变的动态变化过程。②多数研究基于城市的城际投资水平完全依赖城市自身固有属性的预设展开计量分析，对于地理空间格局的影响重视不够，较少考虑周边城市城际投资状况及影响因素的空间效应，导致对城际投资的空间效应认识不足，所获得的结论难免会有偏差。

（3）有待进一步加强多尺度城际投资的研究。①某一城市与全球、全国和区域内其他城市之间的投资互动使其具有了多尺度功能。但除少数研究外，大多仍局限于单一空间尺度，难以展现城际投资时空演化的尺度异同性。②值得注意的是，城市多尺度城际投资功能之间并非相互独立，已有研究对此却有所忽略。研究城市跨尺度城际投资功能间的空间动态交互效应，将有助于明晰城市在不同尺度区域竞争优势之间的相互作用关系，从而为“双循环”战略的推进提供科学支撑。

（4）对于城际投资的经济绩效缺乏更为深入的探讨。①空间外部性主要由供给和需求两种渠道生成。国内外关于城际投资影响经济增长的机制研究多为从要素的供给或者需求单一视角切入，较少将供给和需求视角相结合进行深层机制探讨。②对城际投资经济绩效的作用路径研究多集中在未纳入空间因素的直接作用路径上，而基于地理邻近性的间接作用路径的研究则涉及较少，且尚未形成共识性的结论。③已有研究多从总体角度来解释城市经济增长，对城市的不同尺度城际投资功能在不同时段、不同区域的经济绩效的差异考察不足。长三角地区城际投资的国内外发展环境瞬息万变，地区内部不同区域的自身条件和发展阶段存在明显差异，尚需加强对时间变化和区域差异的考察。

城际投资研究具有多学科交叉综合的特点，本书将吸纳企业地理学、城市地理学、经济地理学和国际经济学等学科的理论知识，从多尺度网络分析的视角出发，充分挖掘城际投资关系型数据，对长三角地区城际投资时空演化进行实证研究。本书着重刻画长三角地区城际投资网络结构特征和规模分布模式，识别影响城际投资格局演化的空间效应，从全球化、市场化和地方化等角度综合分析城际投资的动力机制，系统考察城际投资对城市经济增长的作用，从而尽可能地填补已有研究的不足，拓展城际投资的研究范式。

第六节 理论框架构建

如图 2-6 所示，本书在吸纳企业地理学、城市地理学、经济地理学、投资经济学等多学科相关理论的基础上，构建起集“地理过程—空间关联—动力机制—经济绩效”于一体的长三角地区城市投资时空演化的理论分析框架。首先，在地

理学“关系和网络转向”的背景下，分析长三角—境外、长三角—全国以及长三角本地城际投资网络化的地理过程，研究长三角地区城际投资集聚与扩散的空间规律、演化阶段以及尺度异质性（敏感性）；其次，引入路径依赖理论对长三角地区城际投资的邻近空间关联性进行分析，并结合对外投资理论和集聚经济理论分析同尺度关联性和跨尺度关联性的发生机制；再次，以宏观发展环境和区位因素为重点，兼顾企业微观层面的异质性影响，探讨长三角地区城际投资时空演化的动力机制；最后，考虑在网络外部性和地理邻近性两种作用路径的影响下，探讨长三角地区城际投资的经济绩效问题。

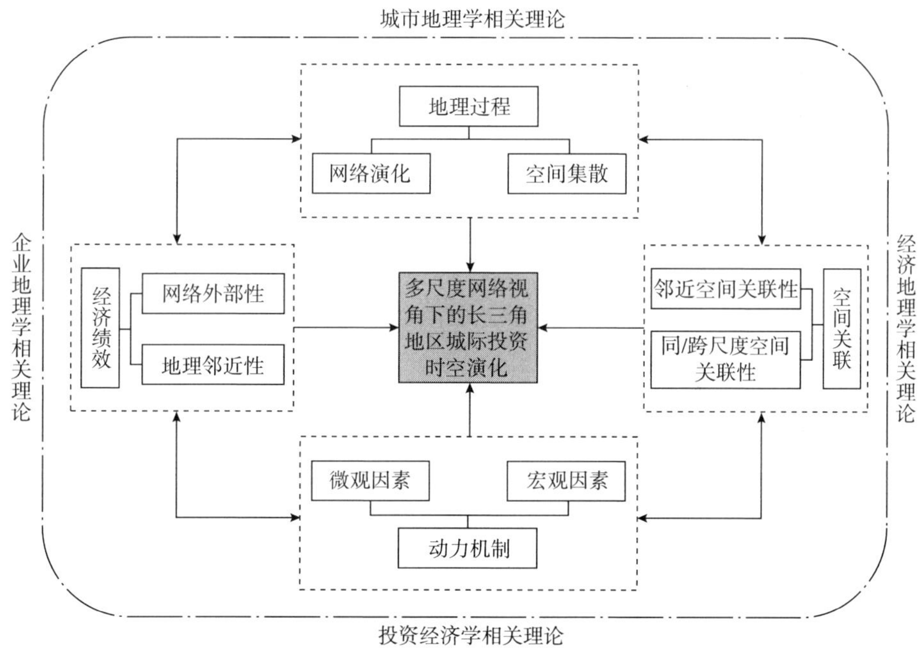

图 2-6　长三角地区城际投资时空演化的理论分析框架

第三章　研究区域与数据说明

第三章是理论和实证之间的过渡章节，主要为后文的实证分析提供研究对象和数据来源方面的支撑。本章首先概述了20世纪80年代以来长三角地区规划范围的动态变化，并说明全球和全国尺度上城市的选取依据；其次介绍了不同尺度上的主要数据来源、数据处理和研究时段选取；最后从企业数量、投资额、行业结构与行业联系三个方面对样本企业进行描述性统计分析。

第一节　研究区域界定

自然地理意义上的长三角地区以太湖冲积平原为主，其四至边界较为清晰，即位于江苏省长江以南，浙江省钱塘江以北，东海以西，天目山以东，总面积约为4万平方千米。然而，经济地理意义上长三角地区的范围则不断变动，总体呈现“泛化”的演化趋势，这是历史与地理长期演化的结果，也受到市场与政府的共同影响（刘雅媛和张学良，2020）。早在1982年，为打破条块分割、推动不同城市之间的经济合作，国务院决定建立上海经济区。中央选择了空间位置毗邻的10个城市作为一个经济区，并规定整个经济区以上海为核心。自此之后，长三角地区范围不断显现出扩容的需求。

2008年至今，历版的区域发展规划对长三角地区的规划范围逐渐扩容至沪苏浙皖一市三省全域。2008年1月，时任总书记胡锦涛在安徽考察时指出，安徽要积极参与泛长三角区域的分工与合作，自此安徽也被纳入长三角地区的考虑范围，并引起学界对泛长三角地区的研究热潮。2010年，国务院批准的《长江三角洲地区区域规划（2009-2020）》将长三角范围确定为上海市、江苏省和浙江省，并以16市为核心区（包括上海市和江苏省的南京、苏州、无锡、常州、镇江、扬州、泰州、南通，浙江省的杭州、宁波、湖州、嘉兴、绍兴、舟山、台

州）。2014 年，在国务院发布的《关于依托黄金水道推动长江经济带发展的指导意见》中，明确提出发挥上海国际大都市的龙头作用，提升南京、杭州、合肥都市区的国际化水平，安徽省城市被正式纳入长三角地区。2016 年，在国家发改委发布的《长江三角洲城市群发展规划（2016-2030）》中，长三角城市群规划范围除 16 个核心城市外，还新增盐城、金华、合肥等 10 个城市。2019 年 12 月，中共中央、国务院印发《长江三角洲区域一体化发展规划纲要（2019-2035）》，指出长三角地区规划范围包括上海、江苏、浙江、安徽全域在内的 35.8 万平方千米，已完全突破了自然地理意义上的 4 万平方千米的地域范围。基于此，本书选取一市三省全域中的 41 个地级及以上城市为研究对象。需要说明的是，2011 年安徽省政府宣布撤销地级巢湖市，为保持数据的连续性，巢湖市将不被纳入考察范围。

此外，主要参照《中国统计年鉴 2019》中收录的地级及以上行政单元来选取全国尺度上的研究对象；主要参照联合国编制的《世界城市 2018》、GaWC 研究网络编制的《世界城市名册 2019》中收录的城市筛选出全球尺度上的研究对象。

第二节　主要数据来源

BvD 系列数据库是对企业跨国投资事件和相关数据做出详细记载的国际知名数据库之一，是近年来研究企业跨国投资较为理想的数据源。目前，很多研究使用该数据库分析企业异地投资活动（Li 等，2017；Li 和 Bathelt，2017；贺灿飞等，2019；Guo 等，2021），但是，大部分研究是在国家层面开展的，细化到城市层面的研究还有待拓展。因此，本书中长三角地区与境外①城市之间的投资数据来源于 BvD 系列数据库中的 BvD-Zephyr 全球并购数据库和 BvD-Osiris 全球上市企业数据库。首先，通过 BvD-Zephyr 数据库获取境外城市的企业投资长三角地区以及长三角地区企业投资境外城市的项目交易数据，每条交易数据提供了包括投资企业和被投资企业的名称与代码、所在国家与城市、所属行业、投资时

① 本书中的境外地区是指中国关境外地区，包括中国台湾地区、中国香港特别行政区、中国澳门特别行政区以及中国以外的国家和地区。

间、投资金额、投资类型（包括并购、增持、合资等）等详尽信息。其次，借助企业代码与 BvD-Osiris 提供的企业数据进行比对，获取企业的存续状态，得到每个年份的累计现存投资数据。最后，为反映企业真实的跨国产业空间组织状况，将剔除投资企业和被投资企业位于各避税天堂的交易数据。

企业国内城市投资数据主要来源于 Wind 数据库中的 A 股上市企业年报，并以 CSMAR 数据库为补充。首先，通过 Wind 数据库获取涉及全国（除长三角地区以外）与长三角地区以及长三角地区内部有城际总部—分支投资关系的企业年报，并从年报中获取总部和分支机构名称、办公地所在城市、所属行业、年末实际投资额等信息。其次，通过 CSMAR 数据库中的关联公司基本文件补充 Wind 数据库中缺失的年报数据，并根据其中的上市公司对分支机构的持股比例和分支机构注册资本信息得到上市公司对分支机构的投资额。最后，使用国家企业信用信息查询系统（http://www.gsxt.gov.cn/index.html）检验上述所获取数据的准确性，并进一步补充缺失的相关信息。

关于研究时段的选取问题，BvD 系列数据库统计了 2000 年以来中国与境外地区之间的企业城际投资活动，但前期的数据存在明显的遗漏现象，在 2000~2002 年数据库中仅包含 65 项中国—境外企业城际投资活动，而关于长三角地区与境外地区之间的企业投资活动则更少。2003 年，被统计到数据库中的关于中国—境外企业的城际投资活动明显增多，其中长三角地区与境外地区之间就有多达 181 项的企业投资事件，涵盖长三角地区的 21 个城市，基本可以满足全球尺度的分析要求。同理，根据 A 股上市企业年报显示，2003 年长三角—全国企业城际投资数据涵盖了长三角地区 39 个城市，长三角地区内部城际投资数据更是涵盖了全域所有城市。关于所选数据为何截止到 2018 年，主要是因为很多企业最新的公报尚未公开披露，2018 年的数据是目前为止可获得的最新且最全面的数据。因此，鉴于数据的可得性，选择 2003~2018 年这一时间段作为本书的研究时段。

需要说明的是，原始的企业跨国城际投资数据以欧元为单位，部分企业国内城际投资数据以美元和港元为单位。为方便对比与分析，按相应年份的年平均汇率，将各尺度的投资数据以人民币为单位进行统一处理，其中汇率数据来源于国家外汇管理局网站（www.safe.gov.cn/）披露的人民币汇率中间价信息。

第三节 样本初步描述

一、异地企业数量动态演化

本书直接对各个尺度上的样本企业数量进行统计分析，图 3-1 直观展示了 2003~2018 年样本企业数量的变化趋势。考察期内，各尺度上企业数量均呈现稳定的递增趋势。全球尺度上，长三角地区与境外城市之间有投资联系的企业总数从 2003 年的 181 家增加到 2018 年的 3312 家，年均增长率为 21.38%；全国尺度上，长三角地区与国内城市之间有投资联系的企业总数从 2003 年的 444 家增加到 2018 年的 2695 家，年均增长率为 12.77%；区域尺度上，参与长三角地区内部城际投资活动的企业数量从 2003 年的 719 家增加到 2018 年的 7195 家，年均增长率为 16.59%。另外可以发现，各尺度上参与长三角地区城际投资的样本企业在数量大小和年均增长率方面呈现出不同的发展格局，即企业总数最终呈现区域>全球>全国的格局，年均增长率则呈现全球>区域>全国的格局。

考虑到企业投资联系的方向性可知，长三角地区全球和全国尺度上存在方向上的均衡性。全球尺度上，到长三角地区投资的境外企业数量从 2003 年的 160 家增加到 2018 年的 2543 家，年均增长率为 20.25%；对境外其他城市投资的长三角地区企业数量从 2003 年的 21 家增加到 2018 年的 769 家，年均增长率达 27.13%。由于后者的年均增长率显著高于前者，导致到长三角地区投资的境外企业数量（内向投资）与对境外投资的长三角地区企业数量（外向投资）的比值呈现缩小的趋势，但两者差距仍然较大。全国尺度上，到长三角地区投资的国内企业数量从 2003 年的 270 家增加到 2018 年的 1660 家，年均增长率为 12.87%；对全国其他城市投资的长三角地区企业数量从 2003 年的 174 家增加到 2018 年的 1035 家，年均增长率为 12.62%。可见，长三角地区全球和全国尺度上均存在显著的非均衡性，且以内向投资为主导，但全球尺度上的非均衡性更强。区域尺度上，被区内企业投资的长三角地区企业数量从 2003 年的 542 家增加到 2018 年的 6283 家，年均增长率为 17.75%；对区内投资的本地企业数量从 2003 年的 177 家增加到 2018 年的 902 家，年均增长率为 11.47%。这表明本地企业的投资行为表现出越来越明显的区内跨城投资的倾向性特征。

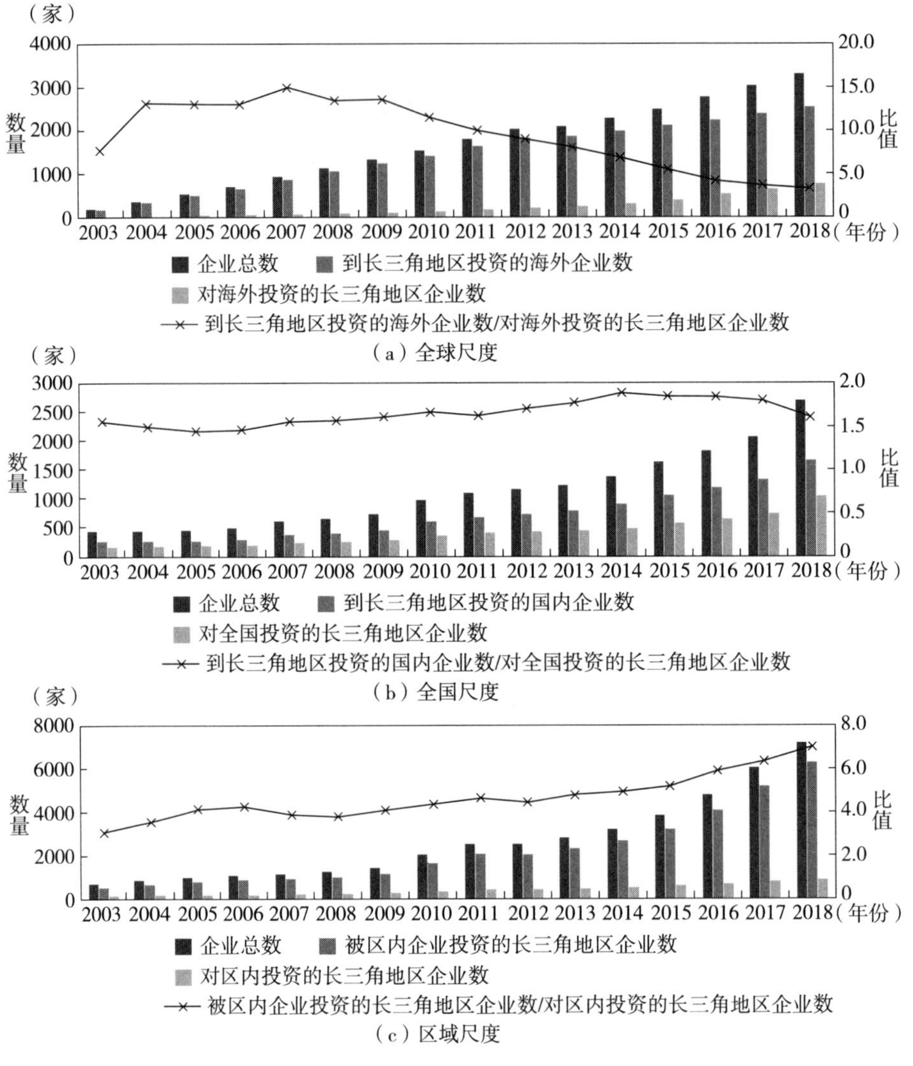

企业总数　到长三角地区投资的海外企业数
对海外投资的长三角地区企业数
到长三角地区投资的海外企业数/对海外投资的长三角地区企业数

（a）全球尺度

企业总数　到长三角地区投资的国内企业数
对全国投资的长三角地区企业数
到长三角地区投资的国内企业数/对全国投资的长三角地区企业数

（b）全国尺度

企业总数　被区内企业投资的长三角地区企业数
对区内投资的长三角地区企业数
被区内企业投资的长三角地区企业数/对区内投资的长三角地区企业数

（c）区域尺度

图 3-1　2003~2018 年样本企业数量的动态演化

二、异地投资额动态演化

由图 3-2 的样本企业投资额的动态演化趋势来看，考察期间内，全球尺度上，长三角地区与境外城市之间的企业投资联系总额从 989 亿元增长到 21943 亿元，年均增长率为 22.95%；全国尺度上，长三角地区与全国城市之间的企业投资联系总额从 839 亿元增长到 20726 亿元，年均增长率为 23.85%；区域尺度上，

长三角地区内部的企业投资联系总额从 201 亿元增长到 7936 亿元，年均增长率达到 27.77%。由此可见，长三角地区各尺度的企业城际投资额与城际企业数量的变化趋势相符，规模额度均得到显著扩张。此外还发现，不同尺度上的企业城际投资在投资总额和年均增长率方面呈现出不同的发展格局，即投资总额呈现全球>全国>区域的格局，年均增长率则呈现区域>全国>全球的格局。

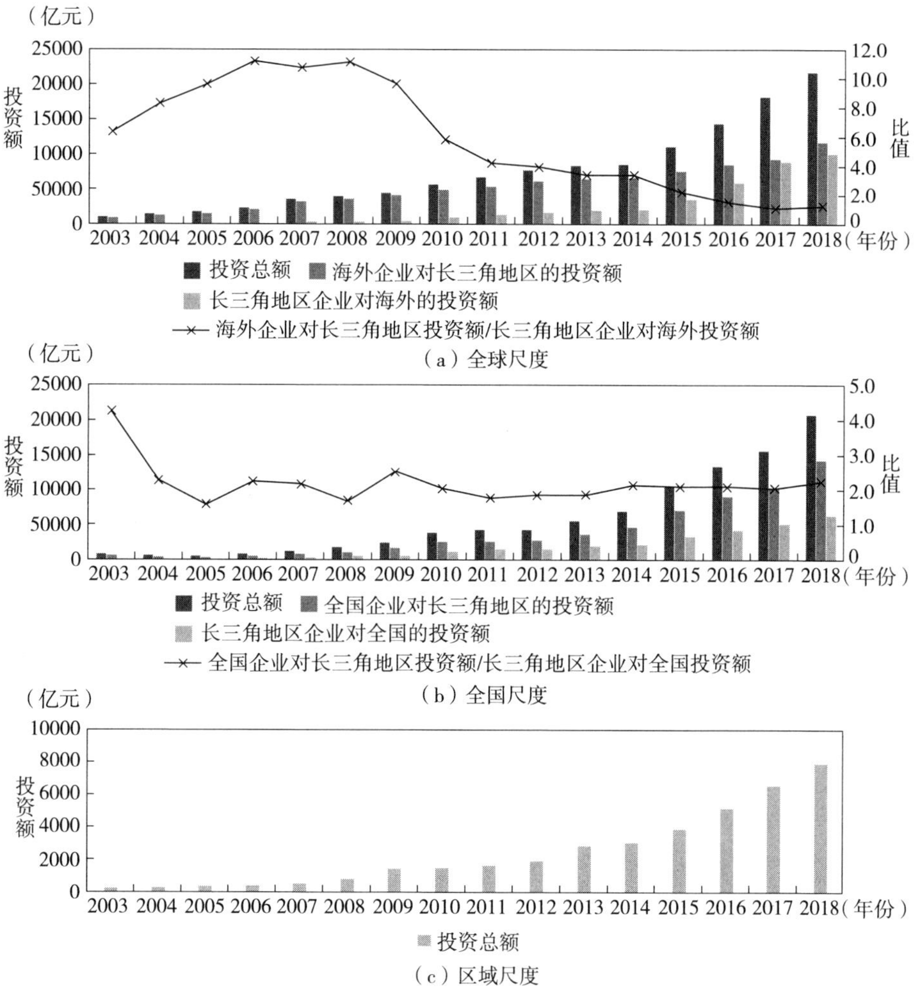

（a）全球尺度

（b）全国尺度

（c）区域尺度

图 3-2 2003~2018 年样本企业异地投资额的动态演化

从投资的联系方向来看，全球尺度上，境外企业对长三角地区的投资额从 2003 年的 854 亿元扩大到 2018 年的 11720 亿元，年均增长率为 19.07%；长三角地区企业对境外的投资额从2003年的135亿元扩大到2018年的10223亿元，年均增长率达到33.32%。2003~2008年，境外企业对长三角地区投资额（内向投资）与长三角地区企业对境外投资额（外向投资）的比值不断增大，表明两者投资额规模的差距呈现扩大趋势。2008年爆发的金融危机重塑了全球的要素分工和价值链格局，境外市场对外投资活动开始相对低迷，大量因深陷金融危机泥沼的境外企业寻求出售，这对于处于产业升级的长三角地区来说是一次难得的境外并购的机遇。为寻求资源技术以提升企业的生产竞争力，再加上为应对金融危机各级政府的各种政策扶持①，2008年后长三角地区企业大举进行境外并购，导致内向投资与外向投资的投资额规模的差距呈现缩小趋势，两者比值不断下降，2018年该比值下降到1.16，其动态演化轨迹与样本企业数量的变化态势也大致相符。

全国尺度上，全国其他地区企业对长三角地区的投资额从2003年的678亿元扩大到2018年的14293亿元，年均增长率为22.53%；长三角地区企业对全国其他地区的投资额从2003年的161亿元扩大到2018年的6433亿元，年均增长率为27.87%。全国其他地区企业对长三角地区投资额（内向投资）与长三角地区企业对全国其他地区投资额（外向投资）的比值从2003年到2005年迅速缩小，之后该比值变化较为平稳，近年来内向投资额基本维持在外向投资额的2倍左右。因此，就样本企业投资额而言，长三角地区全球和全国尺度上均存在显著的非均衡性，且以内向投资为主导，随着时间的推移，非均衡性有所缓解，但全国尺度上的非均衡性更为突出。

三、行业结构与行业联系

异地投资涉及行业选择的问题。本书将进一步分析样本企业的行业特征，旨在掌握长三角地区城际投资行业结构及其动态调整规律，并为企业和城市的异地投资产业类型选择提供一定的参考依据。

首先需要明确样本企业的行业划分标准。全球尺度的样本企业所属行业类型依据的是《欧盟产业分类（NACE Rev. 2）》，而全国尺度和区域尺度的样本企业所属行业类型依据的是《上市公司行业分类指引》，由于行业划分依据的标准

① 为应对金融危机的挑战，在中央层面，商务部在对外投资领域相继出台了《境外投资管理办法》《对外承包工程管理办法》，以及建立对外投资合作信息服务系统等举措，以实际政策支持推动国内企业开展对外投资；在省政府层面，江苏、浙江等省大力推介境外有价值的投资项目，精简审批程序，建立信息服务平台，为本省企业对外投资提供便利服务；在地级市层面，各城市政府在加大招商引资力度的同时，也进一步完善境外投资的服务体系，为本地企业提供相关投资信息，帮助其开拓境外市场。

不同，导致无法对不同尺度样本企业的行业特征进行对比分析；其次，由于所收集的样本企业的所属行业划分较细，也不便于进行分析。因此，鉴于行业的可比性和简洁性，并借鉴唐子来和赵渺希（2010）的划分方法，从价值区段的角度将样本企业归属到10大行业部类（见附表1和附表2）。第一产业为农林牧渔业，不再做细分。第二产业分为劳动密集型制造业、资金密集型制造业、技术密集型制造业、其他工业、建筑业5个产业部类。其中制造业的三种类型划分参考了吴康（2015）、陈志华和陈圻（2010）对于京津冀地区和长三角地区制造业行业结构的研究；其他工业包括采掘业以及能源和水的生产和供应业等。第三产业分为高级生产性服务业、一般生产性服务业、其他服务业、房地产业4个产业部类。其中生产性服务业的两种类型划分参考了Sassen（1991）、Taylor等（2014）对全球城市的生产性服务业研究以及王聪等（2014）、Yeh等（2015）、高鹏等（2019）对长三角、珠三角、长江中游地区生产性服务业的研究；其他服务业则多为向居民提供消费品及服务的行业；关于房地产业是否应被归为生产性服务业这个问题，学界长期以来存在着争议，在中国，房地产业的消费群体仍然以个体消费者为主，国家统计局2015生产性服务业分类标准中也未将其纳入生产性服务业统计范围，因此本书将其单独划为服务业的一个部类。

（一）行业结构分析

整体来看，全球尺度的企业城际投资联系呈现生产性服务业驱动型特征，而全国和区域尺度的企业城际投资联系则呈现制造业驱动型特征（见图3-3）。具体来讲，全球尺度上，生产性服务业领域的投资一直是驱动长三角—境外企业投资的主要力量，研究期间该领域的投资额占全行业的比重均高达50%以上。进一步观察生产性服务业领域中的高级生产性服务业，其在全行业中的比重从2003年的44.03%上升到2018年的47.35%，占据着压倒性的地位且重要性整体提升。随着经济全球化的深入发展和资本积累制度的转变，知识与技术密集的高级生产性服务业成为重组跨国城际关系的关键代理。长三角—境外城际投资联系主要受到高级生产性服务业驱动，这也在一定程度上印证了Taylor（2002）所提出的“世界城市网络主要是由高级生产者服务业企业的跨国投资联系所塑造的”这一论断。全国尺度上，制造业领域的投资在全行业中的比重从2003年的52.97%上升到2018年的60.66%，表明长三角—全国城际投资联系具有制造业驱动的特征。进一步分析制造业构成，发现研究年份的行业比重始终呈现技术密集型制造业>资金密集型制造业>劳动密集型制造业的格局，表明长三角与全国城际制造业投资处于较高的产业价值区段上，这与长三角地区整体上已处于较高的产业发展阶段有关。区域尺度上，长三角地区内部城际投资的行业结构特征与全国尺度的行业结构特征非常相似，同样具有制造业驱动的特征，其行业占比从 2003 年的 47. 43%上升到 2018 年的 64. 75%，且内部细分行业比重也呈现技术密集型制造业>资金密集型制造业>劳动密集型制造业的格局。

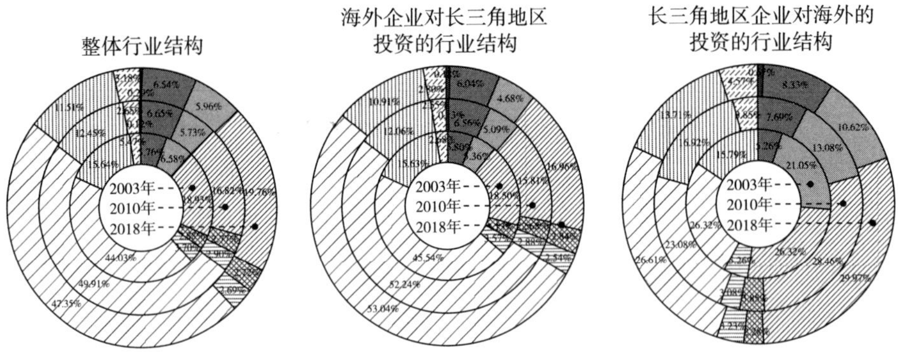

整体行业结构　　海外企业对长三角地区投资的行业结构　　长三角地区企业对海外的投资的行业结构

（a）全球尺度

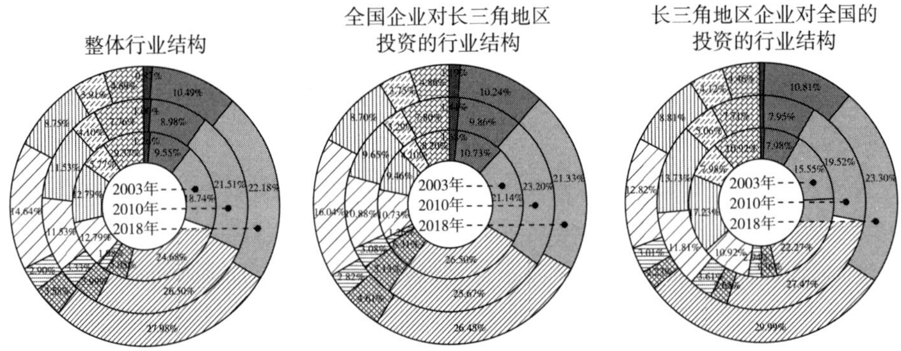

整体行业结构　　全国企业对长三角地区投资的行业结构　　长三角地区企业对全国的投资的行业结构

（b）全国尺度

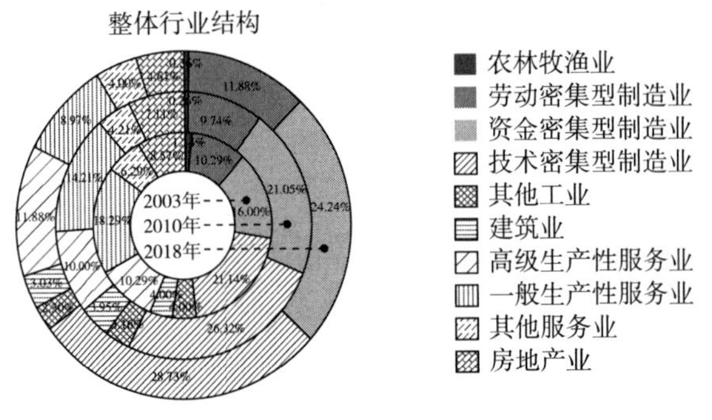

整体行业结构

（c）区域尺度

- 农林牧渔业
- 劳动密集型制造业
- 资金密集型制造业
- 技术密集型制造业
- 其他工业
- 建筑业
- 高级生产性服务业
- 一般生产性服务业
- 其他服务业
- 房地产业

图 3-3　样本企业的行业结构

此外，值得注意的是，与全球尺度的城际投资相比，房地产业在全国和区域尺度的投资拉动作用不容忽视，尽管其行业占比不断下降，但整体行业占比仍超过其他服务业，这反映出房地产业在中国区域经济发展中的重要作用。

从投资的联系方向来看，全球尺度行业结构差异显著，全国尺度差异不明显。具体而言，全球尺度上，境外企业对长三角地区投资的行业结构与整体行业结构十分相似，即呈现生产性服务业驱动型特征，其行业比重从 2003 年的 61.17%上升到 2018 年的 63.95%；长三角地区企业对境外投资则以制造业为主导，尽管其比重从 2003 年的 52.63%降到 2018 年的 48.92%，但仍为占比最多的行业，这与 Alessia 和 Chiara（2013）关于中国对外新建投资 OFDI 行业结构的研究结果相一致。值得注意的是，技术密集型制造业占到整个行业比重的近 30%，表明现阶段长三角地区对外投资的产业选择动机为 Dunning（1998）所说的效率导向型或者技术导向型的动机，这主要是由于长三角地区制造业水平较高，其企业对寻求技术上的升级换代较为迫切，通过主动并购境外的技术密集型制造企业，能够有效实现技术进步并促进效率提升。全国尺度上，全国企业对长三角地区投资的行业结构以及长三角地区企业对全国投资的行业结构与整体的行业结构相似，即均以制造业驱动型为特征，且制造业均处于较高的产业价值区段上。

（二）行业联系分析

在现代经济中，企业发展到一定阶段后会在主导产业以外选择从事其他相关或非相关的跨行业多元化生产经营活动，以实现范围经济、降低经营成本、分担运行风险等目的，目前已成为企业扩张的一种重要战略选择。早在 2004 年，《财富》杂志的数据就已显示，在全球 500 强企业中，80%以上的企业都选择了多元化经营策略。本书对长三角地区 10 大行业部类的非本行业（或称为“跨行业”）投资比重进行分析（见图 3-4）。

长三角地区企业跨行业投资活跃，且存在尺度差异性。整体上，在 2003 年、2010 年和 2018 年，长三角地区全球尺度的跨行业投资比重分别为 47.3%、56.46%、55.04%；全国尺度的跨行业投资比重分别为 49.8%、35.81%、37.27%；区域尺度的跨行业投资比重分别为 39.75%、32.14%、32.61%。可见，长三角地区各尺度的企业跨行业多元化投资较为活跃。可以预见的是，在未来可能还会有更多的企业选择在长三角地区开展跨行业多元化投资经营活动。此外，我们还可以发现，随着空间尺度的扩大，跨行业投资比重相对越高，对于长三角—境外城际投资来说，近年来，企业的跨行业投资活动更是占到其全部投资活动的一半以上。究其原因，主要是因为能够开展全国性甚至全球性投资经济活动

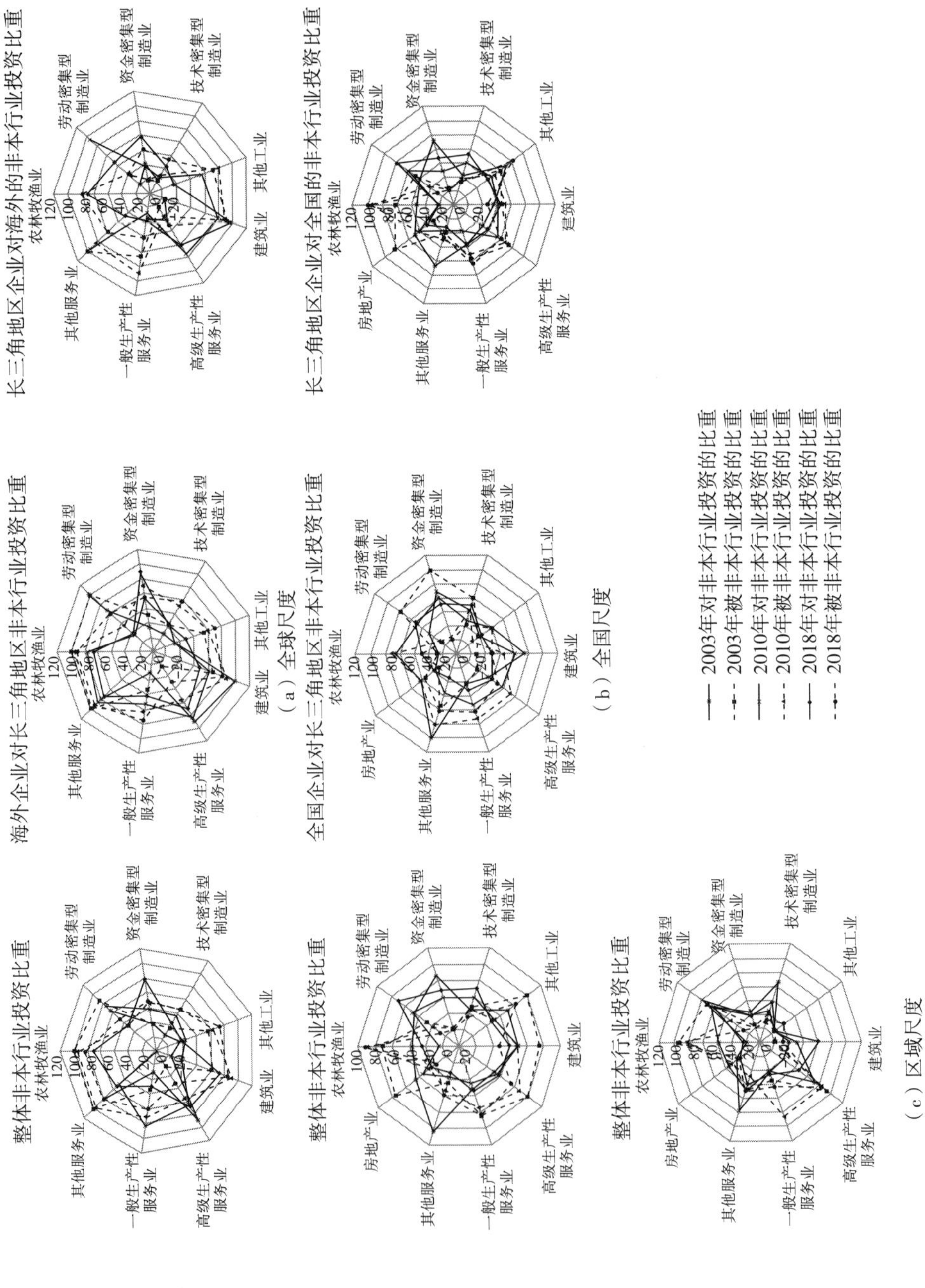

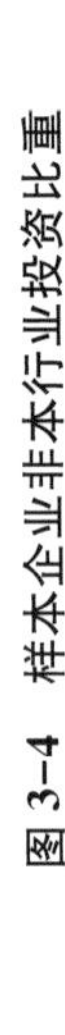

图 3-4 样本企业非本行业投资比重

的企业，其抗风险能力较强，跨行业开展新业务的需求更为强烈。

分行业而言，不同行业的跨行业投资比重有所差异。第一产业（农林牧渔业）在各尺度的跨行业投资比重均较高，尤其是被非本行业投资的比重更高，2018年在各尺度的比重均高达80%以上。第二产业的跨行业投资比重在三大产业中相对最低，尤其是在区域尺度的投资联系中比重更低。分析第二产业细分行业可知，劳动密集型制造业、建筑业的跨行业投资比重较高，而资金密集型制造业、技术密集型制造业、其他工业的跨行业投资比重较低，这可能与这些行业的资金与技术门槛较高有关。第三产业的跨行业投资比重在三大产业中处于中等水平，其细分行业中高级生产性服务业的跨行业投资比重较高。

借助Power BI软件绘制出长三角地区各尺度的行业间投资联系的和弦图（Chord Diagram），以进一步分析每个行业之间具体的投资联系强度。全球尺度上（见附图1），高级生产性服务业的跨行业投资联系强度较高，且随着时间的推移，跨行业投资联系由2003年的其他服务业为主导，逐渐向行业均衡化方向发展，2018年与技术密集型制造业、其他服务业、一般生产性服务业等诸多行业的联系均较为紧密；境外企业对长三角地区的行业间投资联系与整体格局相似，可见全球尺度的跨行业投资由内向投资所主导；长三角地区企业对境外的行业间投资联系变化稳定性较低，2003年以技术密集型制造业的行业内投资为主导，2010年以高级生产性服务业与一般生产性服务业、劳动密集型制造业与一般生产性服务业间的投资联系最为突出，2018年也表现行业间投资均衡化趋势，其中高级生产性服务业与技术密集型制造业、其他工业、其他服务业等行业的投资联系较为紧密。

全国尺度上（见附图2），2003年资金密集型制造业的整体跨行业投资联系强度较高，其与一般生产性服务业、高级生产性服务业、建筑业等联系较紧密；2010年资金密集型制造业的行业内投资联系比重增加，跨行业投资联系比重下降，技术密集型制造业的跨行业投资联系提升较为显著；2018年技术密集型制造业与高级生产性服务业间的投资表现最为突出。全国企业对长三角地区的行业间投资联系变化稳定性较低，2003年劳动密集型制造业、资金密集型制造业的跨行业投资联系强度相对较高；2010年高级生产性服务业“一行独大”，与除少数行业以外的其他行业均有相对紧密的投资联系；2018年各行业的跨行业投资联系则相对均衡。长三角地区企业对全国的行业间投资联系在2003年以资金密集型制造业为主导，2010年高级生产性服务业、劳动密集型制造业均与一般生产性服务业产生较强的投资联系，2018年各行业的跨行业投资联系趋于均衡。

区域尺度上（见附图 3），整体而言，长三角地区内部以行业内联系为主导，跨行业投资联系较弱。2003 年技术密集型制造业与高级生产性服务业的跨行业投资联系最为突出，2010 年和 2018 年的跨行业投资联系相对均衡，没有出现特别强的跨行业投资联系。

第四章　长三角地区城际投资的时空演化特征

企业是人才、资本、信息、资源等要素的重要载体，其跨区域投资布局所形成的城际投资关系已成为优化资源要素配置的重要抓手。长三角地区作为中国经济最具活力、企业投资最为活跃的地区之一，已成为参与全球资源配置、建设全国发展强劲活跃增长极的重要阵地。在构建新发展格局的环境下，厘清长三角地区不同尺度城际投资的时空演化规律，对于优化资源要素配置、推动长三角一体化发展、引领全国高质量发展具有一定的决策参考意义。

因此，本章重点开展长三角地区城际投资的空间结构与演化研究，力图解决两大问题：第一，长三角—境外、长三角—全国及长三角区域城际投资网络的空间演化有何规律？第二，长三角地区不同尺度城际投资的规模分布有何特征，其时序变化态势又是怎样的？通过解答上述问题，可为当前的城际投资空间研究提供一个多尺度动态演化的崭新视角。

第一节　研究方法

一、城际投资网络构建

如图 4-1 所示，在构建城际投资网络之前，需要将投资企业和被投资企业的所在地汇总到城市层面。需要强调的是，为更加聚焦长三角地区的企业跨区域投资状况，在全球和全国尺度上，境外城市之间以及全国其他城市之间的投资联系均不予以考虑。

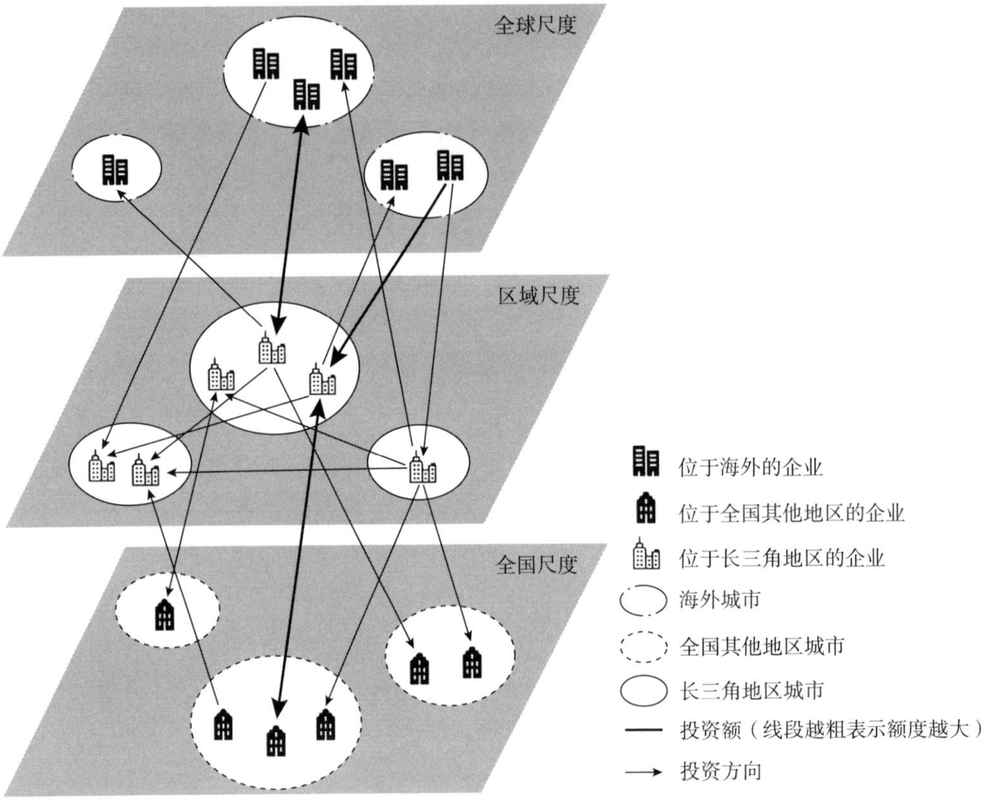

图 4-1　基于企业异地投资的城际投资数据处理示例

接下来构建城际投资网络。首先，本书借鉴图论原理，以城市为顶点，以城市间的企业投资额为边权重，构建加权非对称矩阵（见式 4-1）。该矩阵既保留了城际投资联系的方向性，还通过企业异地实际投资额来体现城市投资联系的权重性。其次，分别从全球、全国和区域三个尺度出发，依次构建长三角地区与境外城市之间的投资网络、长三角地区与全国其他城市之间的投资网络，以及长三角地区内部 41 个城市之间的投资网络。

$$T=\begin{bmatrix} 0 & T_{12} & \cdots & T_{1(n-1)} & T_{1n} \\ T_{21} & 0 & \cdots & T_{2(n-1)} & T_{2n} \\ \cdots & \cdots & \cdots & \cdots & \cdots \\ T_{(n-1)1} & T_{(n-1)2} & \cdots & \ddots & T_{(n-1)n} \\ T_{n1} & T_{n2} & \cdots & T_{n(n-1)} & 0 \end{bmatrix} \tag{4-1}$$

二、社会网络分析方法

恰当处理和分析关系性数据是认识城市网络结构和演化的重要手段。因此，以处理该类数据而见长的社会网络分析方法（Social Network Analysis，SNA）正得到越来越多学者的认同和应用。有学者认为，社会网络分析方法能够与城市网络实证研究完美契合（Smith 和 White，1992；Smith 和 Timberlake，1995）。本书中的城际投资数据为典型的关系性数据，故采用社会网络分析方法对各尺度城际投资网络的全局结构、个体节点及网络的对称性特征加以刻画。

（一）网络全局性指标

网络可以用节点数 n 和节点的连接数（边数）m 这两个基本的拓扑参数进行描述。但这两个指标只描述了网络的整体规模属性，但不能反映网络的全局结构属性（相互衔接关系）。因此，除了用节点数和边数，本书还引入平均路径长度和网络密度两个指标反映网络全局结构属性。

网络中两节点之间的距离定义为连接这两个节点的最短距离的边数，平均路径长度为任意两节点之间的距离的平均值，即：

$$L = \frac{1}{\frac{1}{2}n(n-1)} \sum_{i>j} l_{ij} \tag{4-2}$$

式中，L 为平均路径长度；n 为节点数量；l_{ij} 为城市 i 和城市 j 之间的距离。L 越小，表示网络中任意节点之间的距离越小。

网络密度是指节点间实际产生联系的数量与所有可能产生联系的数量之间的比值（刘军，2004）。本书用样本内所有城市之间实际产生联系的数量与可能产生最大联系数量之比来测量城际投资网络的密度。

（二）网络中心性指标

关于城市网络的实证研究历来注重对网络中城市节点地位与作用的识别与量化。网络中心性度量指标已成为学界刻画城市节点地位并进而分析城市网络等级结构和演化规律的重要手段（Alderson 等，2010；Wall 和 van der Knaap，2011；盛科荣等，2018）。因此，本书基于社会网络分析方法中的度中心性、入度中心性、出度中心性，以及强度中心性、强入度中心性、强出度中心性等指标，用以测度长三角地区城际投资网络中各城市的中心性。

度中心性（degree centrality）是测度节点在网络中地位的关键性指标，指的是与该节点直接相连的其他节点的个数，表征节点的网络连通广度。在加权有向的城际投资网络中，城市度中心性表示分别以该城市为终点和起点产生企业异地投资联系的城市数量的总和，用以衡量该城市在投资网络关联结构中是否处于核心位置。度中心性由入度中心性和出度中心性构成，分别表示到该城市投资的城市数量和被该城市投资的城市数量。具体公式如下：

$$C_i = C_i^{in} + C_i^{out} \tag{4-3}$$

$$C_i^{in} = \sum_{j=1}^{n} a_{ji} \tag{4-4}$$

$$C_i^{out} = \sum_{j=1}^{n} a_{ij} \tag{4-5}$$

式中，C_i 为城市 i 的度中心性；C_i^{in}、C_i^{out} 分别为城市 i 的入度中心性和出度中心性；n 为与城市 i 产生企业投资联系的城市数量；a_{ji}、a_{ij} 分别为以城市 i 为终点和起点与城市 j 的联系，有投资联系赋值为 1，否则为 0。

强度中心性（strength centrality）指的是与该节点的边权重的总和，表征节点的网络连通深度。在加权有向的城际投资网络中，强度中心性表示该城市的企业异地投资总额。强度中心性还包括强入度中心性和强出度中心性，分别表示该城市吸引到的投资额和投资到其他城市的投资额。具体公式如下：

$$S_i = S_i^{in} + S_i^{out} \tag{4-6}$$

$$S_i^{in} = \sum_{j=1}^{n} R_{ji} \tag{4-7}$$

$$S_i^{out} = \sum_{j=1}^{n} R_{ij} \tag{4-8}$$

式中，S_i 为城市 i 的强度中心性；S_i^{in}、S_i^{out} 分别为城市 i 的强入度中心性和强出度中心性；n 为与城市 i 产生企业投资联系的城市数量；R_{ji}、R_{ij} 分别为以城市 i 为终点和起点与城市 j 的企业城际投资额。

综合中心性（general centrality）是上述两类中心性的总体体现。由分析可知，未考虑权重的中心性和考虑了权重的中心性在度量节点的网络重要性方面各有侧重，即前者侧重揭示节点的网络连通广度，而后者则侧重揭示节点的网络连通深度，这说明单一地采用上述任一类中心性均无法全面反映节点在网络中的重要性。因此，为同时揭示城市节点在长三角城际投资网络中的连通广度与连通深度，本书将综合上述两类中心性的各自优势，借鉴莫辉辉等（2010）提出的系统中心性模型的思想，构造综合中心性指标。具体公式如下：

$$G_i = \alpha C_{i \cdot z} + \beta S_{i \cdot z} \tag{4-9}$$

$$G_i^{in} = \alpha C_{i \cdot z}^{in} + \beta S_{i \cdot z}^{in} \tag{4-10}$$

$$G_i^{out}=\alpha C_{i\cdot z}^{out}+\beta S_{i\cdot z}^{out} \tag{4-11}$$

式中，G_i 为城市 i 的综合度中心性，反映的是城市 i 在特定空间尺度上的总体城际投资联系水平；G_i^{in}、G_i^{out} 分别为城市 i 的综合入度中心性和综合出度中心性，分别反映的是城市 i 在特定空间尺度上的内向城际投资联系水平和外向城际投资联系水平；$C_{i\cdot z}$、$S_{i\cdot z}$ 分别为城市 i 的标准化后的度中心性和强度中心性；$C_{i\cdot z}^{in}$、$S_{i\cdot z}^{in}$ 分别为城市 i 的标准化后的入度中心性和强入度中心性；$C_{i\cdot z}^{out}$、$S_{i\cdot z}^{out}$ 分别为城市 i 的标准化后的出度中心性和强出度中心性；α、β 是待定权重，反映的是对综合中心性的贡献比率，取 $\alpha=\beta=0.5$。式中的标准化指标均采用极值标准化方法处理。

（三）网络对称性指标

网络中心性能够表征城市在投资网络中的地位和等级结构，却无法进一步反映城际投资的不平等流动。正如 Alderson 和 Beckfield（2010）所言，城市网络结构不仅具有等级特征，而且具有方向特征，有向的城市网络其结构往往是非对称的。他们的研究关注了总部的控制能力和分支机构被控制地位；Burger 等（2014）提出多中心城市区域具有多向性链接特征；Limtanakool 等（2007）对网络对称性展开了更为系统的量化分析，研究认为城际联系可通过网络节点间相互作用关系来反映，这些相互作用包括强度和方向两个方面，而联系的方向性则通过对称性得以体现。该研究将网络对称性细分为链接对称性（link symmetry index）和节点对称性（node symmetry index）。

链接对称性用以判断链接中要素流动的对称程度，但 Limtanakool 等对链接对称性的量化存在一定缺陷，即无法体现链接的方向性。为弥补该缺陷，刘铮等（2013）提出了修正的链接对称性 LSΓ。计算公式如下：

$$LS\Gamma_{ij}=2f_{ij}-1 \tag{4-12}$$

式中，$LS\Gamma_{ij}$ 为城市 i 与城市 j 之间的链接对称性指数；f_{ij} 代表节点 i 至节点 j 的流量占节点 i 与节点 j 之间总流量的比重，在本书中则表示城市 i 至城市 j 的投资额占两城市间总投资额的比重；当 $LS\Gamma_{ij}=-1$ 时，为投资资金从城市 i 净流向城市 j；当 $LS\Gamma_{ij}=0$ 时，链接中为双向等值流，此时该链接的对称性最高；当 $LS\Gamma_{ij}=1$ 时，为投资资金从城市 j 净流向城市 i。

节点对称性用以衡量每个节点中要素流入和流出的比例关系。需要说明的是，Limtanakool 等主要用节点的入度中心性与出度中心性来观察节点对称性，但仅通过非加权的中心性指标无法全面反映某城市的投资流动方向，因此本书结合前文中构造的综合中心性概念，对节点对称性进行调整优化，其优化后的计算公式如下：

$$NSI_i = \frac{G_i^{in} - G_i^{out}}{G_i^{in} + G_i^{out}} \tag{4-13}$$

式中，NSI_i 为城市 i 的节点对称性指数；G_i^{in}、G_i^{out} 分别为城市 i 的综合入度中心性和综合出度中心性；当 $NSI_i = 0$ 时，对于城市 i 来说其内向吸引投资和外向流出投资相等，此时该节点的对称性最高，属于投资“有进有出”对称型城市；当 $NSI_i = -1$ 时，对于城市 i 来说为投资外向净流出，属于投资“无进有出”型城市；当 $NSI_i = 1$ 时，对于城市 i 来说为投资内向净流入，属于投资“有进无出”型城市。

三、规模分布模式分析

（一）多中心度指数

借鉴 Taylor 等（2008）的思路构造多中心度指数，即中心性排名第 2 位城市至第 5 位城市的中心性均值占首位城市中心性的比重，来反映城市投资联系水平在不同尺度空间中的集聚程度。计算公式如下：

$$POLC = \frac{0.25 \times \sum (C_2 + C_3 + C_4 + C_5)}{C_1} \tag{4-14}$$

式中，POLC 为多中心度指数；C_1、C_2、C_3、C_4 和 C_5 分别表示城市中心性排名第 1、第 2、第 3、第 4 和第 5 位的中心性数值。多中心度的取值范围是（0，1]，该指数越大，则说明多中心程度则越高，首位城市在城际投资网络中的相对地位就越弱。

（二）位序—规模分析法

位序—规模分析法是目前研究城市体系最成熟和最为经典的方法。用该方法研究不同尺度空间内城市体系的规模分布规律，有助于揭示研究对象的规模等级结构及其内部差异（卫春江等，2017）。为对城市节点的网络中心性分布情况进行定量刻画，本书中的位序—规模公式采用在城市体系研究中被广泛使用的罗特卡模式的一般化形式（周一星，2007）。计算公式如下：

$$P(k) = P_1 \times k^{-q} \tag{4-15}$$

式中，P(k)表示位序为 k 的城市其对应的中心性规模；k 为将所有城市的中心性规模进行由高到低排列后的各位序；P_1 为首位城市的中心性；q 为齐夫（zipf）参数。

将式（4-15）左右两边分别进行自然对数变换，得到如下公式：

$$\ln P(k) = \ln P_1 - q\ln k \tag{4-16}$$

式中，常数 $\ln P_1$ 为在双对数位序—规模散点图中的拟合直线在纵坐标轴上的截距，反映了首位城市的网络中心性规模。无标度区和齐夫参数是位序—规模分析法中两个重要指标，其中无标度区是双对数坐标图中回归拟合最好的一段，呈现出典型的分形特征。如果点列呈现出一条直线分布，是单分形结构；如果点列呈现两个直线段分布，则形成两个标度区，是双分形结构，这时需要针对每段直线进行分段拟合，具体转折点位置需采用逐步回归法予以确定，判断系数最高且达到误差允许范围的拟合直线即为所求最佳拟合直线。根据以往研究，一般说来，当拟合直线回归模型的判断系数在 0.9 以上时模型结果的可信性较大。

齐夫参数不仅反映城际投资网络中城市中心性的规模分布形态，而且可以对其进行标度区分段，进而分段研究其分布规律。当齐夫参数 $q=1$ 时，首、末位城市的中心性之比为整个体系中的城市数量，这是城市中心性的最优分布；当 $q>1$ 时，城市中心性呈帕累托分布模式，规模分布比较集中，表明城际投资功能较为集中于高位序城市，中低位序城市发育较弱；当 $q<1$ 时，城市中心性呈正态分布模式，表明城际投资功能较为均匀地分布于不同位序的城市。从动态视角来看，随着时间的推移，若齐夫参数 q 值变大，说明集中的力量大于分散的力量；相反，若该参数变小，则说明中低位序城市发育较快，分散的力量有所加强（周一星，2007）。

第二节　全球尺度：长三角—境外城际投资时空演化

一、城际投资网络结构特征

（一）全局网络结构

全球尺度上，长三角—境外城际投资网络正处于拓展网络规模的快速发展阶段。如表 4-1 所示，2003 年，网络由 97 个节点和 146 条边组成，长三角三省一市 41 个城市中仅有一半的城市（21 个）参与到对外或对内的投资活动中，显示出在研究初期长三角地区全球尺度的企业城际投资网络规模非常小。随着时间的推移，组成网络的节点和边的数量不断增加，几乎长三角地区全域的城市都与境外城市有企业的投资联系。然而，观察平均路径长度和密度的数据大小和变化趋势可以发现，前者平均路径长度较大，且呈现波动增长的趋势，表明节点间关系不紧密，平均距离还在拉大；后者密度值非常低，且呈现逐渐减小的趋势，表明网络的整体紧密程度很低，且在不断降低。因此可以判定，现阶段长三角—境外企业城际投资网络正处于拓展网络规模的快速发展阶段，导致网络内部的空间组织关系较为松散。

表 4-1　长三角—境外企业城际投资网络全局特征值统计

年份	节点数	边数（双向）	平均路径长度	网络密度
2003	97（21）	146	2.474	0.016
2004	132（27）	215	2.675	0.012
2005	154（27）	278	2.748	0.012
2006	182（30）	348	2.809	0.011
2007	202（33）	434	2.805	0.011
2008	223（34）	491	2.861	0.010
2009	238（35）	543	3.074	0.010
2010	253（36）	603	3.039	0.009
2011	269（36）	676	3.019	0.009
2012	285（37）	762	2.990	0.009
2013	290（38）	778	2.973	0.009
2014	300（40）	780	3.179	0.009
2015	314（40）	868	3.105	0.009
2016	349（40）	979	3.058	0.008
2017	385（40）	1090	3.023	0.007
2018	409（40）	1182	3.029	0.007

注：数据采用 Gephi 软件统计，括号内数值是参与了全球尺度投资的长三角地区城市数量。

（二）关联度的空间演化

基于 Gephi 软件中地理布局（geo layout）模式绘制有向加权网络拓扑结构图，以求能同时展现投资关联格局的方向性、权重性与空间性。最终可视化结果如图 4-2 所示。

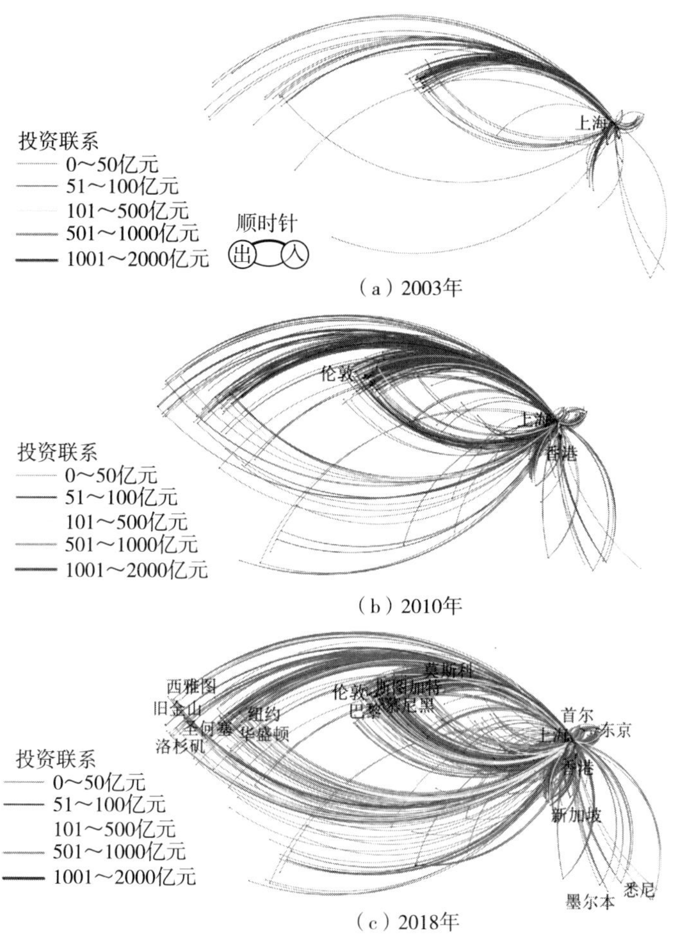

图 4-2 长三角—境外城际投资关联强度的空间演化

从空间结构来看，全球尺度上，以上海为主要投资集散中心，在东亚、西欧[①]和北美等地区逐渐形成了与长三角地区联系非常紧密的区域性网络。进一步统计 2003 年、2010 年、2018 年的前五条链接可以更清楚地发现（见表 4-2），涉及的境外地区城市全部都位于上述三大区域，包括东亚地区的香港、东京、首尔、台北、桃园，西欧地区的伦敦、巴黎、慕尼黑，以及北美地区的华盛顿等城

① 西欧地区有狭义的西欧和广义的西欧之分。狭义的西欧指欧洲西部濒临大西洋的地区和附近岛屿，包括英国、爱尔兰、荷兰、比利时、卢森堡、法国和摩纳哥；本书采用广义的西欧划分法，主要包括法国、英国、德国、意大利、西班牙、比利时、荷兰、爱尔兰、卢森堡、希腊、葡萄牙和丹麦。

市。已有研究也发现，企业跨国投资网络由少数全球城市所主导，在吸引投资方面，其所在的全球城市区域具有明显的竞争优势（Wall 和 Van der Knaap, 2011）。此外，随着时间的推移，长三角地区与上述地区城市的投资关联强度越来越大，表现为固定区域的自我强化，具有明显的区域指向性特征。

从期初到期末，上海始终是长三角—境外城际投资网络中的核心城市，空间上形成以上海为中心对内吸引投资、对外辐射投资的轮轴式形态。2003 年，所有链接中有高达 48.6%的链接是以上海为起点或终点，即近乎一半的投资链接涉及上海，尽管随后该比重下降到 2010 年的 29.2%和 2018 年的 24.2%，但仍是占比最高的城市。进一步观察关联强度位居前五的链接，上海的主导地位更为突出，2003 年、2010 年、2018 年前五条链接中均各有 4 条链接以上海为起点或终点。

值得注意的是，上海与香港之间的关系十分紧密，2018 年香港对上海的投资最多，上海也成为长三角地区诸多城市中对香港投资最多的城市。这与由复旦大学编写的《发现上海竞争力——长三角城市群外商资本报告 2008-2018》中的发现相一致。该报告指出，自 2008 年以来，在华投资主要集中在上海及其领衔的长三角城市群，占到全国 1/3 以上的份额，其中上海对来自香港资本的依赖性呈上升趋势，香港成为上海最重要的外资来源地。上海和香港之间投资联系之所以越来越密切，一定程度上受益于两地投资便利化建设，其中一个重要的举措就是沪港通建设，这为两地企业提供了一条便利的跨境投资渠道（宁越敏等，2019）。根据万得（Wind）沪港通资金监测数据，沪港通开通以来，两地往来累计资金数额不断扩大，截至 2018 年 9 月 5 日，往来资金累计达到 8402.42 亿元。

从主要关联者来看，其所属行业与前文对行业结构的描述性统计特征相吻合。如表 4-2 所示，2003 年，主要关联者中有两对（中国保险国际控股→太平人寿保险；大和证券集团→大和 SMBC-SSC 证券）属于高级生产性服务业，有两对（西门子→上海西门子高压开关；阿尔卡特公司→上海阿尔卡特贝尔）属于技术密集型制造业，剩下的一对（旭化成化学株式会社→朝日杜邦聚甲醛（张家港））属于资金密集型制造业。到了 2018 年，五对主要关联者全部属于服务业，除中远航运控股→东方海外国际（属于一般生产性服务业）外，其余的均属于高级生产性服务业中的金融业部门。

表 4-2　长三角—境外城际投资关联强度前五位链接　　单位：项

年份	城市链接	关联强度	项目数量	主要关联者
2003	香港→上海	155	18	中国保险国际控股→太平人寿保险
	东京→上海	148	25	大和证券集团→大和 SMBC-SSC 证券
	慕尼黑→上海	128	2	西门子→上海西门子高压开关
	东京→苏州	51	2	旭化成化学株式会社→朝日杜邦聚甲醛（张家港）
	巴黎→上海	32	9	阿尔卡特公司→上海阿尔卡特贝尔
2010	香港→上海	850	189	中远太平洋投资控股→金景投资
	伦敦→上海	521	149	汇丰集团→交通银行
	台北→宁波	289	10	台塑→台塑丙烯酸酯（宁波）
	东京→上海	264	98	新日铁→上海宝钢新赛尔汽车板
	桃园→上海	220	9	长荣航空→上海航空货运国际
2018	香港→上海	1921	469	香港上海汇丰银行→交通银行
	上海→香港	1470	127	中远航运控股→东方海外国际
	伦敦→上海	1162	224	汇丰银行→交通银行
	华盛顿→杭州	974	3	凯雷投资集团→蚂蚁金融服务
	上海→首尔	913	416	上海丰盈投资→YG 娱乐

从关联方向来看，以投资资金流向长三角地区为主导，但随着时间的推移，链接对称性有所提升。

如图 4-3 所示，相对于长三角地区对外投资而言，由境外城市到长三角地区方向的链接数量更为稠密，2003 年、2010 年、2018 年该方向上的链接数量分别为 129 条、495 条、728 条，占全部链接的比重分别高达 88.4%、82.1%、61.6%。另外，该方向上链接的比重有所下降，这也反映出在不考虑链接权重的情况下，全球尺度上的链接对称性有所提升，即长三角地区在吸引越来越多的境外城市前来投资的同时，本地企业也纷纷走出国门开展跨国并购投资活动，不断拓展境外市场覆盖范围。进一步考虑链接的权重，根据式（4-12）计算链接对称性指数，结果如图 4-3 所示。由散点图可知，2003 年图形基本呈现“一”字形，绝大部分链接的对称性指数为 1，即以由境外城市到长三角地区方向的单向投资联系为主导，此后“一”字不断缩短，位于-1～1 的散点呈稠密化趋势，并演化为 2018 年倒“Z”字形。

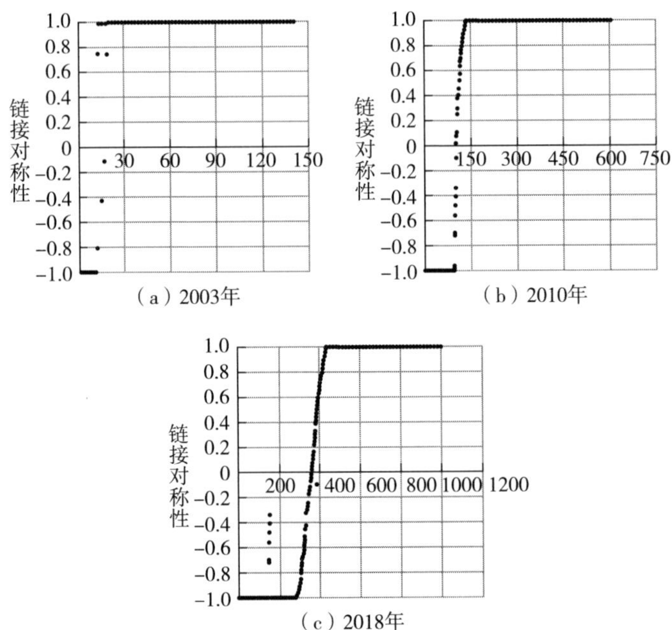

图 4-3 长三角—境外城际投资网络链接对称性

（三）中心性的空间演化

如前文所述，本书中城际投资网络中的节点中心性主要采用社会网络分析中的指标测度。度中心性强调某城市直接相连的其他城市的个数，在本书中反映的是某城市中城际投资网络中的投资关联广度和覆盖范围，而强度中心性强调某节点的对外投资联系总额，在本书中反映的则是某城市中城际投资网络中的投资关联深度。由此可见，未考虑权重的中心性和考虑了权重的中心性在度量城市在网络中的地位各有侧重，为同时体现两者的优势，根据式（4-9）、式（4-10）、式（4-11）计算城市的综合中心性，并重点对其进行分析。此外，本书除对城市中心性做全球尺度的整体性分析外，还进一步聚焦长三角地区，对区域内部的全球尺度城市中心性进行局部性分析。

1. 整体性分析

从空间结构来看，全球尺度上，城市综合中心性空间分异显著。与投资关联格局相似，城市综合中心性主要集中在东亚、西欧和北美等热点地区。就综合度中心性而言，上述三个地区的合计综合度中心性占除长三角地区以外数值份额尽管从 2003 年的 80.39%下降到 2018 年的 74.41%，但所占份额依然非常大，显示

出上述三个地区是长三角跨国投资关联活动最为活跃的区域。进一步对比分析三个地区的综合度中心性可知，研究期间东亚和西欧地区的中心性份额均呈现下降趋势，但在西欧下降更快，使东亚成为2018年城市综合度中心性最为集聚的地区；与之相反，尽管北美的中心性份额较小，但成为综合度中心性增加较快的地区，所占份额稳步提升，成为长三角地区境外的第三大投资活跃区（见表4-3）。

就综合入度中心性而言，东亚和西欧和北美地区合计份额呈上升趋势，表明长三角对这些地区的投资份额有所倾斜，这主要来自北美地区的贡献。就综合出度中心性而言，西欧对长三角地区的投资份额呈明显的下降趋势，而东亚和北美地区的份额均有不同程度的提升，尽管三个地区的合计份额有所下降，但仍占到近4/5的份额（79.08%），空间集聚性非常显著（见表4-3）。

表4-3　境外城际投资热点地区的综合中心性占比　　单位:%

地区	综合度中心性			综合入度中心性			综合出度中心性		
	2003年	2010年	2018年	2003年	2010年	2018年	2003年	2010年	2018年
东亚	31.07	29.86	27.62	20.38	19.15	18.37	32.19	31.59	32.78
西欧	35.12	30.25	26.49	25.26	23.34	25.67	36.15	31.37	26.94
北美	14.19	18.49	20.30	4.92	16.36	21.98	15.16	18.84	19.36
合计	80.39	78.60	74.41	50.56	58.86	66.03	83.49	81.80	79.08

根据式（4-13）计算每个城市的节点对称性，以此衡量每个城市在长三角—境外城际投资网络中投资流动的流入和流出的比例关系。由基于综合中心性得到的节点对称性散点图可知（见图4-4），2003年节点对称性指数为-1的城市数量最多，占到网络中城市总数的61.86%，即长三角—境外城际投资网络中属于“无进有出”型的投资净流出城市占主导，其次节点对称性指数为1的“有进无出”型的投资净流入城市次之，占到25.77%，而节点对称性指数介于-1~1的“有进有出”型城市最少，仅占网络中城市节点总数的12.37%；2010年节点对称性指数为-1和1的城市比例均有所下降，而“有进有出”型城市占比与2003年相较占比翻番，提高到24.11%；2018年只有单向投资流入或流出的城市比例持续缩小，而“有进有出”型城市占比扩大到36%。进一步计算整体节点对称性指数，2003年、2010年和2018年分别为0.943、0.881和0.770，数值呈不断减小趋势，这意味着研究期间在全球尺度上长三角与境外城市之间的双向投资互动逐渐增加，节点对称性不断提升。

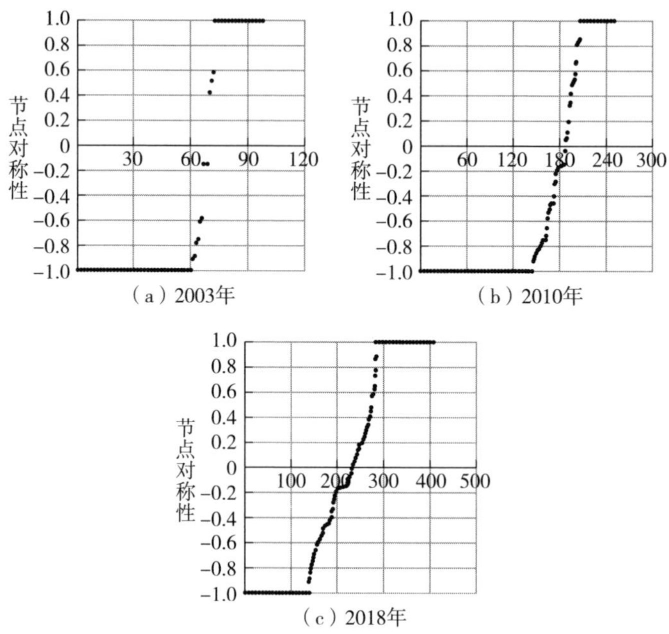

图 4-4　长三角—境外城际投资网络节点对称性

2. 局部性分析

长三角地区内部各城市全球尺度综合中心性空间分布不均衡，低水平区集中连片分布特征突出，由沪宁、沪杭、杭甬构成的廊道支撑结构逐渐凸显。就综合度中心性而言，2003 年跨国投资联系水平较高的区域主要集中于上海以及浙江的杭州和江苏的苏州与南京，在这些城市周边分布着数量有限的跨国投资联系水平较低的城市。进一步利用核密度分析法（输出像元大小设为 0. 02，搜索半径设为 0. 5）进行研究发现，高密度区主要围绕上述四个城市呈“岛状”分布。2010 年上海、杭州、苏州、南京的跨国投资联系仍维持在高位，值得注意的是，宁波综合度中心性增长较快，并与上述城市的发展差距快速缩小。分析其原因，可能是因为“十一五”期间宁波总部经济快速发展，并进一步明确和推进了“以港口为龙头、以产业为基础、以城市为载体、以企业为支撑、以市场为导向”的开放型经济发展战略，境外企业纷纷来甬投资，本地企业跨国扩张步伐加快，使宁波与境外城市间的投资联系得以加强，从而提升了其在长三角—境外城际投资格局中的地位。此外，苏州凭借邻近上海的区位优势积极承接了跨国公司价值链分工中诸多生产环节的投资，使其成为长三角地区地位仅次于上海的第二

大国际投资门户。2018 年各城市相对地位变动不大，其中变化最显著的是杭州，近年来该城市发力明显，反超苏州成为长三角地区第二大国际投资门户。除上述跨国投资联系水平较高的区域外，长三角其他区域则为跨国投资联系低水平集聚区，连片分布于安徽的大部分城市以及苏北和浙南的城市。

综合入度中心性的时空格局与综合度中心性类似，而综合出度中心性具有较为突出的特征，如芜湖在研究早期的跨国投资地位较显著，主要原因是芜湖依托安徽海螺集团、奇瑞控股集团等大型企业承接了来自境外的大量投资，使其跨国投资联系水平超过本省的省会合肥甚至江浙传统强市，跃升至高水平行列。

计算 2003~2018 年长三角—境外城际投资网络中长三角内部各城市综合中心性的年均增长率，并进一步对其空间格局进行分析。就综合度中心性而言，其年均增长率为 35%，其中增长率较高的区域连片出现在苏北、苏中和安徽的大部，浙江的绍兴、金华成为相对独立的高值区域，而核心发展廊道区域中除绍兴、镇江等个别城市外其余年均增长率普遍偏低，如上海、杭州、苏州和南京等年均增长率分别仅为 14%、18.63%、18.07%和 15.74%，增速低于长三角地区均值。究其原因，上述高增长区域在初始年份与境外城市间产生的投资活动极少甚至没有城际投资活动，即使往后年份其综合度中心性与高值区相比低，也凸显出其较高的增速。综合入度中心性的年均增长率为 34.9%，其空间格局与综合度中心性极为相似，反映出前者的发展演化对后者的变化具有较大影响。综合出度中心性的年均增长率高达 63%，其空间格局与前两者相比大相径庭，核心发展廊道区域中除上海（20.7%）、杭州（25.1%）外其余城市增速普遍较高，其中苏州（96.45%）、南京（91.17%）和宁波（89.27%）的综合出度中心性几乎每年翻番。

聚焦长三角内部城市的节点对称性可以发现（见图 4-5），2003 年参与到全球企业投资活动中的长三角城市中绝大部分是节点对称性指数为 1 的“有进无出”型城市，仅有少数城市对外开展直接投资活动。2010 年有越来越多的城市不仅只关注招商引资，其辖区内的本地企业也积极地跨出国门参与到全球企业投资活动，导致“有进有出”型城市大幅出现，占比达到 54.29%，即在当年区内所有参与全球企业投资活动城市中有半数以上的城市与境外城市具有双向投资互动。2018 年节点对称性指数为-1 的“无进有出”型城市全部消失，“有进有出”型城市比重进一步提升至 81.58%，意味着在研究期末区内绝大部分城市在吸引外资与对外投资方面双向并举。进一步计算区内城市的整体节点对称性指数，从 2003 年的 0.960 缩减至 2018 年的 0.435，可见其节点对称性提升十分显著。

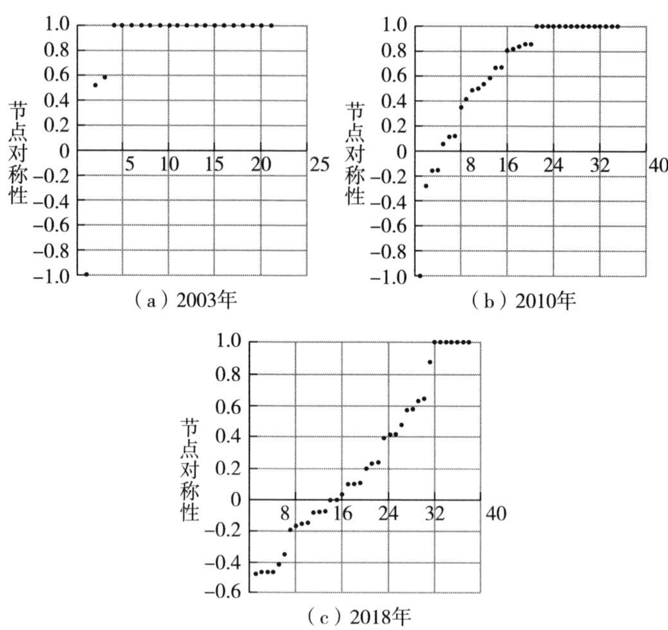

（a）2003年
（b）2010年
（c）2018年

图 4-5　长三角—境外城际投资网络局部节点对称性

此外，尽管区内城市的综合出度中心性增速（年均增速为 21.46%）快于综合入度中心性（年均增速为 9.28%），其中一个表现为“有进无出”型城市不断减少，但节点对称性指数大于 0 的城市仍占多数，占比高达 60.53%，即多数城市的投资流入大于投资流出。这恰好处于 Dunning（1980）所提出的投资发展路径中的第三阶段，即外直接投资大幅度上升，其发展速度快于外国直接投资的流入，其绝对数不断减少，但净对外直接投资仍为负值。这也从微观层面上表明，长三角地区企业的所有权优势和内部化优势加速提升，企业的对外直接投资处于快速发展阶段。

二、城际投资的规模分布模式

（一）整体性分析

城际投资整体上表现出稳定态势，上海始终牢牢占据长三角—境外城际投资格局中的核心位置，投资辐合中心与投资辐射中心地位均十分突出。研究期间上海的综合度中心性、综合入度中心性和综合出度中心性均一直居首位（见表 4-4）。

表 4-4　长三角—境外城际投资网络综合中心性前五位城市

综合度中心性			综合入度中心性			综合出度中心性		
2003 年	2010 年	2018 年	2003 年	2010 年	2018 年	2003 年	2010 年	2018 年
上海 (0.14)	上海 (0.42)	上海 (1.00)	上海 (0.22)	上海 (0.62)	上海 (1.00)	香港 (0.06)	上海 (0.22)	上海 (1.00)
香港 (0.03)	苏州 (0.12)	杭州 (0.32)	苏州 (0.05)	苏州 (0.20)	苏州 (0.30)	上海 (0.06)	香港 (0.21)	香港 (0.35)
东京 (0.03)	香港 (0.12)	香港 (0.28)	南京 (0.04)	杭州 (0.16)	杭州 (0.30)	东京 (0.05)	伦敦 (0.14)	杭州 (0.35)
杭州 (0.03)	杭州 (0.10)	苏州 (0.28)	杭州 (0.04)	宁波 (0.13)	香港 (0.21)	新加坡 (0.03)	新加坡 (0.12)	苏州 (0.25)
苏州 (0.02)	南京 (0.08)	南京 (0.19)	无锡 (0.02)	南京 (0.13)	南京 (0.20)	伦敦 (0.03)	东京 (0.09)	伦敦 (0.13)

根据多中心度指数，即排名第 2 位至第 4 位的次级核心节点的中心性均值占一级核心节点中心性值的比重可知，综合度中心性和综合入度中心性的多中心度指数分别从 2003 年 0.196 和 0.170 提升到 2018 年的 0.268 和 0.253，而综合出度中心性的多中心度指数从 2003 年的 0.708 下降至 2018 年的 0.278，数据显示研究期末各中心性的多中心度指数均非常小，表明在全球尺度上，上海的城际投资极化和控制能力较强，投资辐合中心与投资辐射中心地位均十分突出，这为实现国家对上海发挥龙头带动作用的要求奠定了良好的基础。

在长三角以外的城市中，香港的地位不容小觑，尽管研究期间其相对重要性有所弱化，但仍发挥着长三角地区首位境外投资门户的作用。此外，杭州、苏州、南京等基本稳定在前 5 位，处于次级核心节点的地位。

根据 2003~2018 年全球尺度的城市综合度中心性、综合入度中心性和综合出度中心性进行规模排序，并对位序及其对应的中心性数值进行对数转换，然后以位序的对数为横坐标、中心性数值的对数为纵坐标绘制出散点图。可以发现历年的综合度中心性与其位序之间具有两个标度区分段，各年份仅有少数点落在无效标度区外，结果都可以用两条线性趋势线进行较好的回归拟合，历年的判定系数均在 0.9 以上，表明该分布符合齐夫（Zipf）法则并呈现双分形特征。而综合入度中心性和综合出度中心性与其位序之间始终未出现标度区分段现象，且所用点均落在有效的无标度区内，结果都可以用一条直线进行拟合，历年判定系数均在 0.9 以上，因此综合入度中心性和综合出度中心性的位序—规模分布情况均符合齐夫法则并呈现单分形特征。

对全球尺度三类城市中心性的位序—规模分布特征进一步分析，各年份综合度中心性与其位序之间均存在两个无标度区，具有明显的双分形结构，与位于第一标度区的城市相比，位于第二标度区的城市其跨国城际投资联系的广度和深度较小，两标度区间城市的差距较大。观察齐夫参数可知（见图4-6（a）），两个标度区历年的参数均大于1，且均呈增大趋势，表明全球尺度长三角—境外城际投资综合度中心性的位序规模结构呈帕累托分布，规模分布比较集中，高位序城市综合度中心性比较突出，中低位序城市的综合度中心性较弱，且随着时间的推移长三角—境外城际投资集中力量大于分散力量。同时可看出第二标度区的齐夫参数明显高于第一标度区，表明中低跨国城际投资水平城市间差异较高跨国城际投资水平城市更大。

研究期间，综合入度中心性齐夫参数总体呈波动式演化，即该参数在2003~2008年呈增大的趋势，之后不断减小，直到2014年出现较大增幅，随后又进入下降通道，这表明在长三角—境外城际投资网络中城市吸引投资的集中与分散力量相互交织。同时看到历年齐夫参数始终在1以上波动，表明城市综合入度中心性始终呈现帕累托分布（集中化）模式（见图4-6（b））。城市出度中心性齐夫参数从2003年的0.767稳步增大至2015年的0.956，尽管集中力量大于分散力量，但齐夫参数未超过1，规模分布比较均衡，表现为正态分布模式；2016年该参数突破1，之后稳步增大至2018年的1.071，表现为帕累托分布模式（见图4-6（c））。可以看到，城市综合出度中心性齐夫参数整体上小于综合入度中心性，这意味着投资控制能力强（即综合出度中心性强）的城市较投资吸引能力强（即综合入度中心性强）的城市分布更为均衡。

（二）局部性分析

分析长三角地区内部城市全球尺度上的综合中心性可知，上海始终是排序第一的城市，目前五位城市位于以上海为中心，以合肥、南京、无锡、苏州、杭州、宁波为节点的“Z”字形发展轴上（见表4-5）。

综合度中心性、综合入度中心性和综合出度中心性的多中心指数分别从2003年0.142、0.166、0.172提升到2018年的0.236、0.244、0.227，说明上海作为长三角地区首位国际投资门户的地位相对有所弱化，但第二至第四位城市的三类中心性均值均不及上海的1/4，表明城市地位仍十分稳固，且比全球整体尺度表现更为明显。此外研究期间综合出度中心性的多中心指数始终低于综合入度中心性的多中心指数，说明上海在长三角地区的外向投资的地位相对高于吸引外资的地位。

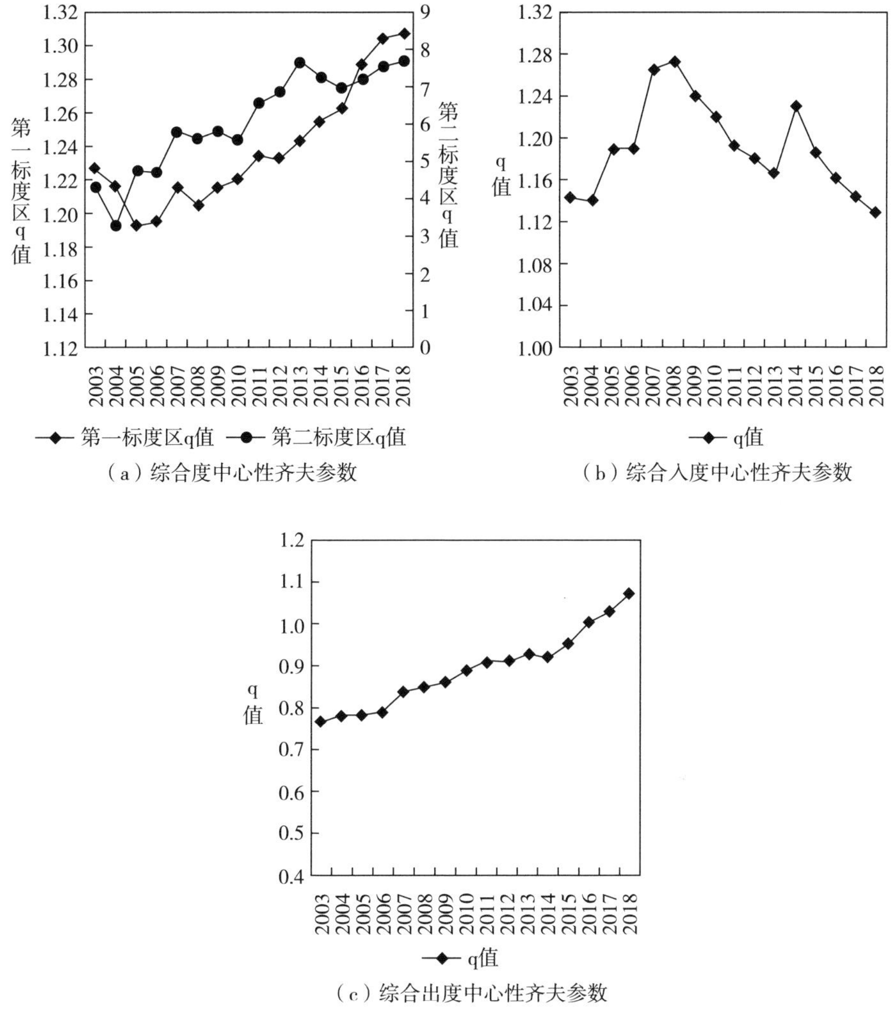

（a）综合度中心性齐夫参数

（b）综合入度中心性齐夫参数

（c）综合出度中心性齐夫参数

图 4-6　长三角—境外城际投资网络综合中心性位序—规模分布齐夫参数

表 4-5　长三角—境外城际投资网络局部的综合中心性前五位城市

综合度中心性			综合入度中心性			综合出度中心性		
2003 年	2010 年	2018 年	2003 年	2010 年	2018 年	2003 年	2010 年	2018 年
上海（0.14）	上海（0.42）	上海（1.00）	上海（0.22）	上海（0.62）	上海（1.00）	上海（0.06）	上海（0.22）	上海（1.00）
杭州（0.03）	苏州（0.12）	杭州（0.32）	苏州（0.05）	苏州（0.20）	苏州（0.30）	杭州（0.02）	杭州（0.07）	杭州（0.35）

续表

综合度中心性			综合入度中心性			综合出度中心性		
2003 年	2010 年	2018 年	2003 年	2010 年	2018 年	2003 年	2010 年	2018 年
苏州（0.02）	杭州（0.10）	苏州（0.28）	南京（0.04）	杭州（0.16）	杭州（0.30）	芜湖（0.01）	芜湖（0.04）	苏州（0.25）
南京（0.02）	南京（0.08）	南京（0.19）	杭州（0.04）	宁波（0.13）	南京（0.20）	—	苏州（0.04）	南京（0.17）
无锡（0.01）	宁波（0.07）	宁波（0.16）	无锡（0.02）	南京（0.13）	宁波（0.17）	—	南京（0.04）	宁波（0.14）

对长三角地区内部城市的全球尺度综合度中心性、综合入度中心性和综合出度中心性进行排序，分别绘制出三类城市中心性与其位序之间的双对数散点图。由图 4-7 发现历年的综合度中心性与其位序之间同样具有两个标度区分段，表明区域内具有不同跨国投资联系水平的城市间出现明显的分层现象，因此分别对两个标度区进行拟合，历年回归模型的判定系数均在 0.9 以上，表明该分布情况符合齐夫法则并具有双分形结构。历年的综合入度中心性和综合出度中心性的位序—规模分布均有且只有一条拟合直线，历年判定系数也均在 0.9 以上，表明两类中心性规模分布情况均符合齐夫法则且呈现单分形特征。

如图 4-7 所示，就综合度中心性而言，其第一标度区的齐夫参数从 2003 年的 1.794 稳定减小至 2018 年的 1.408，各年份位于第二标度区城市较少均未超过 10 个，其齐夫参数波动较大。可见综合度中心性的位序规模结构整体呈帕累托分布，但跨国城际投资水平较低的城市发展较快，高位序城市的地位减弱且呈分散化趋势。研究期间综合入度中心性齐夫参数呈波动式演化，但演化趋势不明显，整体在 1.5 上下振动，表明内向吸引投资水平在长三角内部城市中的分布结构较稳定。综合出度中心性齐夫参数在 2003~2009 年大幅减小，说明该时期在长三角内部外向投资功能的分散力量大大超过集中力量，原本外向城际投资水平较低的城市其对外投资增长势头较猛；2009 年之后该参数呈波动式增长，但增长势头远不及前期的下降势头，因此，长期来看在长三角地区内部外向城际投资水平呈分散化趋势。

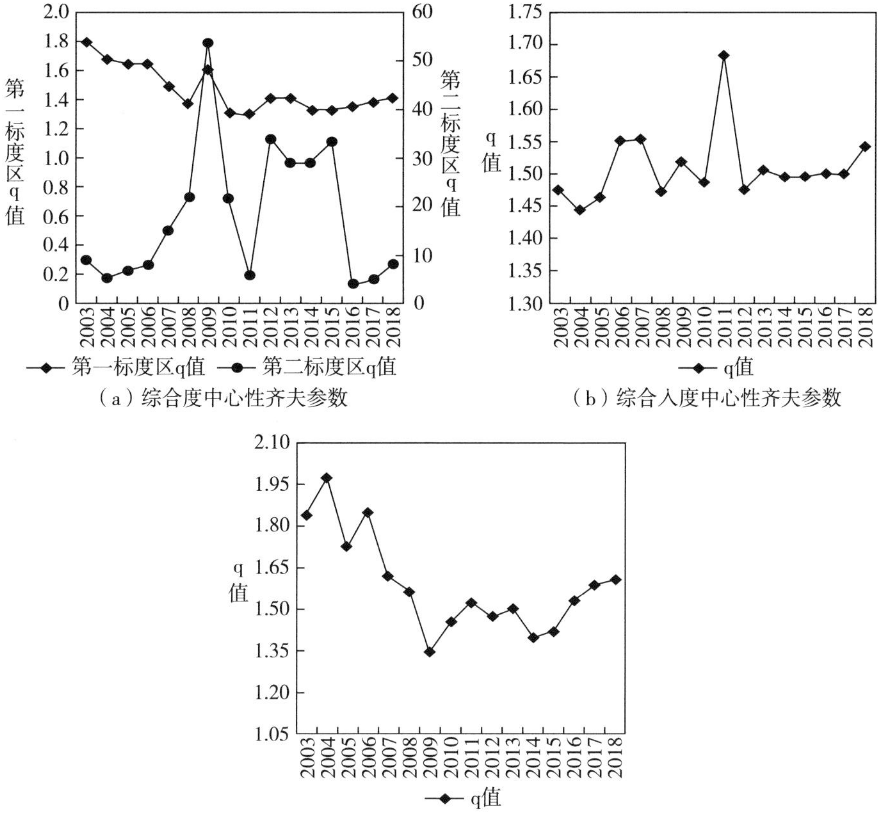

(a) 综合度中心性齐夫参数

(b) 综合入度中心性齐夫参数

(c) 综合出度中心性齐夫参数

图 4-7 长三角—境外城际投资网络局部综合中心性位序—规模分布齐夫参数

第三节 全国尺度：长三角—全国城际投资时空演化

一、城际投资网络结构特征

（一）全局网络结构

全国尺度上，长三角—全国城际投资网络正处于拓展网络规模与加密空间组织关系的稳步发展阶段。如表 4-6 所示，从节点数来看，由 2003 年的 182 个增加到2018年的321个，年均增长率为3.86%，基本覆盖到全国（2018年全国共有338个地级及以上城市），2005年及以后的年份中长三角地区全域的城市都参与到了除本区域以外的全国尺度的投资活动中。从边数来看，从2003年的498条快速增加到2018年的3081条，年均增长率达到12.92%。从平均路径长度来看，长度尽管较长，但呈现缩短的趋势。从网络密度来看，密度值较低，但呈现稳步上升的趋势，研究期间密度值提高了两倍。可见，与全球尺度不同的是，该尺度的投资网络正处于拓展网络规模与加密空间组织关系的稳步发展阶段。

表4-6　长三角—全国城际投资网络特征值统计

年份	节点数	边数（双向）	平均路径长度	网络密度
2003	182（39）	498	2.973	0.015
2004	201（40）	550	3.005	0.014
2005	207（41）	561	2.976	0.013
2006	223（41）	648	2.940	0.013
2007	214（41）	721	2.964	0.016
2008	235（41）	794	2.944	0.014
2009	241（41）	861	2.922	0.015
2010	256（41）	1141	2.826	0.017
2011	271（41）	1342	2.790	0.018
2012	284（41）	1440	2.836	0.018
2013	294（41）	1545	2.829	0.018
2014	309（41）	1787	2.769	0.019
2015	317（41）	2132	2.667	0.021
2016	320（41）	2433	2.611	0.024
2017	321（41）	2692	2.539	0.026
2018	321（41）	3081	2.504	0.030

注：数据采用Gephi软件统计，括号内数值是参与了全国尺度投资的长三角地区城市数量。

（二）关联度的空间演化

从空间结构来看（见图4-8），全国尺度上，城市投资关联格局具有显著的空间异质性，其空间演化兼具路径依赖与路径创造双重特征。由图4-8可知，在初期长三角—全国城际投资关联网络中仅形成北京→上海这一投资金额超过50亿元的链接，整体空间结构分异不明显，随着时间的推移，空间结构出现分异，

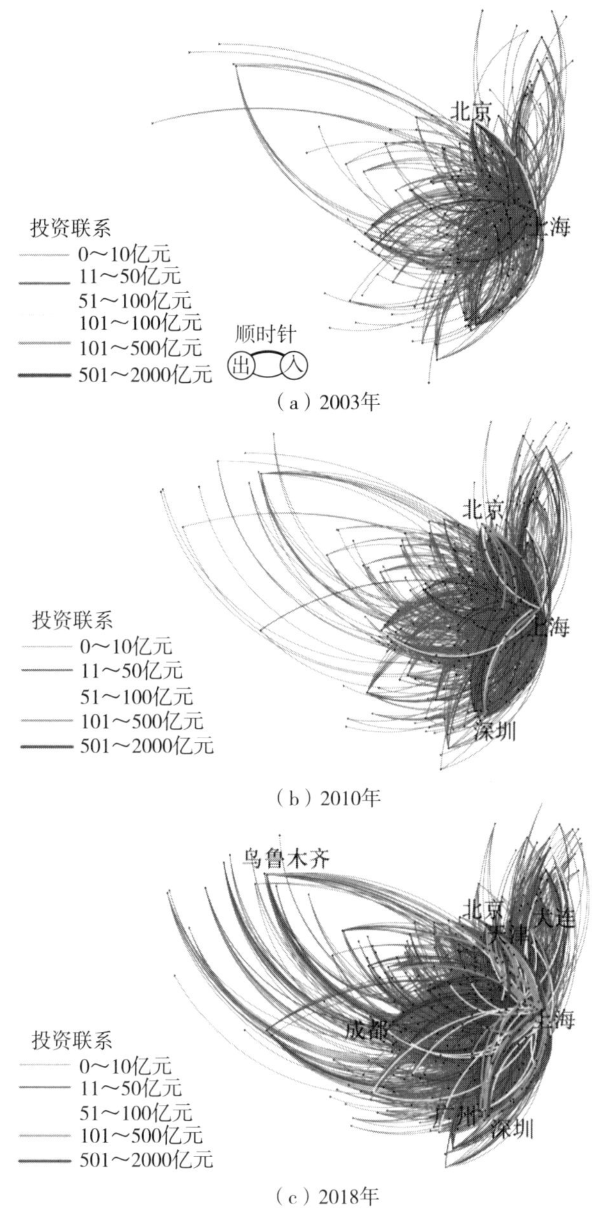

图 4-8　长三角—全国企业城际投资关联强度的空间演化

逐渐形成“东密西疏”的格局。以长三角地区核心城市为门户，分别吸引着以北京、深圳为枢纽的京津冀和珠三角地区的投资，并呈现不断强化的发展趋势。2018 年投资超过百亿的链接中有 90%都涉及上述两大区域，并成长出深圳→上海、北京→上海、北京→合肥这3条投资金额超过500亿元的链接（见表4-7）。其中合肥之所以能够吸引北京如此大规模的投资，主要受益于京东方科技集团股份有限公司对合肥在电子显示器件等领域的投资。进一步利用核密度分析法（输出像元大小设为0.07，搜索半径设为1）对长三角—全国城际投资关联网络进行研究，结果发现：研究初期长三角地区与北京的联系相对紧密，随着时间的推移，与珠三角地区城市特别是深圳的投资联系日趋紧密，北京、上海、深圳逐渐稳定占据着网络的关键节点位置，以此为顶点的“>”形结构初现。长三角—全国城际投资关联网络在强化路径依赖的同时，在中西部地区不断创造新的投资路径，持续拓展市场覆盖范围，特别是一些中西部省份的核心城市与长三角地区城市之间的投资链接突变成为新的高强度投资延展轴，如乌鲁木齐对上海的投资联系。在路径依赖与路径创造的共同作用下，使得整个网络的连通程度、控制能力和延展规模得以提升。

表4-7 长三角—全国城际投资关联强度前五位链接 单位：亿元，项

年份	城市链接	关联强度	项目数量	主要关联者
2003	北京→上海	139	34	中国石化→中国石化上海石油化工
	深圳→上海	49	47	中集集团→中集申发建设实业有限公司
	北京→扬州	40	5	中国石化→中国石化仪征化纤有限公司
	大连→上海	33	7	国电电力→上海外高桥第二发电有限公司
	北京→宁波	27	9	中国石化→中国石化镇海炼油化工股份有限公司
2010	深圳→上海	351	118	中国平安→京沪高铁股权投资
	北京→上海	345	123	中国石化→中国石化上海石油化工股份有限公司
	北京→南京	287	47	中国石化→中国石化扬子石油化工有限公司
	北京→合肥	114	16	京东方→合肥京东方光电科技有限公司
	天津→上海	103	32	中远海控→中远集装箱运输有限公司
2018	深圳→上海	1871	370	万科→上海万科企业有限公司
	北京→上海	1580	394	中国交建→中交疏浚（集团）股份有限公司
	北京→合肥	715	72	京东方→合肥京东方显示技术有限公司
	深圳→杭州	491	166	万科→浙江万科南都房地产有限公司
	乌鲁木齐→上海	456	24	申万宏源→申万宏源证券有限公司

从主要关联者来看，主导产业由二产转向三产。如表4-7所示，2003年，前五位的主要关联者中有三对是由总部位于北京的中国石化发起的，属于第二产业中

的资金密集型制造业，另外两对分别属于第二产业中的其他工业（国电电力→上海外高桥第二发电有限公司）和第三产业（中集集团→中集申发建设实业有限公司）；随着长三角地区产业结构的调整和优化，研究后期该地区与全国其他城市之间的主要关联者以第三产业为主导，涵盖了一般生产性服务业（中国交建→中交疏浚（集团）股份有限公司）、高级生产性服务业（申万宏源→申万宏源证券有限公司）以及房地产业，此外还包括一对属于技术密集型制造业的主要关联者（京东方→合肥京东方显示技术有限公司）。此外，从主要投资关联者的联系方向上来看，均为全国其他城市对长三角地区的投资，表明与总部位于全国其他城市（如北京、深圳）的大型企业相比，总部位于长三角地区的企业其对外投资能力相对较弱。

从关联方向来看，由前期的以内向吸引投资为主导转变为后期的以对外投资为主导。2003 年、2010 年、2018 年长三角→全国方向上的链接数量分别为 230 条、620 条、1783 条，占全部链接的比重分别为 46.2%、54.4%、57.9%。即在不考虑链接权重的情况下，长三角→全国方向上的链接数量由前期的低于全国→长三角方向上的链接数量，随后则逐渐反超，辐射范围基本涵盖全国大部分地级市。进一步观察考虑了权重的链接散点图可知（见图 4-9），研究期间散点图形呈现稳定的“Z”字形，但由前期的“上长下短”逐渐演化为后期的“上短下长”，与此同时位于-1～1 的散点逐渐稠密，特别是位于 0 附近的散点逐渐将-1～1 的空隙填实，反映出双向投资联系的对称性有所提升。

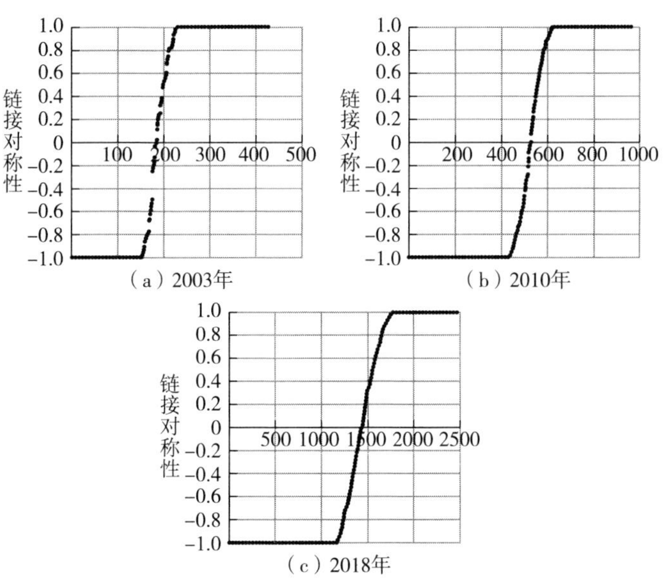

图 4-9　长三角—全国城际投资网络链接对称性

（三）中心性的空间演化

1. 整体性分析

在长三角—全国城际投资网络中，投资流节点城市呈“东密西疏”的空间分布规律，东部沿海城市的综合中心性普遍较高，高度集中于长三角、京津冀、珠三角、山东半岛、福建沿海等地区，其中前三个地区分布最为密集。具体来说，长三角地区形成了上海、杭州、苏州、南京等不同等级城市构成较完备的跨地区投资联系功能密集区；京津冀地区在早期以北京为核心，之后天津的综合中心性提升明显，由单中心格局演变为北京和天津一主一副双中心格局；在珠三角地区深圳地位较为突出，随着时间的推移广州与深圳在与长三角地区城际投资联系度方面差距缩小，同样由单中心格局演变为深圳和广州一主一副双中心格局，此外，该地区的其他城市如佛山、珠海、东莞等与长三角地区城际投资联系也日益紧密，综合中心性得以提升。除上述主要集聚区外，大部分省份的省会城市和其他重要城市成为连接本省与长三角地区的投资门户，表明研究期间长三角—全国城际投资受择优链接机制的影响较大，导致这些节点城市相对来说较为孤立。

进一步利用综合入度中心性和综合出度中心性相对大小关系来考察城市节点对称性特征。如图 4-10 所示，2003 年节点对称性指数为-1、1 和介于两者之间的城市比重分别为 20. 77%、32. 24%和 46. 45%，表明“有进有出”型城市占比最大，反映出研究初期长三角城市与全国其他城市间的投资双向互动就较为显著。2010 年的突出变化特征是“无进有出”型的投资净流出城市占比大幅下降至 5. 08%，“有进有出”型城市占比过半达到 55. 86%。2018 年“无进有出”型城市仅剩 3 个，“有进有出”型城市占比持续扩大到 61. 68%，而“有进无出”型城市比重变化不显著。利用式（4-13）计算整体节点对称性指数可知，该指数从 2003 年的 0. 67 缩减至 2018 年的 0. 6。因此，一方面，无论从单个节点对称性还是整体对称性来看，长三角—全国城际投资网络中城市的投资流入与流出的不平等关系在改善，城市节点对称性有所提升；另一方面，可以发现尽管其节点对称性有所提升，但在研究中后期全球尺度上的节点对称性明显优于全国尺度上的节点对称性，城际投资流动的不平等现象在长三角与全国其他城市间的投资交往中表现更甚。

2. 局部性分析

在长三角地区内部，全国尺度的城市综合中心性由核心发展廊道向南北两侧进行逐步空间扩张。就综合度中心性而言，2003 年跨区投资联系城市体系发育

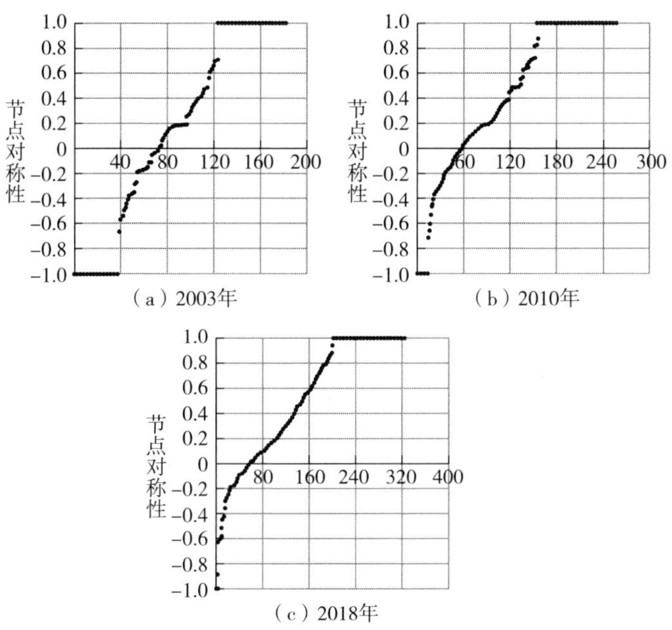

图 4-10　长三角—全国城际投资网络节点对称性

不成熟，“头重脚轻”结构突出，具体表现为上海“一枝独大”，承担着长三角地区与全国其他城市开展跨区域投资联系的主要职能，区内的次级核心城市与上海的差距较大，影响力明显偏弱，而跨区城际投资联系低水平区域在地区内部则广泛分布，整体空间格局具有显著的空间异质性特征，这一点在相应的核密度图中更能得以体现。2010 年上海、杭州、南京、合肥、苏州等城市的地位得到进一步巩固；与此同时，其他非核心城市与全国其他城市间的投资联系也日趋紧密，徐州、金华等远离核心发展廊道的城市成为长三角—全国城际投资网络中的区域性节点城市；此外，综合度中心性的空间演化还表现出一定的沿海扩张态势，江苏的连云港、盐城以及浙江的温州、台州等沿海的低等级城市也取得较快发展。2018 年全国尺度综合度中心性的空间格局在继承中持续发展，其中最显著的变化是位于皖北和皖南的部分城市其综合度中心性提升较快，与长三角地区其他更高等级城市的差距有所减小，在相应的核密度图中则表现为原本连片的低密度空白区域被次级低密度斑块所打破。就综合入度中心性而言，研究初期其空间分布相对来说就较为分散，随着时间的推移位于非核心发展廊道的低等级城市发展较快，表明内向吸引全国投资的功能呈现广域化特征。与另外两类城市中心性相比，综合出度中心性空间异质性最为突出，核心发展廊道得到不断强化，廊道内部城市间对全国投资的功能差异在缩小，位于非核心发展廊道的区域性节点也在自我强化。

进一步考察2003~2018年长三角—全国城际投资网络中长三角内部各城市综合中心性的年均增长率。综合度中心性的年均增长率为26.2%，其中增长率较高的区域集中在皖北地区，包括亳州（95.28%）、淮北（85.39%）、蚌埠（81%）和宿州（71.35%）等地，皖南的池州（63.2%）和宣城（61.16%）成为两个增长率高值热点。宣城之后的城市增长率呈现断崖式下跌，均未超过30%，且增速较为平均，其中尽管上海在研究期间与全国其他城市的投资往来最为密切，但年均增长率最低（10.04%），表明从企业异地投资视角看，研究期间上海链接全国其他城市的功能已超越快速发展阶段并进入深度调整阶段。就综合入度中心性而言，其年均增长率为26.74%，高增长率空间呈岛状分散在浙江的舟山（80.89%）、安徽的蚌埠（77.55%）、池州（74%）和宣城（72.46%）。尽管其余城市的年均增长率在30%以下，但低等级城市的年均增长率普遍高于高等级城市，反映出前者吸引全国其他城市投资的增速较快。综合出度中心性的年均增长率为26.7%，其中高值区呈现点面结合的分布特征，即在皖北和苏北地区呈面域分布，在皖南和浙南地区呈点状分布。此外，一般说来，等级越高的城市，其增速相对就越慢，但值得注意的是研究期间苏州对全国其他城市的投资较快（高于平均值达到28%）。

如图4-11所示，2003年在长三角内部39个有全国尺度城际投资活动的城市中，仅有2个节点对称性指数为-1的“无进有出”型城市和10个节点对称性指数为1的“有进无出”型城市，其余均为节点对称性指数介于-1~1的“有进有出”型城市，占比达到69.23%。2010年“无进有出”型城市全部消失，“有进无出”型城市减少到7个，“有进有出”型城市比重扩大到82.92%。2018年延续了之前的发展态势，“有进无出”型城市进一步减少到4个，“有进有出”型城市占到绝大多数，表明区内几乎所有城市与全国其他城市均产生双向的投资互动。此外，整体节点对称性指数从2003年的0.511缩减至2018年的0.387，表明区内城市的在全国尺度上的节点对称性有所提升。

二、城际投资的规模分布模式

（一）整体性分析

进一步分析综合中心性排名前五位的城市发现（见表4-8），上海一直居首

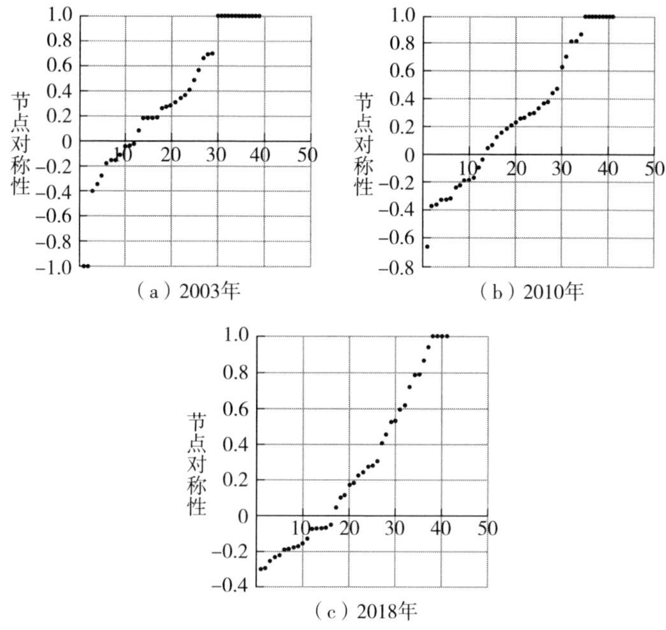

（a）2003年　（b）2010年　（c）2018年

图 4-11　长三角—全国城际投资网络局部节点对称性

位，属于网络一级核心节点，其余次级核心节点在各类型的综合中心性中有所差异。就综合度中心性而言，研究期间杭州和北京地位未发生变动，分别位居第二和第三，后两位城市在三个年份中均不相同，变动频繁，值得注意的是，深圳在2018 年成为继北京之后跻身前五的长三角地区以外的城市。北京和深圳之所以成为长三角地区以外的重要投资联系门户，主要是因为两地上市企业云集，这些企业对长三角地区投资的持续扩张提升了其在长三角—全国城际投资网络中的地位。分析综合出度中心性即可发现，北京和深圳的综合出度中心性非常高，与上海的差距较小，反映出两地对长三角地区具有非常强的外向投资联系功能。综合入度中心性前五位城市在研究后期均为长三角本地城市，省会优势较为突出，2018 年杭州、南京、合肥三个省会城市均位居前列。

表 4-8　长三角—全国城际投资网络综合中心性前五位城市

综合度中心性			综合入度中心性			综合出度中心性		
2003 年	2010 年	2018 年	2003 年	2010 年	2018 年	2003 年	2010 年	2018 年
上海（0. 24）	上海（0. 43）	上海（1. 00）	上海（0. 31）	上海（0. 43）	上海（1. 00）	上海（0. 17）	上海（0. 39）	上海（0. 79）

续表

综合度中心性			综合入度中心性			综合出度中心性		
杭州 (0.09)	杭州 (0.15)	杭州 (0.41)	南京 (0.10)	南京 (0.17)	杭州 (0.36)	杭州 (0.09)	北京 (0.21)	北京 (0.61)
北京 (0.07)	北京 (0.15)	北京 (0.38)	杭州 (0.08)	合肥 (0.13)	南京 (0.32)	北京 (0.08)	杭州 (0.18)	深圳 (0.52)
宁波 (0.06)	南京 (0.14)	苏州 (0.38)	北京 (0.07)	苏州 (0.12)	合肥 (0.32)	宁波 (0.07)	深圳 (0.13)	杭州 (0.41)
南京 (0.06)	合肥 (0.10)	深圳 (0.33)	深圳 (0.06)	杭州 (0.12)	苏州 (0.31)	深圳 (0.05)	南京 (0.11)	苏州 (0.40)

综合度中心性和综合入度中心性的多中心指数大小和演化趋势大体一致，分别从2003年的0.294和0.251增长至2018年的0.373和0.326，而综合出度中心性的多中心化程度更显著，分别从2003年的0.419增长至2018年的0.613，表明上海在长三角—全国城际投资网络中承担的对外投资联系功能相对较弱，并呈现进一步弱化的趋势。

对2003~2018年全国尺度上城市的综合度中心性、综合入度中心性和综合出度中心性进行规模排序，并对位序及其对应的中心性数值分别取对数。分析结果表明城市历年全国尺度的综合度中心性与其位序之间均具有两个标度区分段，除2006年、2007年、2009年和2016年的个别节点外其他年份的所有节点均落在有效标度区内，并形成两条拟合直线，且拟合直线方程的判定系数均在0.9以上，表明全国尺度城市综合度中心性的位序—规模分布符合齐夫法则并具有较为明显的双分形特征。全国尺度的城市综合入度中心性与其位序之间在2003~2015年未出现标度区分段现象，而在2016~2018年具有两个标度区分段，且两个时间段内的拟合直线方程判定系数均在0.9以上，表明两个时间段的分布均符合齐夫法则并分别具有单分形和双分形特征。最后，研究期间全国尺度城市综合出度中心性与其位序之间始终未出现标度区分段现象，所有节点均落在无标度区内，结果均可被拟合在一条直线上，判定系数均大于0.9，反映出位序—规模分布符合齐夫法则并呈现出单分形特征。

对历年的综合度中心性位序—规模散点图的转折点两侧分别求拟合直线方程，在各年份均可得到两个齐夫参数（见图4-12）。首先，全国大部分城市都位于第一标度区，该标度区的齐夫参数在2003~2005年呈较小趋势，从1.134稳定

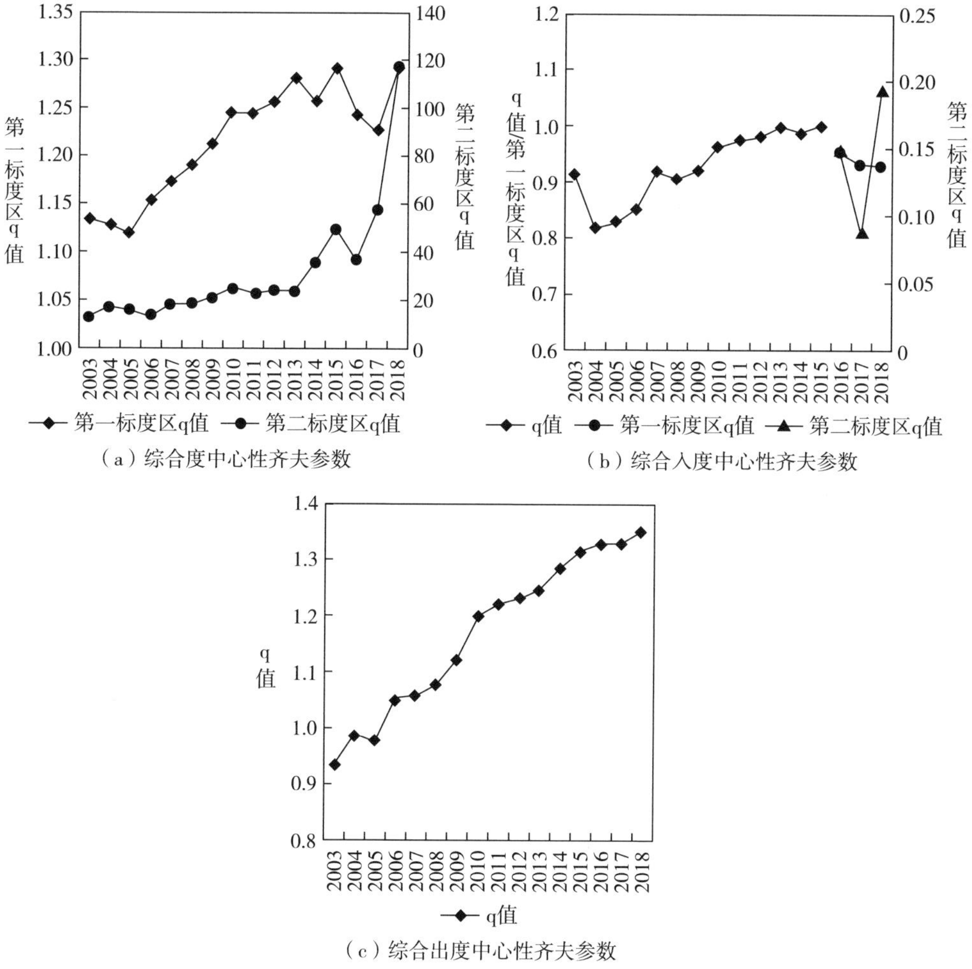

（a）综合度中心性齐夫参数

（b）综合入度中心性齐夫参数

（c）综合出度中心性齐夫参数

图 4-12　长三角—全国城际投资网络综合中心性位序—规模分布齐夫参数

较小至 1.119，随后进入长时期的上升通道，平稳增长至 2013 年的 1.282，随后呈现波动式演化，并于 2018 年达到研究期间的最大值 1.294。其次，对于转折点右侧即第二标度区的城市（多数为中西部地区城市）来说，齐夫参数非常大，尽管 2003 年该参数值最小，但也高达 12.657，之后的年份几乎逐年增大，2018 年竟然达到 116。由此可见，长三角—全国城际投资网络中城市综合度中心性的位序规模结构呈现出典型的帕累托分布模式，城市间跨区域城际投资联系水平差异较大，并且还呈进一步集中的态势，对于位于第二标度区的城市而言其与长三角地区的投资联系水平分布表现为强烈的非均衡性，部分城市远远落后于其他城市。就综合入度中心性而言，齐夫参数从 2003 年的 0.915 增大至 2014 年的 0.988，表明该时期全国尺度的内向吸引投资水平呈集聚态势，但q值始终小于1，各城市间内向吸引投资水平的分布特征表现出一定的均衡性；2015年齐夫参数为1.002，城市内向吸引投资水平基本处于自然状态下的最优分布；之后的年份城市间的差异继续扩大，以致出现明显的分层现象。就综合出度中心性而言，齐夫参数基本逐年增大，2006年q值突破1，从此由正态分布模式转变为帕累托分布模式，外向功能强的城市其对外投资联系的广度和深度增长较快、地位不断巩固并呈极化趋势。

（二）局部性分析

分析长三角地区内部各城市在全国尺度上的综合中心性可知，上海始终稳居第一，目前五位城市基本位于长三角“Z”字形发展轴上（见表4-9）。

表4-9　长三角—全国城际投资局部的综合中心性前五位城市

综合度中心性			综合入度中心性			综合出度中心性		
2003年	2010年	2018年	2003年	2010年	2018年	2003年	2010年	2018年
上海（0.24）	上海（0.43）	上海（1.00）	上海（0.31）	上海（0.43）	上海（1.00）	上海（0.17）	上海（0.39）	上海（0.79）
杭州（0.09）	杭州（0.15）	杭州（0.41）	南京（0.10）	南京（0.17）	杭州（0.36）	杭州（0.09）	杭州（0.18）	杭州（0.41）
宁波（0.06）	南京（0.14）	苏州（0.38）	杭州（0.08）	合肥（0.13）	南京（0.32）	宁波（0.07）	南京（0.11）	苏州（0.40）
南京（0.06）	合肥（0.10）	合肥（0.35）	苏州（0.06）	苏州（0.12）	合肥（0.32）	南京（0.03）	芜湖（0.11）	南通（0.35）
合肥（0.03）	苏州（0.09）	宁波（0.31）	宁波（0.05）	杭州（0.12）	苏州（0.31）	合肥（0.03）	宁波（0.10）	无锡（0.33）

地区内部城市综合度中心性、综合入度中心性和综合出度中心性的多中心指数分别从2003年0.253、0.240、0.322提升到2018年的0.356、0.326、0.472，说明上海作为长三角地区连接全国其他城市的首位投资门户地位相对弱化。然而，与地区内部全球尺度的城市综合中心性相比，全国尺度的多中心指数相对较高，表明上海在全国尺度最为投资门户的控制能力与全球尺度相比较弱。此外，比较综合入度中心性和综合出度中心性的多中心指数可知，上海在长三角地区的内向吸引投资地位要相对高于外向投资地位。

对长三角地区内部城市的综合中心性进行排序，并对位序及其对应的中心性进行对数变换，以此绘制出双对数散点图。采用一阶线性模型对散点进行回归拟合，发现综合度中心性和综合出度中心性的规模分布在研究初期均只有一条拟合

直线，而在中后期均出现两条拟合直线，且各年份线性回归模型的判定系数均在0.9以上，表明综合度中心性和综合出度中心性的位序—规模分布均符合齐夫法则，且分形结构出现单分形→双分形的发展变化。在历年的综合入度中心性双对数散点图上不存在明显转折，仅出现一条拟合直线，其判定系数均在0.9以上，表明综合入度中心性位序—规模分布符合齐夫法法则且始终呈现单分形特征。如图4-13所示，齐夫参数q值的大小与变化反映了长三角地区内部各城市与全国其他城市间投资联系水平的分布均衡状态与集散化趋势。

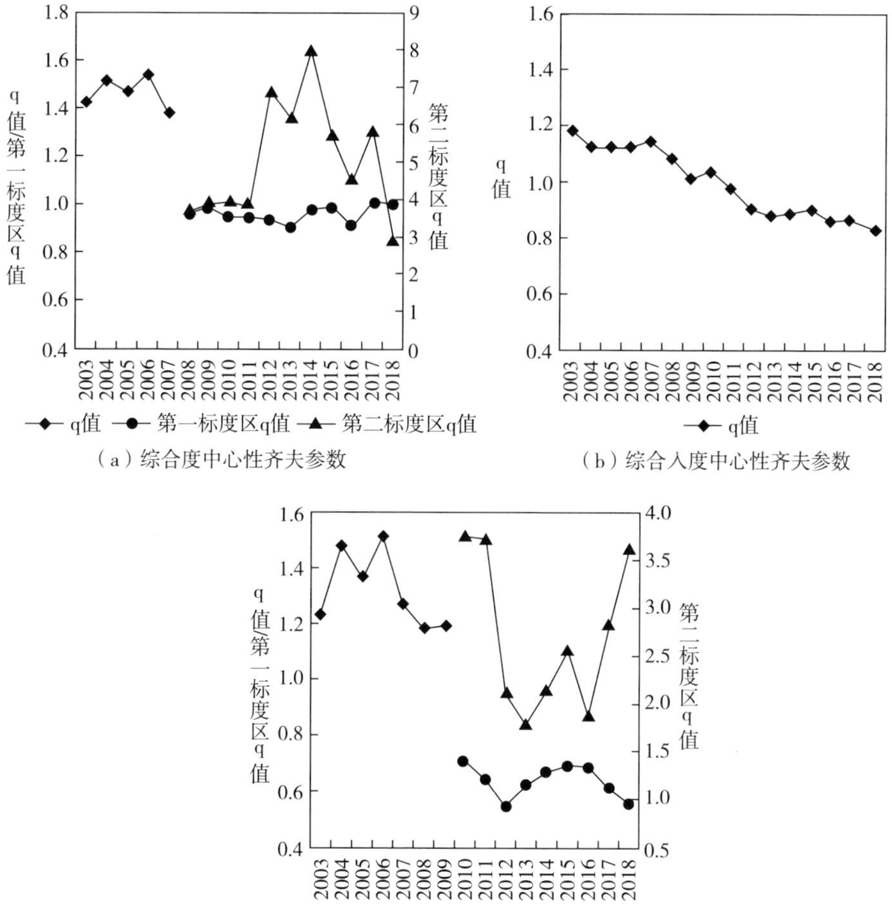

q值　第一标度区q值　第二标度区q值

（a）综合度中心性齐夫参数

q值

（b）综合入度中心性齐夫参数

q值　第一标度区q值　第二标度区q值

（c）综合出度中心性齐夫参数

图4-13　长三角—全国城际投资局部的综合中心性位序—规模分布齐夫参数

整体上，长三角区域内部全国城际投资功能呈现扩散趋势。就综合度中心性而言，2003~2007年仅存在一个无标度区，表现为单分形特征，齐夫参数由2003年的1.422减小至2007年的1.378；2008年及之后的年份出现双分形现象，即由原来的一个规模结构系统演化为两个结构子系统，主要原因是原来与全国其他城市没有投资联系或很少有投资联系的城市发展较快，引起规模分布的大调整。但第一标度区涵盖的城市数量远超落入第二标度区的城市数量，尽管两个标度区的齐夫参数波动较大，但整体仍呈减小趋势。由此可见，在地区内部各城市与全国其他城市投资联系的差异在缩小，均衡性有所提升。就综合入度中心性而言，其规模分布相对简单，研究期间始终呈现单分形结构，齐夫参数由2003年的1.186平稳减小至2018年的0.830，分布模式由集聚的帕累托分布转变为更加均衡的正态分布，说明长三角地区内部较低等级的城市在吸引全国其他城市投资方面较高等级城市而言表现更为突出，导致内向吸引投资功能在长三角城市体系中持续扩散。综合出度中心性规模分布的分形结构和齐夫参数的演化与综合度中心性较为相似，2003~2009年为单分形结构，齐夫参数由2003年的1.234减小至2009年的1.195；2010~2018年为双分形结构，两个标度区涵盖的城市数量大体相当，其中第一标度区的齐夫参数由0.715减小至0.552，第二标度区的齐夫参数波动剧烈且数值较大，但也呈现出缩小趋势。可见，由于城市外向投资联系的深度发展，从而导致新的不均衡现象的产生，但外向投资联系水平较高的城市间的差异度以及外向投资联系水平较低的城市间的差异度均呈缩减态势。

第四节　区域尺度：长三角区域城际投资时空演化

一、城际投资网络结构特征

（一）全局网络结构

如表4-10所示，区域尺度上，长三角区域城际投资网络处于完善发展阶段。早在2003年，长三角地区内部41个城市均被卷入到本地企业的投资联系中，随后城市间的空间组织关系日益紧密，城市间新的投资关系（边数）持续增长，平均路径长度也从2003年的2.193持续缩短至2018年的1.575，2018年的网络密度值是2003年的4倍，达到0.407。可见，长三角本地城际投资网络整体紧密

程度目前已达到较高水平，正处于持续的完善发展阶段。

表 4-10　长三角区域城际投资网络特征值统计

年份	节点数	边数（双向）	平均路径长度	网络密度
2003	41	179	2.193	0.109
2004	41	191	2.164	0.116
2005	41	202	2.160	0.123
2006	41	221	2.065	0.135
2007	41	257	2.028	0.157
2008	41	274	2.006	0.167
2009	41	296	1.939	0.180
2010	41	345	1.897	0.210
2011	41	387	1.862	0.236
2012	41	401	1.814	0.245
2013	41	423	1.797	0.258
2014	41	463	1.747	0.282
2015	41	520	1.702	0.317
2016	41	578	1.660	0.352
2017	41	626	1.618	0.382
2018	41	667	1.575	0.407

注：数据采用 Gephi 软件统计。

（二）关联度的空间演化

从空间结构来看，区域尺度上，城际投资关联格局呈现“等级+邻近+跳跃”的空间扩张趋势，沪苏投资关联强度明显优于沪浙与沪皖。如图 4-14 所示，2003 年，投资联系规模小、双向联系少，呈现低密度均衡状态；2010 年，投资网络在加密的同时形成了以上海为主要投资辐射源的轴辐式格局；2018 年，随着杭州和南京企业总部的增长和异地分支机构的集聚，杭州和南京逐渐成长为继上海之后新的投资枢纽，并形成南京→苏州、杭州→舟山、杭州→宁波等具有等级指向性的投资额超过 200 亿元的链接。与此同时，投资网络邻近扩张趋势明显，特别是上海、南京、杭州等核心城市向地理邻近的苏南、浙东北投资强度逐渐加大。此外，2003~2018 年，部分跨行政区的投资联系也有所强化，具有非邻近跳跃式空间扩张特征，江浙皖三省与上海的跨省投资交互关系尤为密切，2003

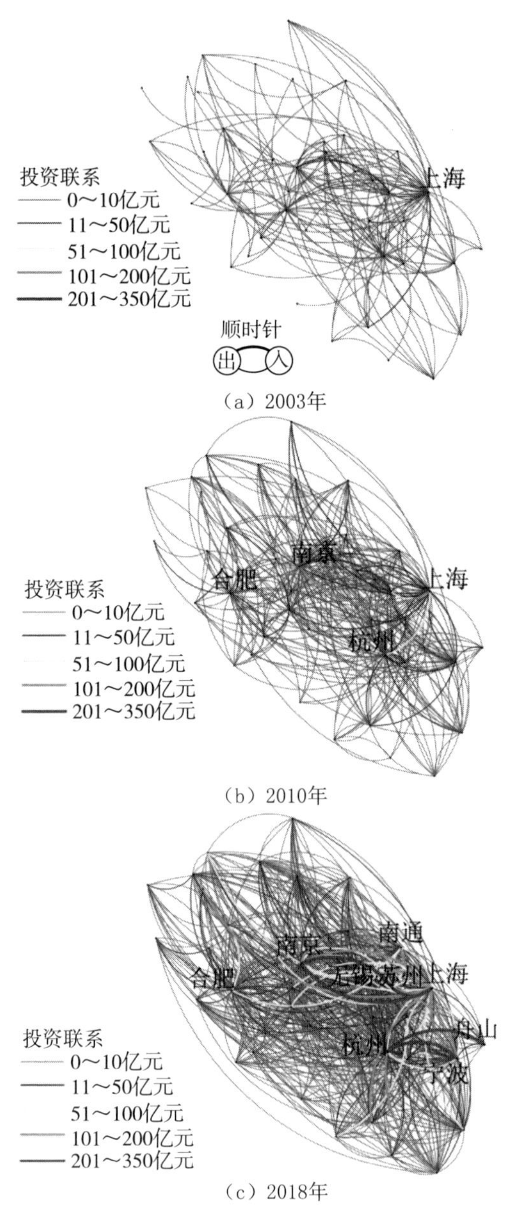

（a）2003年

（b）2010年

（c）2018年

图 4-14 长三角区域城际投资网络关联强度空间演化

年、2010 年、2018 年三省中以上海为首位投资关联城市的数量分别达到 16 个、15 个、15 个。此外，除上海与江浙皖城市之间形成的跨省投资联系外，还形成了苏州→宁波、南通→合肥、芜湖→无锡等投资额超过 50 亿元的典型投资链接。

然而不可否认的是，江浙皖三省内部联系仍较紧密，2018 年省内投资占各省总投资的比重均超过 35%，依然存在着较为明显的“行政区经济”现象（刘君德，2006）。进一步利用核密度分析法（输出像元大小设为 1，搜索半径设为 0.2）对长三角内部城际投资关联网络进行研究可以清楚地发现，随着时间的推移，上海与江苏省内城市的投资关联强度明显优于上海与浙江省内城市以及上海与安徽省内城市的关联强度。上海对江苏的辐射影响十分突出，支配着苏州、南通、徐州、连云港等在内的大部分江苏省内城市，而浙江和安徽省内城市则分别主要受到杭州和合肥的支配，该发现与已有相关研究结果相一致（李哲睿等，2019）。表 4-11 也反映出 2018 年投资关联强度前五位链接中有两条涉及上海与江苏（上海→南京、上海→苏州），而其余省份内部城际投资关联相对更为紧密。此外，从主要关联者所属行业来看（见表 4-11），研究期间以第二产业中的制造业为主导，与前文中区域尺度的行业结构统计特征大体相符。

表 4-11　长三角区域城际投资关联强度前五位链接　　单位：项

年份	城市链接	关联强度	项目数量	主要关联者
2003	南京→苏州	17	4	宁沪高速→苏州苏嘉杭高速公路有限公司
	宁波→上海	9	14	亿晶光电→上海海通环宇投资发展有限公司
	金华→杭州	7	12	浙江广厦→浙江天都实业有限公司
	杭州→湖州	7	6	东南发电→浙江长兴发电有限责任公司
	上海→南京	6	23	东方航空→中国东方航空江苏有限公司
2010	上海→南京	219	54	上汽集团→南京汽车集团有限公司
	上海→苏州	56	77	世茂股份→常熟世茂新发展置业有限公司
	上海→杭州	52	46	隧道股份→杭州建元隧道发展有限公司
	嘉兴→杭州	50	9	新湖中宝→新湖控股有限公司
	上海→宁波	46	34	宝钢股份→宁波宝新不锈钢有限公司
2018	南京→苏州	330	45	江苏银行→苏银金融租赁股份有限公司
	上海→南京	287	97	上汽集团→南京汽车集团有限公司
	上海→苏州	285	182	上海建工→上海建工昆山中环建设有限公司
	杭州→舟山	255	20	荣盛石化→浙江石油化工有限公司
	杭州→宁波	208	68	杭钢股份→宁波钢铁有限公司

从关联方向来看，“有进有出”型链接比重不断提升，链接对称性提升显著。在不考虑链接权重的情况下，长三角内部城际投资关联网络中双向链接比重

从 2003 年的 26.8%增加到 2018 年的 45.1%，虽然该比重仍未超过单向链接的比重，但已接近半数，链接对称性改善显著。进一步观察考虑了权重的链接散点图可知（见图 4-15），“无进有出”型链接（链接对称性指数为-1）始终未出现，“有进无出”型链接（链接对称性指数为 1）比重不断减少，而“有进有出”型链接（链接对称性指数介于-1～1）比重不断增加，平均链接对称性指数也从 2003 年的 0.734 下降至 2018 年的 0.586。综上而言，在上述两种情况下，长三角内部城际投资关联网络的链接对称性均得到明显提升。

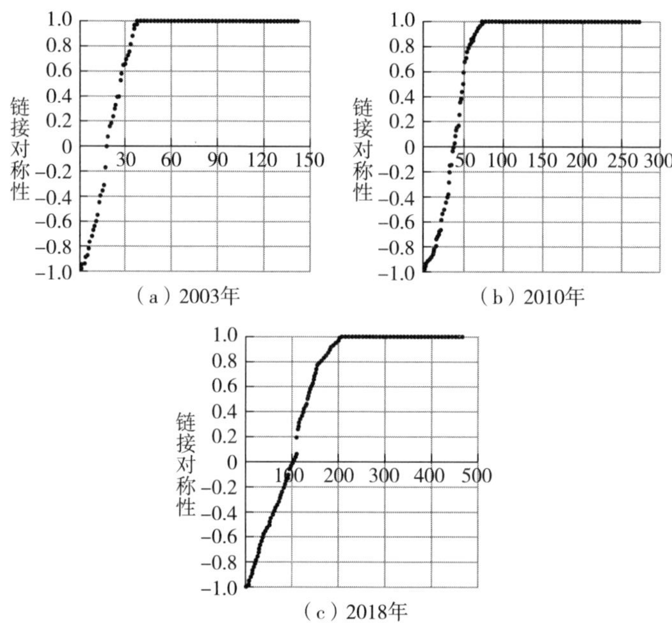

图 4-15　长三角区域城际投资网络链接对称性

（三）中心性的空间演化

在长三角区域城际投资网络中，城市综合中心性的空间均质性相对较高，且呈现不断提升的态势。就城市综合度中心性而言，2003 年，其差异相较于全球尺度和全国尺度综合度中心性的差异来说是最小的，各等级城市的规模结构和空间分布最为均衡。综合度中心性除在地区中部核心发展廊道密集分布外，在其南北两侧也均存在一些具有一定密度的斑块，如在北部的徐州、连云港、盐城、阜阳、蚌埠以及在南部的金华、衢州、温州、台州等地均可见。1990 年上海证券

交易所成立，自此长三角地区上市企业数量大幅增加，企业在本地的异地投资活动日益活跃，这对本地城际投资联系城市体系的发育十分有利。2010 年位于核心发展廊道的城市其中心性得到进一步提升，而位于该区域外的城市取得更快发展。与 2003 年相比，2010 年的核密度图最显著的变化就是廊道南北两侧产生了新的密度斑块，如宿迁、淮安、淮安等，且原有斑块的密度有所提升、面积也有所扩展。2018 年则延续了上期的发展态势，等级结构和空间结构更为均质。

综合入度中心性的时空演化格局与综合度中心性较为相似，但均质程度更高，规模差异和空间差异更小，表明内向吸引本地投资的功能在空间上呈均质化态势。综合出度中心性与上述两类中心性相比，核心发展廊道与其他区域的差异较大，但与全球尺度和全国尺度综合出度中心性相比，在空间上反而更为均质。

紧接着对 2003~2018 年长三角区域城际投资网络综合中心性的年均增长率进行分析。综合度中心性的年均增长率为 18.78%，由前文分析可知全球和全国尺度的综合度中心性年均增长率分别为 35%和 26.2%，可见随着空间尺度的扩大，长三角地区各城市的城际投资活动增速就越大；其空间格局呈明显的“东高西低”分布特征，中高速增长空间分布在安徽大部和浙西地区，其中亳州（84%）、淮南（81.78%）和黄山（79%）增速显著较高，而上海（7.6%）、杭州（7.66%）和南京（9.67%）等高等级城市的年均增长率普遍在 10%以下。综合入度中心性的年均增长率为 14.55%，中高速增长空间连片分布在皖北和苏北地区，其中宿州在吸引全国其他城市投资方面增速最快（97.58%），其余大部分城市的年均增长率在 20%以下。综合出度中心性的年均增长率相对较高，为 27.07%，中高速增长空间相对来说更为广布，集中分布于淮河以北区域，皖南的黄山（68.85%）和浙南的丽水（77%）也成为外向对全国其他城市投资增速较快的热点。

观察节点对称性的散点图可知（见图 4-16），在长三角本地城际投资网络中，2003 年仅有 1 个节点对称性指数为-1 的“无进有出”型城市和 10 个节点对称性指数为 1 的“有进无出”型城市，其余均为节点对称性指数介于-1~1 的“有进有出”型城市，比重高达 73.17%。2010 年“无进有出”型城市全部消失，“有进无出”型城市减少到 5 个，“有进有出”型城市比重扩大到 87.8%。2018 年“有进无出”型城市进一步减少到 2 个，其余全部为“有进有出”型城市，区内几乎所有城市与本地其他城市有双向的投资互动。此外，整体节点对称性指数从 2003 年的 0.452 缩减至 2018 年的 0.318，说明在本地城际投资网络中各城市的节点对称性较强且呈不断提升的趋势。此外比较长三角地区内部各尺度的整体节点对称性指数可以发现，该指数在全球尺度上最大，全国尺度次之，而在区域尺度上最小，表明空间尺度越小，节点对称性则越高。

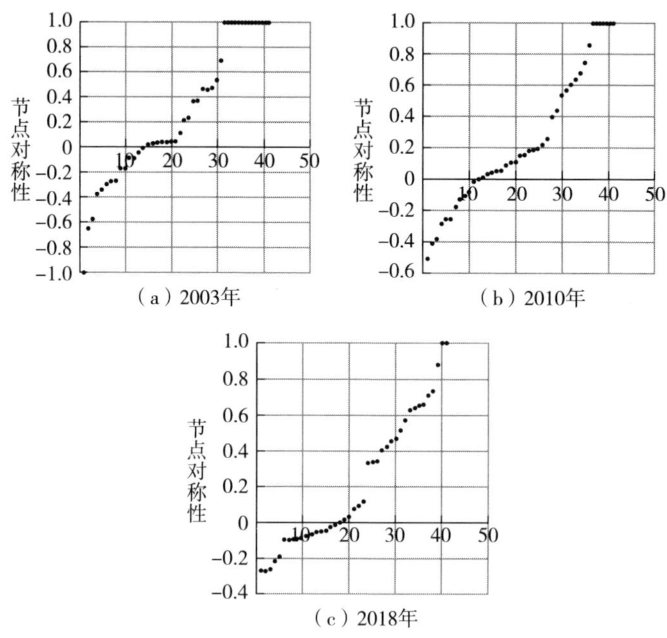

图 4-16 长三角区域城际投资网络节点对称性

二、城际投资的规模分布模式

在长三角区域城际投资网络中，城市综合度中心性、综合入度中心性和综合出度中心的多中心指数分别从 2003 年的 0. 502、0. 413、0. 631 提升到 2018 年的 0. 617、0. 616、0. 639。各指数呈上升趋势，表明上海与杭州、苏州、南京等的中心性差异性不断降低，在长三角本地的城际投资活动中这些次级中心发挥着越来越大的作用，这进一步削弱了上海的极化和控制能力。将地区内部不同尺度的多中心指数进行比较可发现，区域尺度的多中心指数最高，就综合度中心性而言，其 2018 年区域尺度多中心指数是全球尺度上的近 3 倍。此外，比较综合入度中心性和综合出度中心性的多中心指数可得知，上海在长三角地区的内向吸引本地投资的地位要相对高于对本地区其他城市投资的地位（见表 4-12）。

表 4-12　长三角区域城际投资网络综合中心性前五位城市

综合度中心性			综合入度中心性			综合出度中心性		
2003 年	2010 年	2018 年	2003 年	2010 年	2018 年	2003 年	2010 年	2018 年
上海 (0.33)	上海 (0.49)	上海 (1.00)	上海 (0.35)	上海 (0.42)	上海 (1.00)	上海 (0.32)	上海 (0.55)	上海 (1.00)
杭州 (0.22)	南京 (0.35)	杭州 (0.65)	苏州 (0.18)	南京 (0.37)	苏州 (0.75)	杭州 (0.28)	杭州 (0.38)	杭州 (0.69)
芜湖 (0.17)	杭州 (0.34)	苏州 (0.65)	杭州 (0.16)	杭州 (0.32)	杭州 (0.62)	芜湖 (0.22)	南京 (0.36)	南京 (0.67)
南京 (0.15)	合肥 (0.26)	南京 (0.62)	南京 (0.16)	苏州 (0.27)	南京 (0.55)	南京 (0.16)	芜湖 (0.34)	宁波 (0.60)
合肥 (0.13)	芜湖 (0.24)	宁波 (0.55)	合肥 (0.11)	合肥 (0.26)	合肥 (0.54)	合肥 (0.16)	宁波 (0.30)	苏州 (0.60)

将基于长三角区域城际投资网络得到的综合度中心性、综合入度中心性和综合出度中心性进行排序，并对位序及其对应的中心性分别取自然对数，然后以位序的对数为横坐标、中心性的对数为纵坐标将散点绘制在坐标图上。分别观察各类中心性的坐标图可见，历年综合度中心性与其位序之间的点列均形成两个直线段，中间存在明显转折，出现明显的双分形现象，为此进行分段拟合，大部分年份的点落在无标度区内而且 2015 年、2016 年和 2017 年仅有一个点落在无标度区外，历年两个回归模型的判定系数均在 0.9 以上，表明该分布具有满足齐夫法则的双分形特征。综合入度中心性在 2003～2012 年均未出现标度区分段现象，在 2013～2016 年历年的点列存在两个直线段，之后又演变为一条直线段，且仅在 2003～2012 年出现少数点落在无标度区外的情况，各回归模型的判定系数均在 0.9 以上，表明均符合齐夫法则，分形结构的演化呈现由单分形→双分形→单分形的演化轨迹。综合出度中心性在 2003～2007 年未出现标度区分段现象，之后历年均具有两个标度区分段，2007 年及以后年份仅有少数点落在无标度区外，回归模型的判定系数均满足要求，分形结构经历了单分形→双分形的发展变化。

整体上，区域城际投资功能呈现分散化趋势。综合度中心性及其位序的对数散点绝大部分落在第一标度区内，因此可根据第一标度区的齐夫参数来判断整体的规模分布形态和集散化趋势。如图 4-17 所示，其第一标度区的齐夫参数从 2003 年的 0.823 稳定减小至 2018 年的 0.630，第二标度区的齐夫参数波动剧烈，

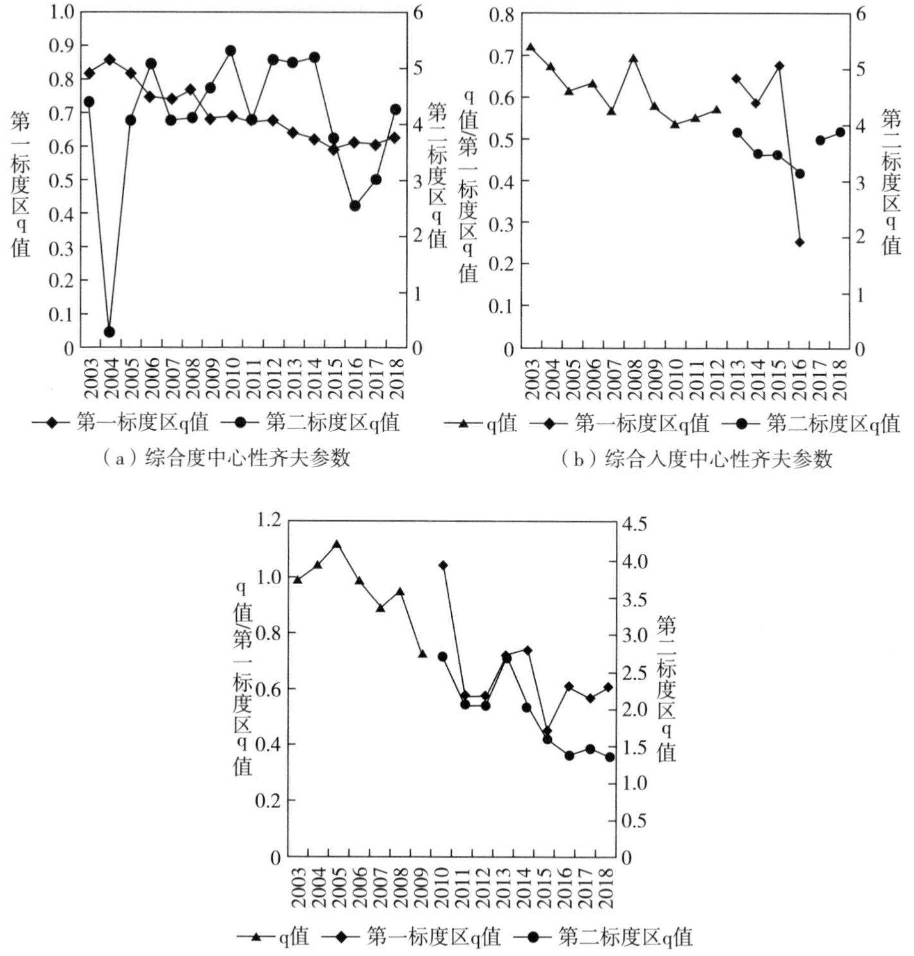
第一标度区q值
第二标度区q值
—◆— 第一标度区q值 —●— 第二标度区q值
（a）综合度中心性齐夫参数
q值/第一标度区q值
第二标度区q值
—▲— q值 —◆— 第一标度区q值 —●— 第二标度区q值
（b）综合入度中心性齐夫参数
q值/第一标度区q值
第二标度区q值
—▲— q值 —◆— 第一标度区q值 —●— 第二标度区q值
（c）综合出度中心性齐夫参数

图 4-17　长三角区域城际投资网络综合中心性位序—规模分布齐夫参数

但也呈现出缩小趋势。可见，综合度中心性整体的规模分布呈正态分布模式，表明在长三角地区，本地城际投资联系水平的差异较小，均衡程度较高，且随着时间的推移城际投资功能还不断向中低位序城市扩散。就综合入度中心性而言，其齐夫参数的数值大小整体上要小于综合度中心性，并且也呈现缩小趋势，表明内向吸引本地投资的功能更为均衡，且城市之间的差距持续缩小。就综合出度中心性而言，其空间分异最为显著，在 2003～2009 年其规模分布一直呈现单分形特征，齐夫参数由 2003 年的 0.990 缩小至 2009 年的 0.723；之后演化为双分形，

第一标度区和第二标度区的齐夫参数分别由 2010 年的 0.716 和 3.929 缩小至 2018 年的 0.368 和 2.297，分别呈更为均衡的正态分布模式和更为集聚的帕累托分布模式，但受位于中低位序城市的企业异地投资活动日趋活跃的影响，外向投资功能分散的力量都超过了集中的力量。

第五节　本章小结

本章主要利用企业异地投资数据，分别构建长三角—境外、长三角—全国以及长三角区域城际投资网络，结合社会网络分析和规模分布模式分析等方法，聚焦网络结构和规模分布两个维度，分别在全球、全国和区域三个尺度上揭示 2003~2018 年长三角地区城际投资的时空演化规律。具体来看主要包括如下五点主要发现：

（1）各尺度城际投资网络均在动态发展，但处于不同的发展阶段上。研究期间，长三角—境外城际投资网络的节点数量不断增加，但平均路径长度不断增加且网络密度呈下降趋势，网络内部的空间组织关系较为松散，正处于拓展网络规模的快速发展阶段；长三角—全国城际投资网络的节点数量和网络密度则同步增加，平均路径长度呈缩短趋势，处于拓展网络规模与加密空间组织联系的稳步发展阶段；长三角本地城际网络在研究初期就覆盖全域，平均路径长度持续缩短，网络密度持续提升，整体上处于网络的完善发展阶段。

（2）各尺度城际投资网络均呈现出显著的空间异质性特征。全球尺度上，以上海为主要投资集散中心，在东亚、西欧和北美等地区逐渐形成了与长三角地区联系非常紧密的区域性网络；全国尺度上，研究初期长三角—全国城际投资网络空间结构较为均质，随着时间的推移，逐渐形成“东密西疏”的格局，以长三角地区核心城市为门户，分别吸引着来自以北京、深圳为枢纽的京津冀和珠三角地区的投资，且路径不断强化，同时还创造出新的投资路径（如上海—乌鲁木齐）；区域尺度上，城际投资关联格局呈现“等级+邻近+跳跃”的空间扩张趋势，沪苏投资关联强度明显优于沪浙与沪皖，但仍存在一定的行政区经济现象。进一步聚焦到长三角地区内部，以沪宁合杭甬组成的投资热点区域逐渐凸显，空间异质性呈现出全球>全国>区域的格局；外围城市在各尺度城际投资水平上增速较快。

(3) 各尺度城际投资网络的对称程度存在尺度差异，但均呈现不断提高的态势。长三角—境外城际投资网络以投资资金流向长三角地区为主导，随着时间的推移，长三角地区城市也加大对境外的投资步伐，“有进有出”型城市占比提高明显；长三角—全国城际投资网络由前期的以投资资金流向长三角地区为主导，转为后期以流向全国其他城市为主导，长三角地区由投资辐合地转为投资辐射地；区域城际投资网络中投资往来关系呈现均衡状态，区内几乎所有城市与本地其他城市存在双向的投资互动。进一步聚焦到长三角地区内部，节点对称性指数在全球尺度上最大，全国尺度次之，而在区域尺度上最小，表明空间尺度越小，节点对称性则越高。

(4) 长三角地区城际投资空间格局呈现多中心发展势头，并呈现典型的尺度依赖性特征。在全球、全国和区域尺度上多中心指数均有不同程度的提升。这说明随着时间的推移，分别承担全球、全国和区域功能的首位城市（即上海）在相应尺度上的极化和控制能力有弱化的趋势，首位投资门户的相对地位有所下降。此外，空间尺度越大，城市功能联系的多中心度就越低。2003~2018 年在全球、全国和区域尺度上多中心度平均值分别为 0.203、0.296 和 0.549，区域尺度的多中心度是全球尺度的近 3 倍。该发现与 Hanssens 等（2014）基于生产性服务业数据分析比利时中部城市区域的功能多中心结构时得出的结论相吻合。原因在于从区域到全国再到全球尺度，核心城市作为投资门户的控制能力越来越强，其与区域内其他城市功能联系水平的差距也越大，从而导致多中心度的降低。

(5) 各尺度城际投资的规模分布符合齐夫法则，并呈现“整体集中、局部扩散”的演化特征，但分布模式存在尺度差异。对涉及长三角—境外及长三角—全国城际投资的所有城市进行位序—规模分析发现，分布呈现双分形结构，回归方程系数绝对值不断提升，意味着城际投资功能不断向高位序城市集中；而仅对长三角地区内部城市进行局部性的分析发现，虽然各尺度城际投资的规模分布同样呈现双分形结构，但回归方程系数绝对值不断下降，意味着在地区内部分散力量占主导，中低位序城市的城际投资功能发育则较快。分布模式的尺度差异性方面，均衡性呈现全球<全国<区域的格局，且在全球和全国尺度上呈帕累托分布模式，规模分布比较集中，全球和全国城际投资功能较为集中于高位序城市，中低位序城市发育较弱；而在区域尺度上呈正态分布模式，表明本地城际投资功能较为均匀地分布于不同位序的城市。

第五章　长三角地区城际投资的空间关联性

地理学第一定律指出，处于不同区位的个体并非相互独立，而是存在空间依赖性或空间关联性。空间关联性是中国地区经济发展的重要影响因素（李敬等，2014）。在市场的作用下，区域之间的劳动力、资本等要素的自由流动和商品的自由交易以及由经济活动带来的知识溢出，会加深区域之间的空间经济互动，产生经济增长的空间溢出效应（陈秀山和张可云，2005）。当投资活动的空间集聚达到一定规模后，还可能由于存在空间联系，通过要素跨区域流动、相邻市场的竞争和模仿而产生投资活动跨区域扩散现象（Ayhan 等，2006）。

长三角地区各城市在城际投资发展演化过程中是否同样存在空间关联性特征，即邻域的发展水平能否影响到自身的城际投资发展演化路径？某城市在某一尺度的内向城际投资与外向城际投资之间是否存在空间关联性？某城市在不同尺度上的城际投资功能之间是否也存在空间关联性？本章试图在理论分析的基础上，通过实证检验厘清上述问题。

第一节　邻近空间关联性：城际投资路径依赖的空间解释

关于对外直接投资的相关研究表明，企业的对外投资能够产生跟投效应，且受到空间因素的显著影响（孙宇和刘海滨，2020）。此外，关于城市网络的相关研究也指出，企业在部署其分支机构时，受到已有的区位选择的影响较大，导致城市网络空间结构的演化和城市的网络地位呈现出路径依赖的特点（Sigler 和 Martinus，2017；盛科荣等，2018；潘苏等，2019）。路径依赖类似于具有一个或多个吸收状态的马尔可夫链过程，这样一个系统最终会进入哪种吸收状态（长期极限均衡分布）将取决于它从何处开始，即“历史很重要”，一旦进入这种状态，系统就无法逃脱，它将“锁定”在特定的均衡结果中（Martin，2010）。因此，本书利用马尔可夫链分析方法揭示出长三角地区城际投资的路径依赖现象，并引入空间马尔可夫链刻画出邻近空间关联性特征。

一、理论分析

由于企业对异地市场的产品需求、经营法规等的不熟悉，企业在进行异地投资时面临诸多不确定因素，这成为企业对外扩张过程中不得不面对的成本。在利润最大化原则下，企业如何选择进入成本小、投资回报率高的异地市场，决定了企业投资的成败（Schmeiser，2012）。基于投资成本和风险的考虑，过去建立的区位战略成为影响企业投资行为的潜在因素（Boschma 和 Frenken，2005），优先选择对已进入的市场进行投资，企业的区位战略受到已有企业网络的正向影响（Spies，2010）。实证研究方面，Zhu（2014）发现企业往往倾向于选择以往投资过的市场作为东道国。Cieślik 和 Ryan（2021）分析了英国脱欧对日本企业对欧直接投资区位的影响，结果表明，即使在 2020 年 1 月英国退出欧盟之前，英国脱欧已经对日本直接投资流量产生了重大负面影响，也就是说，英国脱欧的后果已经显而易见，未来可能会根据脱欧情景而放大；但由于此前日本投资者的大量存在，在路径依赖的作用下，日本 FDI 将继续流入英国，在一定程度上减轻脱欧对英国城市和地区发展的负面影响。由于企业异地投资具有路径依赖的特点，由此导致基于企业异地投资的城际投资空间格局演化同样呈现出路径依赖性。

此外，城际投资路径演化中还会受到其他区域的影响。如果邻近的周边区域城际投资水平较低，该城市保持原有城际投资水平或陷入路径锁定的可能性就更大；如果邻近的周边区域城际投资水平较高，区域间积极的联系会带来外部有益的资源要素，从而降低区域发展对区域内现有资源要素的依赖（Boschma 等，2009），改变现有的城际投资发展路径，促进其实现“路径突破”式发展。

二、研究方法

Vergne 和 Durand（2010）指出，路径依赖的理论和实证研究存在脱节的问题，目前尤需加强对路径依赖的实证研究。演化经济地理学者主要从测算产品间技术关联的角度切入，利用产业和出口等数据，检验技术关联对城市与区域产业发展路径演化的影响（Boschma 等，2013；He 等，2016；周沂和贺灿飞，

2019）；此外，还有学者从产业专业化和多样化的角度来分别揭示城市经济演化的路径依赖和路径创造的水平（苗长虹等，2018）。然而，上述实证方法均是从侧面体现区域经济发展的路径依赖特征，马尔可夫链作为刻画状态转移收敛性的方法，能够直接量化经济社会系统演化过程中的路径依赖与路径创造现象，从而为路径依赖理论提供直接的实证依据（Vergne 和 Durand，2010）。因此，本书尝试采用马尔可夫链方法来揭示长三角地区城际投资演化的路径依赖与路径创造问题，并进一步深入考察空间因素对其演化路径的影响。

（一）传统马尔可夫链分析

本书首先通过构建传统马尔可夫转移概率矩阵，用以探究长三角地区各城市不同尺度城际投资水平的动态演化特征。马尔可夫链（Markov chain），因俄国数学家安德烈·马尔可夫得名，该方法揭示的是某一空间单元在 t 年份属于 i 状态类型，在下一年份即 t+1 年转移为 j 类型的转移概率，最后收敛于平稳分布。本书首先遵循每种类型的城市数量相近原则，并参考已有文献的划分标准（蒲英霞等，2005；孟德友等，2014），把各尺度的城市的城际投资水平划分为 4 种类型的状态空间，即低于相应年份平均水平 50%的属于低水平区，介于 50%~100%的属于中低水平区，介于 100%~150%的属于中高水平区，高于 150%的属于高水平区，分别用 k=Ⅰ，Ⅱ，Ⅲ，Ⅳ来表示，k 越大城际投资水平就越高。状态类型从较低水平转向较高水平定义为向上转移，反之则为向下转移。其中，转移概率的计算公式为：

$$P_{i,\ j}^{t,\ t+d} = P\{X_{t+d} = j \mid X_t = i\} = \frac{\sum\limits_{t=2003+d}^{2018} n_{i,\ j}^{t,\ t+d}}{\sum\limits_{t=2003}^{2018-d} n_i^t} \tag{5-1}$$

式中，$P_{i,j}^{t,t+d}$ 为城际投资水平从 t 年的类型 i 转移到 t+d 年的类型 j 的转移概率，其中城际投资水平用综合中心性（包括综合度中心性、综合入度中心性和综合出度中心性）来反映；$n_{i,j}^{t,t+d}$ 为 t 年属于类型 i 的城市 d 年后变成类型 j 的城市数量；n_i^t 为 t 年属于类型 i 的城市数量。如果城际投资水平有所提高，则城市向上转移；否则，城市向下转移。

紧接着，构造出 k×k 阶的马尔可夫链转移概率矩阵（见表 5-1），借此来探析长三角地区各尺度的城际投资水平分布随着时间推移而动态转移的趋势。具体来讲，位于矩阵对角线上的元素（表格中的灰色区域）表示城际投资发展状态类型保持不变的概率，能够反映出长三角地区城际投资发展演化的路径依赖性特征；非对角线上的元素表示城际投资发展水平从一种状态转移到另一种状态的概率，据此可判断长三角地区城际投资发展演化创造路径的可能性。

表 5-1　马尔可夫链状态转移概率矩阵（k=4）

状态类型	Ⅰ	Ⅱ	Ⅲ	Ⅳ
Ⅰ	$P_{Ⅰ,Ⅰ}$	$P_{Ⅰ,Ⅱ}$	$P_{Ⅰ,Ⅲ}$	$P_{Ⅰ,Ⅳ}$
Ⅱ	$P_{Ⅱ,Ⅰ}$	$P_{Ⅱ,Ⅱ}$	$P_{Ⅱ,Ⅲ}$	$P_{Ⅱ,Ⅳ}$
Ⅲ	$P_{Ⅲ,Ⅰ}$	$P_{Ⅲ,Ⅱ}$	$P_{Ⅲ,Ⅲ}$	$P_{Ⅲ,Ⅳ}$
Ⅳ	$P_{Ⅳ,Ⅰ}$	$P_{Ⅳ,Ⅱ}$	$P_{Ⅳ,Ⅲ}$	$P_{Ⅳ,Ⅳ}$

（二）空间马尔可夫链分析

从区域经济发展的角度来看，区域经济现象在地理空间上并非相互独立，而是存在相互联系和相互作用的过程。区域内某一地理单元总会或多或少地受到地理相邻区域经济状况的影响，呈现出一定程度的空间溢出效应，这对于长三角地区城际投资现象来说同样如此。揭示长三角地区城市间城际投资水平的邻近空间关联性对于洞悉长三角地区城际投资空间规律具有重要意义，而空间马尔可夫链能够出色地刻画出长三角地区城际投资空间溢出模式。

空间马尔可夫链（spatial Markov chain）是传统马尔可夫链与“空间滞后”概念相结合的方法（Rey 和 Montouri，1999）。该方法通过引入空间滞后算子，可用于分析在不同的区域背景下，某一空间单元向上或向下转移的可能性，从而克服了传统马尔可夫链假定区域经济发展相互独立的缺陷，揭示出区域经济趋同过程和区域背景之间的内在联系（陈培阳和朱喜钢，2013）。空间马尔可夫链在传统马尔可夫链的基础上，以某一城市城际投资值在初始年份的邻域空间滞后类型为条件，将传统马尔可夫链转移概率矩阵分解为 k 个矩阵。此时，传统马尔可夫链中转移概率 $P_{i,j}^{t,t+d}$ 则表示在 t 年某城市空间滞后类型为 k_i 时，该城市从 t 年的类型 i 转移到 t+d 年的类型 j 的概率。某城市的空间滞后类型由其城际投资值在初始年份的空间滞后值来分类确定，空间滞后值通过城际投资值和空间权重矩阵的乘积来计算，即 $\sum_j W_{ij}Y_j$，其中，Y_j 为某城市城际投资值，W_{ij} 为空间权重矩阵 W 的元素。为方便起见，本书采用邻接与否的原则来确定空间权重矩阵。

通过比较传统马尔可夫链（见表 5-1）和空间马尔可夫链概率矩阵（见表 5-2），可以判断出区域背景对城际投资状态演化路径的影响，即一个城市的城际投资水平在邻域空间滞后类型不同的条件下向上或者向下发生状态转移的概率

大小。举例来说，如果 $P_{I,II}>P_{I,II/I}$，则表示某城市城际投资水平在不考虑邻域的情况下由低水平转为中低水平的概率，要大于该城市与低水平城市相邻时由低水平转为中低水平的概率；如果区域背景对城际投资发展水平类型转移无影响，则有 $P_{I,II}=P_{I,II/I}$。

表 5-2　空间马尔可夫链状态转移概率矩阵（k=4）

LS		Ⅰ	Ⅱ	Ⅲ	Ⅳ
Ⅰ	Ⅰ	$P_{I,I/I}$	$P_{I,II/I}$	$P_{I,III/I}$	$P_{I,IV/I}$
	Ⅱ	$P_{II,I/I}$	$P_{II,II/I}$	$P_{II,III/I}$	$P_{II,IV/I}$
	Ⅲ	$P_{III,I/I}$	$P_{III,II/I}$	$P_{III,III/I}$	$P_{III,IV/I}$
	Ⅳ	$P_{IV,I/}$	$P_{IV,II/}$	$P_{IV,III/}$	$P_{IV,IV/}$
Ⅱ	Ⅰ	$P_{I,I/II}$	$P_{I,II/II}$	$P_{I,III/II}$	$P_{I,IV/II}$
	Ⅱ	$P_{II,I/II}$	$P_{II,II/II}$	$P_{II,III/II}$	$P_{II,IV/II}$
	Ⅲ	$P_{III,I/II}$	$P_{III,II/II}$	$P_{III,III/II}$	$P_{III,IV/II}$
	Ⅳ	$P_{IV,I/II}$	$P_{IV,II/II}$	$P_{IV,III/II}$	$P_{IV,IV/II}$
Ⅲ	Ⅰ	$P_{I,I/III}$	$P_{I,II/III}$	$P_{I,III/III}$	$P_{I,IV/III}$
	Ⅱ	$P_{II,I/III}$	$P_{II,II/III}$	$P_{II,III/III}$	$P_{II,IV/III}$
	Ⅲ	$P_{III,I/III}$	$P_{III,II/III}$	$P_{III,III/III}$	$P_{III,IV/III}$
	Ⅳ	$P_{IV,I/III}$	$P_{IV,II/III}$	$P_{IV,III/III}$	$P_{IV,IV/III}$
Ⅳ	Ⅰ	$P_{I,I/IV}$	$P_{I,II/IV}$	$P_{I,III/IV}$	$P_{I,IV/IV}$
	Ⅱ	$P_{II,I/IV}$	$P_{II,II/IV}$	$P_{II,III/IV}$	$P_{II,IV/IV}$
	Ⅲ	$P_{III,I/IV}$	$P_{III,II/IV}$	$P_{III,III/IV}$	$P_{III,IV/IV}$
	Ⅳ	$P_{IV,I/IV}$	$P_{IV,II/IV}$	$P_{IV,III/IV}$	$P_{IV,IV/IV}$

注：“LS”代表空间滞后（Spatial Lag），表示“邻域”水平。

三、结果分析

（一）全球尺度结果分析

1. 城际投资发展水平类型划分结果

为进一步识别和比较长三角地区各城市的跨国城际投资发展状况，按照各年份全球尺度城际投资平均值的 50%、100% 和 150%，把各城市分为低水平区（Ⅰ）、中低水平区（Ⅱ）、中高水平区（Ⅲ）和高水平区（Ⅳ）这四种类型区。

全球尺度上，城际投资的空间格局整体变动平稳，低水平区集中连片分布特征突出。2003~2010 年，上海、南京、苏州、无锡、杭州的跨国投资联系维持在高水平；宁波受益于总部经济的快速发展和开放型经济发展战略的持续推进，企业跨国城际投资状态由 2003 年的中高水平跃升到 2010 年高水平行列；芜湖依托安徽海螺集团、奇瑞控股集团等大型企业承接了来自境外的大量投资，使其跨国投资联系水平超过本省的省会合肥，跃升至中高水平行列；中低水平区围绕高水平区和中高水平区呈现邻近扩张的特征；低水平区范围尽管有所缩减，但分布范围依然最广，2010 年该类型在安徽分布于除合肥和芜湖外的其他城市，在江苏主要分布于苏北，在浙江分布于除杭州、宁波、嘉兴、台州外的其他城市。2018年，合肥和芜湖地位互换，合肥凭借省会优势使其跨国投资联系水平超越芜湖，跨入中高水平行列，而芜湖则下降到中低水平行列；高水平区则维持不变，仍为上述6个高水平城市；此外，中低水平区仅增加了芜湖和绍兴，而低水平区则除绍兴外其他没有改变。

内向城际投资空间格局的变动同样平稳，而外向城际投资空间格局在前期变动显著，后期趋于平稳。就内向城际投资而言，高水平区始终集中在上海、南京、苏州、无锡、杭州和宁波6市，反映出这些城市是外资进入长三角地区的重要门户，且地位十分稳固；合肥、嘉兴、台州由初期的低水平区跃升至后期的中高水平区，而常州始终处于中高水平行列；此外，中低水平区和低水平区主要集中在除上述城市以外的外围区域。就外向城际投资而言，2003年对外投资的城市仅限于上海、杭州和芜湖3市；2010年扩展十分明显，南京、苏州、芜湖跻身对外投资的高水平行列，宁波、绍兴和台州由低水平区跃升至中高水平区，无锡和温州由低水平区升为中低水平区；2018年整体格局变动不大，长三角地区外向和内向投资的高水平门户实现空间重叠，中高水平区有所收缩，中低水平区则略有扩展。

2. 基于传统马尔可夫链的类型转移结果

在对全球尺度城际投资发展水平类型进行划分的基础上，借助Matlab 6.5软件求解传统的马尔可夫链概率转移矩阵（见表5-3）。表中对角线上的元素表示城市的城际投资发展水平类型并未发生改变的概率，反映该城市城际投资发展路径演化的稳定性和依赖性，而非对角线上的元素则表示城际投资在不同发展水平类型之间发生转移的概率，反映该城市城际投资发展演化创造出新路径的可能性，据此得出2003~2018年长三角地区全球尺度城际投资发展路径在未考虑地理空间格局下的演化特征。

表5-3 长三角地区全球尺度城际投资的传统马尔可夫链转移概率矩阵

	城际投资					内向城际投资					外向城际投资				
	n	Ⅰ	Ⅱ	Ⅲ	Ⅳ	n	Ⅰ	Ⅱ	Ⅲ	Ⅳ	n	Ⅰ	Ⅱ	Ⅲ	Ⅳ
Ⅰ	416	93.8	6.3	0	0	409	92.9	6.8	0.2	0	466	92.1	6.7	0.6	0.6
Ⅱ	87	1.1	63.2	34.5	1.1	80	1.3	67.5	28.8	2.5	57	0	71.9	19.3	8.8
Ⅲ	23	0	0	95.7	4.3	36	0	0	94.4	5.6	17	0	5.9	58.8	35.3
Ⅳ	89	0	0	0	100	90	0	0	0	100	75	1.3	0	0	98.7

注：表中的转移概率均以百分比表示。

就未区分方向性的整体城际投资而言：①各城市城际投资水平具有维持原有类型的稳定性，表现出明显的路径依赖特征。矩阵中对角线上的概率远大于非对角线上的概率，对角线上元素的最小值为 63.2%（$P_{\text{II},\text{II}}$），最大值为 100%（$P_{\text{IV},\text{IV}}$）。②属于对角线两端类型（类型Ⅰ和类型Ⅳ）的城市数量较多且维持原状的概率较大，表明城际投资类型分别向低水平和高水平收敛的可能性更高，存在显著的俱乐部收敛（club convergence）特征，表明某城市的城际投资水平若处于以上任一状态，其对原有发展路径的依赖性就更强，这将不利于缩小地区的城际投资差距。③发生在Ⅰ→Ⅱ、Ⅱ→Ⅲ、Ⅲ→Ⅳ这 3 种邻近向上进行状态转移的平均概率达到 15%，而发生在Ⅱ→Ⅰ、Ⅲ→Ⅱ和Ⅳ→Ⅲ这 3 种邻近向下进行状态转移的平均概率仅为 0.37%，体现出具有向邻近较高水平方向转移的态势，城际投资发展突破原有发展路径向着邻近积极的方向创造新路径的可能性更高。④对于非邻近的向上转移而言（如Ⅰ→Ⅲ），其平均转移概率仅为 0.37%，意味着在两个连续年份之间，城市的跨国城际投资状态实现跨越式转移的可能性非常小，表明长三角地区的城市想要大幅提升在全球尺度城际投资格局中的地位和水平并非一蹴而就，而是一个相对稳定持续的过程。

分方向而言，在不考虑区域背景的条件下，内、外向城际投资和整体城际投资的状态转移的特征相似，即内、外向城际投资的演化具有维持原有状态的路径依赖特征，路径创造方面呈现向邻近较高水平方向转移的趋势显著，且实现跨越式发展的可能性较低，矩阵对角线两端类型基本维持原状，存在显著的“低低集聚、高高集聚”的俱乐部收敛现象。除此之外，内、外向城际投资水平均存在实现跨越式发展的可能性，但后者比前者的可能性更高。例如，对于 $P_{\text{II},\text{IV}}$，存在整体（1.1%）<内向（2.5%）<外向（8.8%）的序列格局；还有，另一个显著的现象是内、外向城际投资处于中低水平类型的城市要比低水平类型的城市相对更容易实现等级跃迁，创造出更高水平的发展路径。

3. 基于空间马尔可夫链的类型转移结果

随着各城市融入长三角—境外城际投资网络的程度不断加深，经济发展要素的空间流动性越发频繁，邻近城市之间的跨国投资活动将呈现出越来越明显的邻近空间关联性，这可能将对其发展路径的演化方向产生影响。为定量揭示这种空间因素的影响，本书再次借助 Matlab 6.5 软件，构建长三角地区全球尺度城际投资的空间马尔可夫链转移概率矩阵，结果如表 5-4 所示。

表 5-4　长三角地区全球尺度城际投资的空间马尔可夫链转移概率矩阵

LS		城际投资					内向城际投资					外向城际投资				
		n	Ⅰ	Ⅱ	Ⅲ	Ⅳ	n	Ⅰ	Ⅱ	Ⅲ	Ⅳ	n	Ⅰ	Ⅱ	Ⅲ	Ⅳ
Ⅰ	Ⅰ	149	96.6	3.4	0	0	135	94.8	4.4	0.7	0	191	96.3	3.7	0	0
	Ⅱ	10	0	60	30	10	12	0	75	16.7	8.3	9	0	66.7	33.3	0
	Ⅲ	9	0	0	100	0	11	0	0	90.9	9.1	0	0	0	0	0
	Ⅳ	4	0	0	0	100	2	0	0	0	100	21	0	0	0	100
Ⅱ	Ⅰ	177	94	6	0	0	183	94	6	0	0	146	92.5	6.2	0	1.4
	Ⅱ	32	0	71.9	28.1	0	27	0	74.1	25.9	0	19	0	84.2	15.8	0
	Ⅲ	4	0	0	100	0	3	0	0	100	0	6	0	0	83.3	16.7
	Ⅳ	18	0	0	0	100	20	0	0	0	100	20	0	0	0	100
Ⅲ	Ⅰ	44	88.6	11.4	0	0	43	88.4	11.6	0	0	45	93.3	4.4	0	2.2
	Ⅱ	12	0	50	50	0	17	0	88.2	11.8	0	12	0	66.7	25	8.3
	Ⅲ	0	0	0	0	0	4	0	0	100	0	2	0	50	50	0
	Ⅳ	34	0	0	0	100	28	0	0	0	100	16	0	0	0	100
Ⅳ	Ⅰ	46	87	13	0	0	48	87.5	12.5	0	0	84	81	15.5	3.6	0
	Ⅱ	33	3	60.6	36.4	0	24	4.2	41.7	50	4.2	17	0	64.7	11.8	23.5
	Ⅲ	10	0	0	90	10	18	0	0	94.4	5.6	9	0	0	44.4	55.6
	Ⅳ	33	0	0	0	100	40	0	0	0	100	18	5.6	0	0	94.4

注：表中的转移概率均以百分比表示；“LS”代表空间滞后（Spatial Lag），表示“邻域”水平。

就整体的城际投资而言，通过对比表5-3和表5-4可以发现如下特征：①地理空间格局在长三角地区全球尺度城际投资发展路径演化中发挥着重要作用。在不同区域背景下，城市投资状态转移概率矩阵并不相同，也不等于相对应的传统马尔可夫链转移概率矩阵，否则，邻近空间关联的影响将不存在。例如，在传统马尔可夫链转移概率矩阵中，$P_{\mathrm{I},\mathrm{II}}=6.3\%$，在空间马尔可夫链转移概率矩阵中，当某城市与类型Ⅲ的城市相邻时，$P_{\mathrm{I},\mathrm{II}/\mathrm{III}}=11.4\%$，因此考虑空间溢出效应对城际投资发展路径演化很有必要。②与不同类型的城市邻近，产生的空间溢出效应不尽相同。一般来说，某城市与较高水平的城市相邻近时，路径依赖程度会降低，其向上进行路径创造的概率将增大；相反，当某城市与较低水平的城市为邻，路径依赖程度会提高，其向上转移的概率将减小。例如，从路径依赖角度来看，$P_{\mathrm{I},\mathrm{I}/\mathrm{IV}}=87\%<P_{\mathrm{I},\mathrm{I}}=93.8\%<P_{\mathrm{I},\mathrm{I}/\mathrm{I}}=96.6\%$；从路径创造角度来看，$P_{\mathrm{II},\mathrm{III}/\mathrm{II}}=28.1\%<P_{\mathrm{II},\mathrm{III}}=34.5\%<P_{\mathrm{II},\mathrm{III}/\mathrm{IV}}=36.4\%$。因此，发展水平较高的城市和

较低的城市对周边城市全球尺度城际投资发展路径演化分别产生了正向溢出效应和负向溢出效应。

同样地，全球尺度内向、外向城际投资格局在空间上并非是孤立演化的，而是表现为与周围城市的发展环境存在较大的空间关联性。周边城市良好的内、外城际投资环境能够降低城市的低水平路径依赖性，有利于其向着积极的方向实现路径创造；相反，发展水平较低区域会抑制周边城市向上转移，并增加路径依赖与自我增强的“锁定”效应。

本书进一步对长三角地区全球尺度城际投资的本市和邻域发展类型转移进行空间可视化分析。长三角地区整体的城际投资发展类型空间转移较为温和，大部分地区变化平稳，整个研究期间向上实现路径创造的城市仅包括江苏的镇江和扬州、安徽的合肥和芜湖以及浙江的宁波、绍兴、嘉兴和台州，其中浙江省的城市与邻域关系较为密切，两者同时向上转移的情况都分布在该省；此外，随着时间的推移，转移的强度随之减弱，2011~2018 年城市自身发生类型转移的仅包括合肥和芜湖。整体上本市内向吸引境外城市投资的发展类型的转移方向有上有下，空间分布较为分散，且到期后转移的强度同样减弱。就外向城际投资而言，因早期参与对外投资的城市极少，因此研究期间本市向上转移的城市达到 12 个，且大部分邻域城市也同时向上转移；值得注意的是，合肥的邻域向下转移而自身却向上转移，表明合肥与周边城市还未形成良好的空间互动。总体上来说，一方面，自身和邻域平稳的城市占到绝大多数，表明长三角地区全球尺度的城际投资类型转移和发展演化具有“区域粘性”，对原有状态的路径依赖性较强；另一方面，某城市在靠自身发展的同时，也受到超越自身的周边发展状况的影响，呈现出一定程度的空间溢出效应。

（二）全国尺度结果分析

1. 城际投资发展水平类型划分结果

首先从各发展水平类型区的空间格局来看，全国尺度上，整体上城际投资的改善空间呈先沿海后内陆的扩张态势。2003~2010 年，企业跨区城际投资处于高水平区的城市从上海、南京、苏州、无锡、杭州、宁波、合肥 7 个增加到 8 个，增加的城市为芜湖，相关年报信息显示，该城市同样是依托大型企业的全国性投资活动提高了其在长三角地区的投资地位；中高水平区扩张明显，由初期的 1 个增加到 6 个，增加的城市不仅包括空间上较为接近的南通、绍兴、嘉兴和金华，还包括位于苏北的区域中心城市徐州；中低水平区一方面演化为中高水平区，另一方面则呈现沿海扩张的态势；低水平区有所收缩且由沿海向内陆地区集聚靠拢。2018 年，常州和南通跃升至跨区城际投资的高水平行列，芜湖地位有所下降，其余的高水平城市的地位则未动摇；中高水平区变动不显著，覆盖范围未出现明显的扩张或收缩；中低水平区和低水平区此消彼长，沿海的盐城和淮安跨区投资地位下降，由中低水平区降为低水平区，而马鞍山、安庆和蚌埠等内陆城市的地位有所改善，由低水平区升为中低水平区。

全国尺度上，内向城际投资呈现出均衡发展态势，而外向城际投资格局的核心—外围式结构日渐清晰。就内向城际投资而言，2003~2010 年，较为明显的一个变化就是中低水平区向苏中和苏北地区蔓延，显示出该区域在该研究时段吸引全国其他城市投资的能力得到提升。“十一五”期间，为缩小省内差距，江苏省加大对经济相对落后的苏中和苏北地区的支持力度，这为有效吸引全国范围内的投资奠定了基础。研究后期，中低水平区向浙南地区扩展，而安徽大部仍处于低水平行列。就外向城际投资而言，高水平类型的区域范围由点到面大幅拓展，其邻接地区多为中高水平区，而中低水平区大幅度缩减，其余地区为低水平区，可见长三角地区外向城际投资格局的核心—外围式空间结构较为突出。

2. 基于传统马尔可夫链的类型转移结果

表 5-5 中对角线上的元素反映的是全国尺度城际投资发展类型在一定程度上保持不变的概率，非对角线上的元素反映的是某城市的城际投资水平在不同类型之间转移的概率。由该表可知：①整体和内向、外向城际投资矩阵中对角线上的元素均值分别达到 80%、82.6%和 73.7%，均远大于非对角线上的元素均值，表明城市与全国其他城市间的投资活动受到原有发展水平和存量的限制，呈现出显著的惯性发展和路径依赖特征。②整体和内向、外向城际投资矩阵中初期属于低水平/高水平区保持原有状态的概率分别达到 88.4%/97.5%、86.8%/97%和 90.1%/97.9%，说明全国尺度城际投资属于低水平和高水平类型的城市保持该类型不变的概率非常大，低水平城市极有可能陷入“低端锁定”，而高水平城市存在内部收敛的趋势。③内向、外向城际投资矩阵中向上转移的平均概率分别达到 11.4%、9.4%和 13.2%，相反，向下转移的平均概率分别仅为 1.9%、2.2%和 4.4%，可见，各城市在长三角—全国城际投资网络中实现地位提升的可能性更大，但也在一定程度上存在地位下降的风险。④整体上，向上跨越多个类型实现跨越式转移的概率较小，大部分城市只是向邻近类型（如Ⅰ→Ⅱ；Ⅱ→Ⅲ）转移。这是因为在企业异地投资发展的一般规律制约下，某城市在长三角—全国城际投资网络中功能地位的提升过程具有连续性，不太可能在连续的时间内实现跨越式提升。

表 5-5　长三角地区全国尺度城际投资的传统马尔可夫链转移概率矩阵

	城际投资					内向城际投资					外向城际投资				
	n	Ⅰ	Ⅱ	Ⅲ	Ⅳ	n	Ⅰ	Ⅱ	Ⅲ	Ⅳ	n	Ⅰ	Ⅱ	Ⅲ	Ⅳ
Ⅰ	318	88.4	10.7	0.9	0	258	86.8	13.2	0	0	354	90.1	8.8	0.6	0.6
Ⅱ	123	7.3	70.7	17.9	4.1	193	4.1	82.9	11.9	1	71	9.9	62	22.5	5.6
Ⅲ	55	0	1.8	63.6	34.5	63	0	6.3	63.5	30.2	49	2	12.2	44.9	40.8
Ⅳ	119	0	0.8	1.7	97.5	101	0	0	3	97	141	0.7	0.7	0.7	97.9

注：表中的转移概率均以百分比表示。

3. 基于空间马尔可夫链的类型转移结果

2003~2018 年长三角地区全国尺度城际投资的空间马尔可夫链转移结果如表 5-6 所示。通过比较表 5-5 和表 5-6，可以考察邻近区域环境对发展类型变动的影响，并得到如下主要发现：

表 5-6　长三角地区全国尺度城际投资的空间马尔可夫链转移概率矩阵

LS		城际投资					内向城际投资					外向城际投资				
		n	Ⅰ	Ⅱ	Ⅲ	Ⅳ	n	Ⅰ	Ⅱ	Ⅲ	Ⅳ	n	Ⅰ	Ⅱ	Ⅲ	Ⅳ
Ⅰ	Ⅰ	44	93.2	4.5	2.3	0	27	88.9	11.1	0	0	56	91.1	7.1	1.8	0
	Ⅱ	9	11.1	66.7	11.1	11.1	7	0	85.7	14.3	0	7	14.3	42.9	28.6	14.3
	Ⅲ	8	0	0	87.5	12.5	0	0	0	0	0	12	8.3	25	58.3	8.3
	Ⅳ	3	0	0	66.7	33.3	0	0	0	0	0	7	0	14.3	0	85.7
Ⅱ	Ⅰ	194	90.2	8.8	1	0	160	90.6	9.4	0	0	204	92.6	5.9	0.5	1
	Ⅱ	66	7.6	74.2	15.2	3	97	4.1	82.5	12.4	1	28	7.1	75	14.3	3.6
	Ⅲ	14	0	7.1	78.6	14.3	26	0	7.7	65.4	26.9	18	0	11.1	38.9	50
	Ⅳ	38	0	2.6	0	97.4	37	0	0	2.7	97.3	40	2.5	0	0	97.5
Ⅲ	Ⅰ	52	86.5	13.5	0	0	48	79.2	20.8	0	0	56	87.5	12.5	0	0
	Ⅱ	25	8	64	28	0	54	3.7	87	9.3	0	14	21.4	57.1	14.3	7.1
	Ⅲ	2	0	0	100	0	15	0	0	60	40	10	0	0	60	40
	Ⅳ	57	0	0	0	100	38	0	0	2.6	97.4	50	0	0	2	98
Ⅳ	Ⅰ	28	71.4	28.6	0	0	23	73.9	26.1	0	0	38	78.9	21.1	0	0
	Ⅱ	23	4.3	69.6	17.4	8.7	35	5.7	77.1	14.3	2.9	22	4.5	54.5	36.4	4.5
	Ⅲ	31	0	0	48.4	51.6	22	0	9.1	63.6	27.3	9	0	11.1	22.2	66.7
	Ⅳ	21	0	0	0	100	26	0	0	3.8	96.2	44	0	0	0	100

注：表中的转移概率均以百分比表示；“LS”代表空间滞后（Spatial Lag），表示“邻域”水平。

邻域的发展水平能够影响全国尺度城际投资发展路径的演化。当某城市被发展水平较高的城市所环绕，则可获得更多提升机会，对其城际投资发展产生正面影响效应，该城市路径依赖度降低，向下转移相对较小，向上转移概率相对较大，如对于城际投资而言，当邻域属于类型Ⅳ，$P_{Ⅰ,Ⅰ/Ⅳ}=71.4\%<P_{Ⅰ,Ⅰ}=88.4\%$，$P_{Ⅱ,Ⅰ/Ⅳ}=4.3\%<P_{Ⅱ,Ⅰ}=7.3\%$，$P_{Ⅰ,Ⅱ}=10.7\%<P_{Ⅰ,Ⅱ/Ⅳ}=28.6\%$，表明高水平地区对周边低水平地区的城际投资发展具有辐射带动作用；相反，发展水平较低的邻域对城际投资发展具有负面效应，该城市路径依赖度高、向下转移概率增大，向上转移受到抑制，如同样对于城际投资而言，当邻域属于类型Ⅰ，$P_{Ⅰ,Ⅰ}=88.4\%<P_{Ⅰ,Ⅰ/Ⅰ}=93.2\%$，$P_{Ⅱ,Ⅰ}=7.3\%<P_{Ⅱ,Ⅰ/Ⅰ}=11.1\%$，$P_{Ⅰ,Ⅱ/Ⅰ}=4.5\%<P_{Ⅰ,Ⅱ}=10.7\%$。可见，空间马尔可夫链弥补了传统马尔可夫链忽视研究对象空间关联影响的不足，为全国尺度城际投资路径演化过程中形成高低各自集聚的“俱乐部收敛”现象提供了空间意义上的解释。

与 2003 年相比，2018 年城际投资自身向上实现路径创造的城市共有 10 个，主要集中在环杭州湾地区，其中绍兴和台州两市的邻域也实现向上转移，显示出良好的空间互动关系；向下转移的城市仅为安徽的滁州；2003~2010 年，城际投资自身向上实现路径创造的城市较多，集中分布在江苏沿海和环杭州湾地区，连云港、盐城和芜湖 3 市自身和邻域均实现向上转移；2011~2018 年，转移的强度减弱，大部分邻域处于平稳状态，前期自身向上转移的城市在该时段基本转为平稳甚至向下转移的类型。内向城际投资自身和邻域向上转移的城市较多且大部分分布在苏北和皖江城市带，这些区域本身具备一定的产业基础，相对更容易吸引全国其他城市的投资并实现路径突破；随着时间的推移，空间转移逐渐平稳，在后期自身和邻域发生转移的城市主要分布在外围地区。外向城际投资水平体现的是城市在长三角—全国城际投资网络中的权力，功能性更为集中，向上实现路径创造的城市主要围绕在上海、南京、杭州等核心城市周边布局，且转移强度同样经历了由强到弱的变化。

（三）区域尺度结果分析

1. 城际投资发展水平类型划分结果

分析区域尺度上长三角地区整体城际投资发展水平类型的空间分布格局可知，其较为突出的特征体现在中低水平区呈现广域化扩张态势。2003~2010 年，高水平区未发生变动，始终包括上海、南京、苏州、杭州、宁波、合肥和芜湖 7 个城市；中高水平区新增嘉兴和台州，蚌埠的区内城际投资地位下降至中高水平；中低水平区覆盖范围最广，在苏北和皖西地区有明显扩张；低水平区缩减形成皖北和皖南两

大连绵区和淮安、丽水等点状分布区。2018 年，高水平区新增无锡和常州两市，芜湖退出该类型，其余原属于高水平区的城市则维持原有状态；中高水平区新增南通、金华和芜湖 3 市，减少了无锡和镇江两市，嘉兴、绍兴和台州仍维持中高水平状态；中低水平区的分布格局变动不大，仍为覆盖范围最广的类型区；低水平区在保持原有分布格局的基础上其所覆盖城市数量从 11 个进一步缩减至 9 个。

区域尺度上，内向城际投资发展水平类型差异程度较低，而内向城际投资格局的区域异质性更为突出。就内向城际投资而言，高水平类型区变动不大，中高水平区的范围呈现先扩展后收缩的趋势，中低水平区则呈现空间蔓延的发展态势，而低水平区范围不断收缩，2018 年仅剩安徽的淮北、淮南和黄山 3 市。就外向城际投资而言，发展水平由高到低水平的类型区依次向外拓展的格局逐渐清晰，显示出较为明显的区域异质性特征。

2. 基于传统马尔可夫链的类型转移结果

由表 5-7 可以看出：①无论是整体城际投资还是内、外向城际投资，矩阵中对角线上的元素数值（均值都在 75%以上）均明显高于非对角线上的元素，表明某城市在地区内城市间投资网络中的地位很难发生改变，体现出显著的路径依赖特征。②区域尺度上三种城际投资向上转移的概率均超过了向下转移的概率，且向邻近较高水平方向上转移的概率更大，跨类型向上跃迁的概率极低，体现出渐进式路径创造的特征。③对于城际投资而言，低水平城市的稳定性相对较低，向上转移的概率高达 23. 5%，表明仍有相当数量的低水平城市能够实现路径创造，“低端锁定”的风险相对较低。④通过对比内、外向城际投资的转移结果可知，前者低水平城市向上转移的概率高达 38. 1%，而后者仅为 10. 6%，前者远远大于后者，表明吸引投资水平低的城市比对外投资水平低的城市更易避免“低端锁定”的风险并实现路径创造。

表 5-7 长三角地区区域尺度城际投资的传统马尔可夫链转移概率矩阵

	城际投资					内向城际投资					外向城际投资				
	n	Ⅰ	Ⅱ	Ⅲ	Ⅳ	n	Ⅰ	Ⅱ	Ⅲ	Ⅳ	n	Ⅰ	Ⅱ	Ⅲ	Ⅳ
Ⅰ	179	76. 5	23. 5	0	0	97	61. 9	37. 1	1	0	274	89. 4	9. 5	0. 4	0. 7
Ⅱ	252	2. 78	80. 2	15. 5	1. 6	309	4. 2	74. 4	21. 4	0	133	6	63. 9	26. 3	3. 8
Ⅲ	72	0	6. 9	66. 7	26. 4	125	0	12. 8	68	19. 2	80	0	5	67. 5	27. 5
Ⅳ	112	0	0. 9	2. 7	96. 4	84	0	0	1. 2	98. 8	128	1. 6	0	2. 3	96. 1

注：表中的转移概率均以百分比表示。

3. 基于空间马尔可夫链的类型转移结果

本书进一步分析邻域城市的城际投资发展状况对长三角地区区域尺度城际投资发展路径演化特征的影响。从表 5-8 可以看出：在不同邻域背景下，城际投资的转移概率各不相同。邻域的发展水平越高，越有利于城市向更高水平演化；相反，邻域的发展水平越低，向更低水平方向演化的概率就越大。如对于城际投资属于中低水平的城市，在未考虑周边城市发展状态的情况下，由中低水平转向中高水平（Ⅱ→Ⅲ）的概率为 15.5%，而在中低、中高和高水平的邻域背景下，向中高水平方向实现路径创造的概率由小变大，依次为 12.8%、16.2%和 17.4%。

表 5-8 长三角地区区域尺度城际投资的空间马尔可夫链转移概率矩阵

LS		城际投资					内向城际投资					外向城际投资				
		n	Ⅰ	Ⅱ	Ⅲ	Ⅳ	n	Ⅰ	Ⅱ	Ⅲ	Ⅳ	n	Ⅰ	Ⅱ	Ⅲ	Ⅳ
Ⅰ	Ⅰ	5	80	20	0	0	1	0	100	0	0	10	70	30	0	0
	Ⅱ	6	0	33.3	66.7	0	1	100	0	0	0	3	33.3	0	33.3	33.3
	Ⅲ	1	0	0	100	0	2	0	0	100	0	6	0	0	100	0
	Ⅳ	0	0	0	0	0	0	0	0	0	0	2	0	0	0	100
Ⅱ	Ⅰ	123	82.1	17.9	0	0	85	67.1	31.8	1.2	0	176	91.5	8	0	0.6
	Ⅱ	149	2.7	83.2	12.8	1.3	159	6.9	78.6	14.5	0	73	6.8	69.9	23.3	0
	Ⅲ	18	0	16.7	77.8	5.6	42	0	14.3	71.4	14.3	27	0	0	92.6	7.4
	Ⅳ	42	0	2.4	2.4	95.2	33	0	0	0	100	44	4.5	0	2.3	93.2
Ⅲ	Ⅰ	30	60	40	0	0	9	22.2	77.8	0	0	58	93.1	5.2	0	1.7
	Ⅱ	74	4.1	78.4	16.2	1.4	135	0	68.9	31.1	0	40	2.5	60	30	7.5
	Ⅲ	25	0	4	60	36	75	0	10.7	68	21.3	29	0	3.4	51.7	44.8
	Ⅳ	63	0	0	3.2	96.8	51	0	0	2	98	51	0	0	0	100
Ⅳ	Ⅰ	21	66.7	33.3	0	0	2	50	50	0	0	30	76.7	20	3.3	0
	Ⅱ	23	0	78.3	17.4	4.3	14	7.1	85.7	7.1	0	17	5.9	58.8	29.4	5.9
	Ⅲ	28	0	3.6	64.3	32.1	6	0	33.3	33.3	33.3	18	0	16.7	44.4	38.9
	Ⅳ	7	0	0	0	100	0	0	0	0	0	31	0	0	6.5	93.5

注：表中的转移概率均以百分比表示；"LS" 代表空间滞后（Spatial Lag），表示"邻域"水平。

分析长三角地区区域尺度城际投资发展类型转移的空间分布格局可知，研究期间城际投资自身发展类型向上和向下转移的城市数量分别为 12 个和 4 个，其空间分布较为分散；类型转移的活跃区在研究前期主要分布在长三角地区北部，

后期则主要转移到地区中部。整个研究期间内向城际投资发展类型转移比较活跃，自身发生转移的城市占到整个地区的 2/3 以上，其中又以向上转移居多，并呈集中连片的分布形式；从动态演化来看，在早期转移比较活跃集中在地区北部，后期转移强度减弱，平稳型区域扩张，且自身或邻域发生类型转移的城市分布较为分散。外向城际投资类型转移空间集中分布在地区东部核心城市的周边区域，基本为向上转移；随着时间的推移，转移空间逐渐向外扩散，呈现出较为显著的空间溢出效应。

4. 不同尺度结果比较

由上文分析可知，长三角地区不同尺度城际投资发展路径的演化体现出诸多相同的规律性特征，即不同尺度城际投资发展均能够维持原有状态的稳定性，呈现出典型的路径依赖特征，但同时呈现向邻近较高水平方向实现路径创造的趋势，且很难实现跨越式转移，城际投资类型处于低水平和高水平的城市受其前期状态的限制更为显著，路径依赖程度更高，存在显著的“低低集聚、高高集聚”的俱乐部收敛现象。空间马尔可夫链分析显示，各尺度城际投资发展路径演化均受到空间因素的显著影响，呈现出显著的邻近空间关联性特征；在不同空间背景下溢出效应具有一定的异质性，城际投资水平较高的城市和较低的城市对周边城市分别产生了正向溢出效应和负向溢出效应，呈现出显著的“高辐射低、低抑制高”的空间现象；此外，随着时间的推移，各尺度城际投资发展路径演化的活跃度均随之下降。

当然，长三角地区城际投资发展路径演化除上述共性外，还存在如下明显的尺度异质性特征：①在全球、全国和区域尺度上的传统马尔可夫链转移概率矩阵中，对角线上的平均转移概率分别为 88. 2%、81%和 79%，表明路径依赖性呈现全球>全国>区域的格局；此外，对角线低水平状态端的转移概率分别为 93. 8%、88. 4%和 76. 5%，对角线高水平状态端的转移概率分别为 100%、97. 5%和 96. 4%，表明低水平和高水平俱乐部的地位相对固化，城际投资发展演化过程中“强者愈强、弱者愈弱”的马太效应同样呈现全球>全国>区域的格局。②在全球、全国和区域尺度上，向上转移的平均概率分别为 15. 4%、19. 1%和 22. 3%，向下转移的平均概率分别为 1. 1%、3. 9%和 4. 4%，表明随着空间尺度的扩大，类型转移随之逐渐固化，表现为向上成功实现路径创造的可能性以及向下越发展越差的风险均呈现全球<全国<区域的格局。

第二节　同尺度空间关联性：“引进来与走出去”的实证检验

由第四章的分析可知，整体上，长三角地区各城市在不同尺度上的对外投资和吸引投资两者之间的差距在缩小，各尺度城际投资网络的对称程度呈现不断提升的态势。从而引申出一个值得关注的问题，即长三角地区各城市的内向城际投资（“引进来”）与外向城际投资（“走出去”）之间的关系是怎样的，两者是否存在空间关联性。国家“十三五”规划纲要和党的十九大报告等均强调坚持引进来和走出去并重。可见，吸引投资和对外投资的空间关联性已成为一个亟待解决的问题。本节旨在利用规范的经济学方法和计量地理学模型，分尺度揭示长三角地区内向城际投资与外向城际投资之间的关系。

一、理论分析

在地理学领域，对内向城际投资功能与外向城际投资功能之间关系的关注源于对世界城市体系的研究。在研究初期，Hymer（1972）首次将区位理论与经典的企业三级管理体系理论相结合，先见性地认为今后世界城市体系的结构特征将会越来越反映出现代跨国企业的空间组织规律，即随着全球化进程的加快，与企业日常生产运营相关的“初级”活动将扩展至全球，空间上体现为工业化扩散至发展中国家并在发达的资本世界外建立新的生产中心；“中级”活动主要与管理服务相关，此类活动面向白领劳动力、信息可得性等的特殊需求，使之倾向于在中等规模城市集聚；“高级”活动涉及企业发展目标与计划制定，需要面对面交流来确定最终决策，其所在区位要求接近资本市场、政府部门和各类媒体，因此向更高等级城市集聚，一般局限在核心国家的少数城市。此外，Hymer 还认为这类高等级城市通常是跨国企业总部聚集地，具有对其分支机构所在城市的控制权力。Cohen（1981）延续了 Hymer 的分析思路，基于跨国企业总部数量对全球范围内的城市进行排名，较早地利用数据量化了世界城市体系中的权力等级关系。Friedmann（1986）系统性地思考了城市作为世界体系中行动场所的意义，并提出著名的世界城市假说，认为一些城市（及其所在区域）在国际投资和贸易网络中的地位越来越突出，强调世界城市的组织与控制世界经济的战略性功

能。Sassen（1991）提出了“全球城市”的概念，认为全球城市是全球性生产的管理中心，并较早使用了外商直接投资数据反映资本的全球流动，强调证券化市场对全球城市功能的塑造作用。

随着城际投资数据可得性的提高以及社会网络分析方法的引入，越来越多的学者从网络联系视角出发刻画城市的内向城际投资和外向城际投资，并初步分析两者之间的关系。Alderson 等（2004）将社会学中的“威望”（prestige）和“权力”（power）概念引入世界城市研究中，结合社会网络分析中的指标认为入度中心性是表征城市威望的重要指标，入度中心性越大威望越高，其他行动者更愿意与之建立联系，内向吸引投资的能力也就越强；出度中心性是表征城市权力的重要指标，出度中心性越大在网络中的控制影响力就越大，建立外向投资联系的能力就越强。研究还发现在世界城市网络中城市的威望与权力具有显著的正相关关系，这就意味着权力大的城市往往也是威望较高的城市。此外，他还提出权力加强威望的理论假设，即权力越大者越有助于提升其吸引他者与之建立联系的威望。全国尺度上，盛科荣等（2018）对中国上市公司 100 强控股网络的研究发现出度值较高的城市也具有较高的入度中心性，权力越大、外向投资能力越强的城市倾向于吸引更多的城市前来投资，与之建立投资联系。区域尺度上，李仙德（2014）对长三角一市两省上市公司投资网络的研究发现，以上海为核心形成的 Z 字形轴线既是外向投资的集中地，也是内向吸引投资的热点区域，是权力和威望重叠交汇的地带。

除在地理学领域外，对内向投资与外向投资之间关系的关注还集中在国际经济学领域，主要在全球尺度上分析引进外资（FDI）与对外直接投资（OFDI）的关系。国内外有越来越多的实证研究表明吸引外资与对外投资具有显著的正向关系（Apergis，2009；李磊等，2018）。东道国对流入的外资吸引能力越强，就越可以从吸引外资发展出自身的外向投资功能（潘文卿等，2015）。同时也有研究表明以合资方式进入的外资对东道国外向投资能力的提升有着积极的影响（Gu 和 Lu，2011）。此外还有研究从社会网络分析的视角来研究 FDI 网络与 OFDI 网络互动关系，结果表明两者之间具有显著的互动效应（张燕玲，2020）。在影响机制方面，可从微观层面和宏观层面进行分析：微观层面上，流入的外资一方面带来了国际投资经验、先进技术、国际市场信息、具有国际视野的员工等，通过技术溢出和信息溢出对东道主城市产生溢出效应（Rademaker 和 Martin，2012；Hernández 和 Nieto，2016），另一方面通过负向挤出效应和资本挤入效应来促进本土企业对外投资能力的提升（李富有和王运良，2020），进而能够增强城市的外向投资联系；宏观层面上，流入的外资可以对东道主城市起到壮大经济实力、优化营商环境、增强投资信心等作用从而影响其外向投资行为。

综上所述，出度中心性较高、外向城际投资水平较高的城市，也具有较高的入度中心性，其内向城际投资水平也较高，其影响机制是总部集聚的城市往往具有市场规模较大、知识资本与政治资源富集、交通与信息流通性强等优势，为占有该优势，企业倾向于在该地投资建立研究中心、贸易公司、融资平台等分支机构；反过来，入度中心性较高、内向城际投资水平较高的城市也具有较高的出度中心性，其外向城际投资水平也较高，其影响机制可以从企业微观层面和城市宏观层面进行解释。依据以上分析，本书认为在同一空间尺度上，同一城市的内向城际投资与外向城际投资之间存在相互促进的空间关联关系。

二、研究方法

PVAR 模型。向量自回归（Vector Auto Regression，VAR）模型由 Sims（1980）提出，以克服计量经济模型人为地决定某些变量的内生或外生性的不足；Holtz-Eakin 等（1988）则将其拓展到面板数据，提出面板向量自回归（Panel Vector Auto Regression，PVAR）模型，以综合考虑时间效应和固定效应，在降低了 VAR 模型对数据量限制的同时还可以捕捉到空间个体异质性对模型参数的影响，提高了计量结果的精度与稳定性。为此，利用 2003～2018 年的面板数据，采用 PVAR 模型对长三角地区内向城际投资与外向城际投资之间相互作用产生的动态交互效应进行解析。具体模型如下：

$$y_{it} = \gamma_0 + \sum_{l=1}^{m} \gamma_l y_{it-l} + \chi_i + \delta_t + \varepsilon_{it} \tag{5-2}$$

式中，i=1，2，…，N，表示长三角地区内部 41 个城市；t=1，2，…，T，表示年份；y_{it} 表示包含两个内生变量的二维列向量，分别为长三角地区城市的内向城际投资水平和外向城际投资水平，分别选取综合入度中心性和综合出度中心性作为代理变量，其中全球尺度内向城际投资水平和外向城际投资水平分别用 GIIIL 和 GOIIL 表示，全国尺度内向城际投资水平和外向城际投资水平分别用 NIIIL 和 NOIIL 表示，区域尺度内向城际投资水平和外向城际投资水平分别用 RIIIL 和 ROIIL 表示；γ_0 为截距项向量；m 为滞后阶数；γ_l 为滞后第 l 阶的回归参数向量；χ_i 为个体效应向量；δ_t 为时间效应向量；ε_{it} 为随机扰动项。

GWR 模型。地理加权回归（Geographically Weighted Regression，GWR）模型在回归分析的基础上兼顾空间自相关，将地理位置嵌入回归参数中（Brunsdon

等，1998）。本书引用 GWR 模型，以重点刻画长三角地区城市的内、外向城际投资相互作用强度的空间格局，进而反映出内、外向城际投资交互关联的空间异质性特征。具体模型如下：

$$y_i = \beta_0(u_i, v_i) + \sum_{k=1}^{n} \beta_k(u_i, v_i)x_{ik} + \varepsilon_i \tag{5-3}$$

式中，y_i 为全局因变量；x_{ik} 为自变量；μ_i、υ_i 为采样点 i 的坐标；β_0（μ_i，υ_i）为采样点 i 的模型常数项；β_k（μ_i，υ_i）为采样点 i 上的第 k 个影响系数；ε_i 为随机误差。本书分别以 2003～2018 年长三角城市的内向城际投资水平和外向城际投资水平均值为因变量和自变量，构建三个回归模型，从而得到城市的内、外向城际投资之间相互作用的影响系数。

三、实证检验

（一）全球尺度检验

首先，为准确识别长三角地区各城市全球尺度内向城际投资和外向城际投资之间的动态空间关联性，在进行 PVAR 模型估计前需要对数据进行平稳性检验，否则，估计结果极有可能引起“虚假回归”问题。为增强检验结果的稳健性和提高检验效力，参照已有相关研究（王姣娥等，2016），运用 Stata15 软件分别对全球尺度内向城际投资水平（GIIIL）和全球尺度外向城际投资水平（GOIIL）进行含截距项和含截距与趋势项的 LLC（Levin-Lin-Chu）同质单位根检验和 IPS 检验（Im-Pesaran-Shin）异质单位根检验。结果表明（见表 5-9），除含截距项的 IPS 检验外，内向城际投资水平的原数据序列基本拒绝“存在单位根”的原假设；而外向城际投资水平的原数据序列无法拒绝原假设，其一阶差分序列的检验值均在 1%显著性水平上小于临界值，因此长三角地区各城市的全球尺度内、外向城际投资水平为平稳序列，说明可以建立 PVAR 模型。

表 5-9　全球尺度面板数据的单位根检验

变量	含截距				含截距和趋势			
	LLC		IPS		LLC		IPS	
	统计量	P	统计量	P	统计量	P	统计量	P
GIIIL	-2.141	0.016	2.370	0.991	-1.894	0.029	-3.514	0.000
GOIIL	33.075	1.000	21.250	1.000	27.833	1.000	12.685	1.000
ΔGOIIL	14.548	0.000	-4.246	0.000	-34.001	0.000	-7.950	0.000

其次，为保证 PVAR 模型参数估计的有效性，需确定模型的最优滞后阶数。相较于 VAR 模型，PVAR 模型对数据的要求有所放宽，如果 T 为时间序列长度，m 为滞后阶数，只要 T≤m+3，即可对模型进行参数估计。参照已有研究成果（李茜等，2017），滞后阶数的确定按照如下原则进行：①根据 MBIC、MAIC 和 MQIC 等最小化原则，应选择最小的检验值对应的滞后阶数；②最好选用较小的滞后阶数，避免因滞后阶数太大影响数据的样本量，原则上最大滞后阶数不超过 3 阶。根据表 5-10 的结果，可判定出全球尺度 PVAR 模型的最优滞后阶数为 1 阶，因此对一阶差分序列建立 PVAR（1）模型。

表 5-10　全球尺度 PVAR 模型最优滞后阶数的确定

滞后阶数	CD	J	Jpvalue	MBIC	MAIC	MQIC
1	0. 996	12. 974	0. 370	-60. 364	-11. 026	-30. 470
2	0. 999	11. 242	0. 188	-37. 650	-4. 758	-17. 721
3	0. 999	4. 862	0. 302	-19. 583	-3. 138	-9. 619

为了初步探讨变量间的相互影响关系，本书采用广义矩估计（GMM）方法进行全球尺度 PVAR 模型估计（见表 5-11），并进一步采取均值差分法去除时间效应，采取前向均值差分法去除固定效应（张广海和赵韦舒，2017），全球尺度 PVAR 模型的估计结果如表 5-1 所示。紧接着对该模型进行稳定性检验，发现特征根的模值小于 1，均落在单位圆以内，说明模型是稳定的（Lutkepohl，2005）。

表 5-11　基于 GMM 估计方法的全球尺度 PVAR 模型的估计结果

GIIIL 模型				GOIIL 模型			
变量	系数	Z 值	P 值	变量	系数	Z 值	P 值
ΔGIIIL	0. 655***	4. 34	0. 000	ΔGIIIL	0. 306*	0. 71	0. 075
ΔGOIIL	0. 282**	2. 17	0. 030	ΔGOIIL	1. 016***	2. 56	0. 010
N	574			N	574		

注：*、**和***分别代表在 10%、5%和 1%的统计水平上显著。

脉冲响应函数能够分析某一变量的随机扰动对模型中其余内生变量受到其冲击后在各滞后期的影响，可以有效反映出变量间的动态交互作用。为此，本书还对全球尺度的内向城际投资水平和外向城际投资水平进行脉冲响应分析（见图 5-1）。

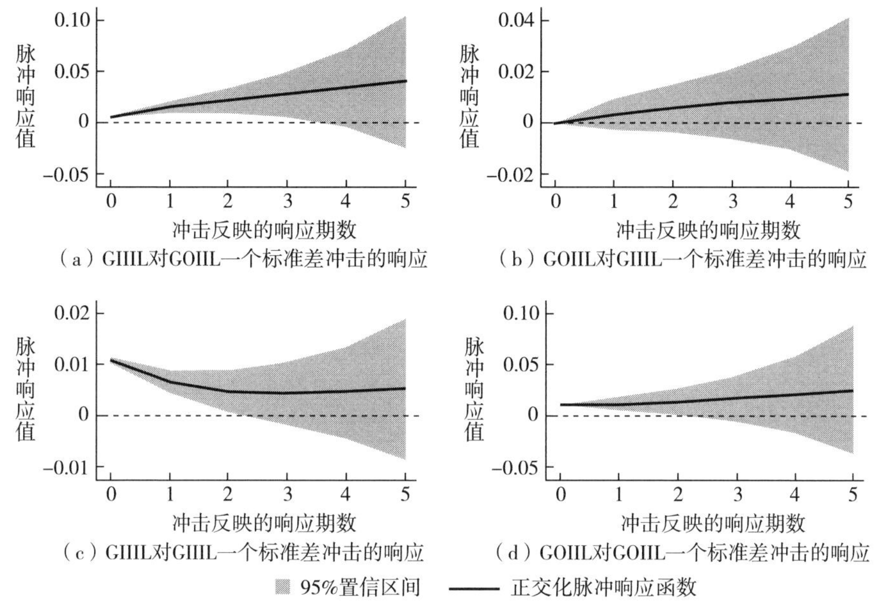

图 5-1　全球尺度 PVAR 模型的脉冲相应结果

结合 GMM 估计结果和脉冲响应图，对长三角地区内部各城市的全球尺度的内向城际投资和外向城际投资之间的关系进行实证分析，有如下两点发现：

（1）全球尺度上，城市的内向城际投资功能与外向城际投资功能之间存在显著的互促关系。滞后 1 期的外向城际投资水平对内向城际投资水平的影响系数为 0. 282，且在 5%的统计水平上显著为正，表明全球尺度上城市的外向城际投资功能的提升能够加强其内向城际投资功能，这意味着长三角地区城市实施“走出去”战略积极开拓境外市场、主动建立全球性的企业投资联系与合作，能够反过来吸引更多的境外投资，从而验证了 Alderson 等（2004）提出的权力加强威望的理论假设。滞后 1 期的内向城际投资水平对外向城际投资水平的影响同样显著为正（系数为 0. 306），表明全球尺度上城市的内向城际投资功能的提升能够加强其外向城际投资功能，这从社会网络分析的视角验证了“引进来”对长三角地区企业“走出去”具有积极影响，提升了城市的外向投资联系功能。一般来说，外国直接投资的技术溢出效应和竞争效应能够有助于东道主企业提升生产率水平和创新能力，同时，随着外国直接投资的规模扩大和来源拓展，东道主企业嵌入全球价值链程度及对国际贸易投资规则与市场的了解程度也在加深，这些均有助于促进长三角本地企业“走出去”进行境外投资布局，进而提升了城市在长三角—境外城际投资网络中的权力。进一步观察全球尺度 PVAR 模型的脉冲相应结果，如图 5-1（a）所示，给内向城际投资水平一个标准差的冲击，外向城际投资水平对其具有正向影响，且随时间逐渐增强，外向城际投资水平对内向城际投资水平一个标准差冲击的响应图 5-1（b）与图 5-1（a）相似，从而进一步验证了本书提出的理论假说，即在全球尺度上，长三角地区城市的内向城际投资功能与外向城际投资功能之间具有互促关系。

（2）全球尺度上，城市的内向城际投资功能和外向城际投资功能均存在自我增强的惯性发展机制。如表 5-11 所示，滞后 1 期的内向城际投资水平对自身当期的影响显著为正，系数为 0.655，表明长三角地区城市的内向吸引境外投资的功能存在显著的自我增强的惯性发展机制。在研究早期，由于投资信息不甚对称，为降低投资风险，境外跨国企业基于有限理性，倾向于在与境外有较强投资联系的长三角城市开展投资活动，从而造成强者愈强的发展局面；但从当期到第 2 期的影响逐渐减小，之后趋于平稳（见图 5-1（c）），原因可能是随着时间的推移，企业对外资高流入城市及其周边投资环境熟悉程度不断提升，出于降低商务成本、拓展市场覆盖范围等目的考虑，对外资高流入城市以外的地区进行投资，打破原有的路径依赖，创造出新的投资路径，从而导致原有格局的影响力有所弱化。该发现与前文中全球尺度的综合入度中心性齐夫参数总体演化特征相呼应，即齐夫参数大体呈现先增大后减小的演化路径（在 2003~2008 年呈增大趋势，之后进入下行通道）。就内向城际投资水平而言，其滞后 1 期自身当期的影响显著为正，系数为 1.016，脉冲相应结果显示（见图 5-1（d）），其影响保持不断上升的趋势。原因可能是长三角地区企业开展境外投资起步较晚，经验相对不足，还处于追随本地企业开展境外投资活动的阶段，导致外向投资联系功能较强的城市影响越来越大，这与前文中全球尺度的综合出度中心性齐夫参数的总体演化趋势相呼应（该参数在研究期间始终呈现不断增大的趋势）。

本书通过方差分解进一步分析全球尺度上长三角地区城市的内向城际投资功能与外向城际投资功能的相互影响程度。与 PVAR 模型的脉冲相应函数的参数设定一样，生成如表 5-12 所示的方差分解结果。

表 5-12 全球尺度 PVAR 模型预测误差的方差分解结果

期数	GIIIL 模型		GOIIL 模型	
	GIIIL	GOIIL	GIIIL	GOIIL
Step1	1. 000	0. 000	0. 071	0. 929
Step2	0. 858	0. 142	0. 120	0. 880
Step3	0. 683	0. 317	0. 159	0. 841
Step4	0. 548	0. 452	0. 188	0. 812
Step5	0. 456	0. 544	0. 209	0. 791
…	…	…	…	…
Step10	0. 292	0. 708	0. 251	0. 749

结果表明，全球尺度的内向城际投资水平在前期主要受自身因素的显著影响，但其影响程度随时间推移逐渐式微，到第 10 期其自身的贡献度下降到 29. 2%，而外向城际投资贡献了 70. 8%的解释能力，说明在后期城市的外向城际投资功能对其内向吸引境外投资的影响超过了自身的惯性发展。中国的开放型经济向对外投资阶段转型，今后将有越来越多的企业开展境外投资活动，并以此带动外资的进入，进而提升城市的内向城际投资功能。全球尺度的外向城际投资水平 PVAR 模型方差分解结果相对简单，尽管其自身的贡献度呈下降趋势，但其解释能力在考察期内仍维持在 70%以上，说明全球尺度的外向城际投资功能主要依赖自身惯性发展。

利用 ArcrGIS 10. 2 软件，以调整型空间核回归（ADAPTIVE）为基础，采用交叉验证（CV）方法进行地理加权回归（GWR）模型的计算。结果显示（见表 5-13），分别以城市全球尺度的内向城际投资水平和外向城际投资水平作为因变量的模型（GIIIL 模型和 GOIIL 模型）其拟合度均大于 95%，说明模型具有较好的拟合效果。此外，大部分系数标准误差在［-2. 50，2. 50］，说明估计值的可信度较高。

表 5-13 长三角地区全球尺度内—外向城际投资空间关联 GWR 模型统计量

模型统计量	GIIIL 模型	GOIIL 模型
残差平方和	0. 010	0. 006
有效数字	11. 931	5. 509
Sigma	0. 019	0. 013

续表

模型统计量	GIIIL 模型	GOIIL 模型
赤池信息量准则（AICc）	-195.187	-233.839
R^2	0.975	0.949
调整后 R^2	0.966	0.942

接下来分析内向城际投资功能与外向城际投资功能之间相互影响的区域差异。整体来说，基于 GWR 模型所得的相互作用的大小和方向与基于 PVAR 模型所得结果大体一致，证明了模型选择合理且所得结果具有稳健性。

全球尺度上，城市的外向城际投资水平对其内向城际投资水平的高影响区域集中于皖北和苏北以及苏中部分地区，这些区域的影响系数均值为 1.953，而全地区平均影响系数为 1.770，比全区均值高出 10.33%。这些区域的外向投资活动较少，少数本地企业在境外开展投资活动有利于境外跨国企业快速了解这些区域，并根据自身发展对其开展跨国投资业务，从而对其内向吸引境外投资的提升成效更为明显。低影响区大多位于皖南和浙西地区，其外向城际投资水平对吸引境外投资的贡献程度相对较弱。反过来，城市的内向城际投资水平对其外向城际投资水平的高影响区域在浙江、上海、苏南和苏中大部连片分布，这些区域的境外投资较为集中，促进了这些区域对外投资能力的提升。低影响区大多位于皖北和苏北，较少的外资流入对其对外投资能力的提升影响较小。

（二）全国尺度检验

首先，为增强检验结果的稳健性，分别为长三角地区内部城市的全国尺度内向城际投资水平（NIIIL）和外向城际投资水平（NOIIL）及其一阶差分序列 ΔNIIIL 和 ΔNOIIL 进行面板数据的单位根检验，结果如表 5-14 所示。全国尺度的 NIIIL 和 NOIIL 的一阶差分序列均在 1%的统计水平上显著拒绝变量非平稳的原假设，认为 ΔNIIIL 和 ΔNOIIL 为平稳序列，可进行全国尺度 PVAR 模型估计。

表 5-14　全国尺度面板数据的单位根检验

变量	含截距				含截距和趋势			
	LLC		IPS		LLC		IPS	
	统计量	P	统计量	P	统计量	P	统计量	P
NIIIL	13.488	1.000	14.949	1.000	5.040	1.000	3.541	0.998
ΔNIIIL	-2.363***	0.009	-9.468***	0.000	-30.829	0.000	-10.242***	0.000

续表

变量	含截距				含截距和趋势			
	LLC		IPS		LLC		IPS	
	统计量	P	统计量	P	统计量	P	统计量	P
NOIIL	18.831	1.000	18.133	1.000	7.108	1.000	7.757	1.000
ΔNOIIL	-8.272***	0.000	-6.092***	0.000	-86.339***	0.000	-13.926***	0.000

注：***代表在1%统计水平上显著。

其次，需确定全国尺度PVAR模型的最优滞后阶数。根据前文的判定标准，应选择MBIC、MAIC和MQIC等最小化的检验值对应的滞后阶数且该阶数尽可能小。因此，根据检验结果可知（见表5-15），本书构建的全国尺度PVAR模型的最优滞后阶数确定为1阶。

表5-15　全国尺度PVAR模型最优滞后阶数的确定

滞后阶数	CD	J	Jpvalue	MBIC	MAIC	MQIC
1	0.997	21.824	0.056	-51.513	-2.176	-21.620
2	0.998	13.230	0.104	-35.662	-2.770	-15.733
3	0.998	6.907	0.141	-17.539	-1.093	-7.574

最后，将长三角地区内部各城市的全国尺度内、外向城际投资水平的1期滞后量作为PVAR模型的内生变量，对其进行GMM有效估计，所得结果如表5-16所示。此外模型的特征根小于1，证明其是稳定的。

表5-16　基于GMM估计的全国尺度PVAR模型的估计结果

NIIIL模型				NOIIL模型			
变量	系数	Z值	P值	变量	系数	Z值	P值
ΔNIIIL	1.014***	4.39	0.000	ΔNIIIL	0.980**	2.24	0.025
ΔNOIIL	0.214	0.93	0.354	ΔNOIIL	0.155	0.37	0.712
N	574			N	574		

注：**和***分别代表在5%和1%的统计水平上显著。

此外，为较为直观地观察变量间的动态交互作用及效应，运用Stata 15软件对NIIIL和NOIIL两个变量进行脉冲响应分析，图5-2汇总了模拟后的脉冲响应图。

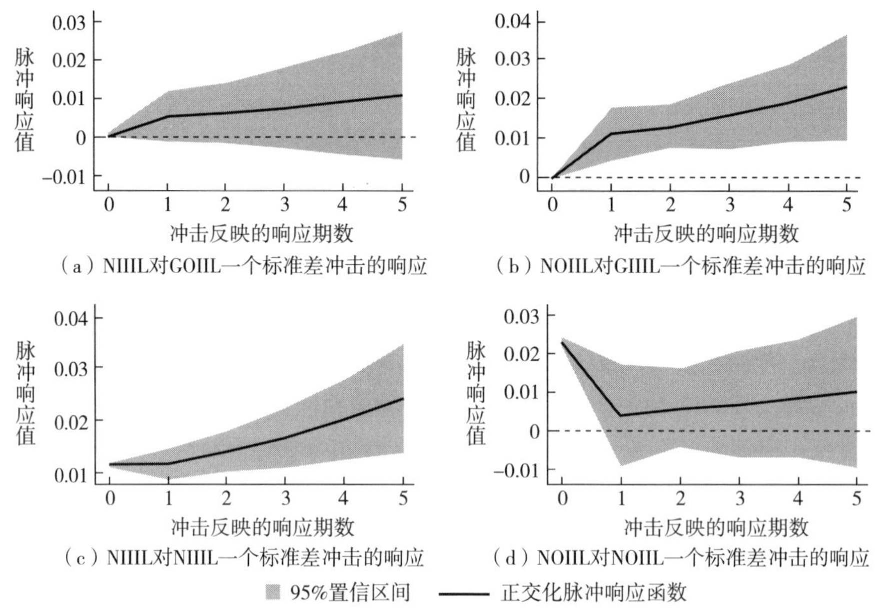

图 5-2 全国尺度 PVAR 模型的脉冲相应结果

结合 GMM 估计结果和脉冲响应模拟结果，可以有如下两点发现：

（1）全国尺度上，城市的外向城际投资功能对其内向城际投资功能的影响为正但不显著，后者对前者存在显著的正向效应。具体来讲，滞后 1 期的外向城际投资水平对内向城际投资水平的影响系数为 0.214，但未通过显著性检验，可能的原因是对于长三角地区多数城市而言，对全国其他城市开展跨区投资活动的能力相对较低，尚未达到显著提升内向投资联系功能的门槛值。反过来讲，滞后 1 期的内向城际投资水平对外向城际投资水平的影响系数为 0.98，且在 5%水平上显著为正，表明随着长三角城市吸引全国其他城市前来投资的能力的提升，促进了本地城市对全国其他城市的投资，其外向城际投资功能随之也得到提升。

（2）全国尺度上，仅对于城市的内向城际投资功能来说存在自我增强的惯性发展机制。如表 5-16 所示，滞后 1 期的内向城际投资水平对自身当期的影响在 1%的统计水平上显著为正，系数为 1.014，表明长三角地区城市的内向吸引全国其他城市投资建立内向投资联系的功能表现出自我增强的惯性发展特征，具有时间上的累积效应和实践上的惯性效应。这意味着长三角地区城市吸引全国其他城市投资为一个循序渐进的过程，应从长期角度出发制定相应的可行举措。就外向城际投资水平而言，其滞后 1 期对当期虽为正向影响但非显

著，尚未有证据表明其存在自我增强的惯性发展机制，其原因可能与外向城际投资功能未对其内向城际投资功能产生显著影响的原因大体相似，即尚未达到显著促进的门槛值。

进一步分析全国尺度PVAR模型预测误差的方差分解结果可知（见表5-17），全国尺度的内向城际投资水平主要受自身因素的显著影响，尽管其自身的贡献度从第1期的100%下降到第10期的86%，但仍贡献了主要的解释能力，说明其自身的惯性发展机制对内向吸引全国投资具有重要作用。全国尺度的外向城际投资水平PVAR模型方差分解结果显示，城市的内向城际投资水平对其外向城际投资水平的解释能力不断提升，到第10期提升至81.1%。因此，总的来看，相较于长三角地区城市在长三角—全国城际投资网络中的权力而言，在网络中的威望影响更大。

表5-17　全国尺度PVAR模型预测误差的方差分解结果

期数	NIIIL模型		NOIIL模型	
	NIIIL	NOIIL	NIIIL	NOIIL
Step1	1.000	0.000	0.000	1.000
Step2	0.916	0.084	0.188	0.812
Step3	0.890	0.110	0.342	0.657
Step4	0.877	0.123	0.473	0.527
Step5	0.870	0.130	0.578	0.422
…	…	…	…	…
Step10	0.860	0.140	0.811	0.189

接下来对城市全国尺度的内、外向城际投资水平进行GWR回归，结果显示（见表5-18），NIIIL模型拟合度相对来说较小，拟合效果一般，而NOIIL模型的拟合度大于95%，说明模型具有较好的拟合效果。

表5-18　长三角地区全国尺度内—外向城际投资空间关联GWR模型统计量

模型统计量	NIIIL模型	NOIIL模型
残差平方和	0.001	0.002
有效数字	34.832	34.220
Sigma	0.014	0.158
赤池信息量准则（AICc）	-9.111	-21.591

续表

模型统计量	NIIIL 模型	NOIIL 模型
R^2	0.795	0.993
调整后 R^2	0.767	0.958

最后，分析内向、外向城际投资之间相互影响的区域差异。整体来说，基于GWR 模型所得的相互作用的大小和方向与基于 PVAR 模型所得结果大体一致，证明了模型选择合理且所得结果具有稳健性。

全国尺度上，城市的外向投资联系功能与内向投资联系功能之间相互影响的方向有负有正，但正向影响的空间单元占多数，基本符合前文提出的理论假说。具体而言，城市的外向城际投资水平对于内向城际投资水平的正向高影响区域分布在上海、南京、合肥及它们的周边城市，反映出这些区域在长三角—全国城际投资网络中的权力对其网络威望的促进较为明显；低影响区和负向影响区大多位于长三角的非核心区域，表明城市的网络权力对其网络威望的贡献程度较弱，甚至出现产生阻碍作用。反过来，城市的内向城际投资水平对于其外向城际投资水平的正向高影响区域主要分布于浙江省，而低影响区和负向影响区分布在除浙江省之外的长三角其他区域。

（三）区域尺度检验

首先，对长三角本地城际投资网络中城市的内向城际投资水平和外向城际投资水平两大指标进行面板数据的单位根检验，根据检验结果可知（见表 5-19），两大原始数据序列均无法拒绝变量存在单位根（非平稳）的原假设，而其一阶差分序列均在 1%的统计水平上拒绝原假设，是平稳的数据序列，故此可进行下一步的区域尺度 PVAR 模型估计。

表 5-19　区域尺度面板数据的单位根检验

变量	含截距				含截距和趋势			
	LLC		IPS		LLC		IPS	
	统计量	P	统计量	P	统计量	P	统计量	P
RIIIL	8.100	1.000	2.703	0.997	-1.426*	0.077	-0.836	0.202
ΔRIIIL	-7.612***	0.000	-16.802***	0.000	-9.461***	0.000	-13.742***	0.000
ROIIL	7.783	1.000	9.840	1.000	-5.106***	0.000	-0.138	0.445
ΔROIIL	-10.380***	0.000	-14.113***	0.000	-14.647***	0.000	-11.775***	0.000

注：*和***分别代表在 10%和 1%统计水平上显著。

其次，需确定区域尺度 PVAR 模型的最优滞后阶数。同样根据前文中设定的原则进行确定，由表 5-20 可知，模型的最优滞后阶数为 1 阶。

表 5-20 区域尺度 PVAR 模型最优滞后阶数的确定

滞后阶数	CD	J	Jpvalue	MBIC	MAIC	MQIC
1	0.992	9.057	0.698	-64.281	-14.943	-34.387
2	0.994	4.526	0.807	-44.367	-11.474	-24.437
3	0.994	0.377	0.984	-24.069	-7.623	-14.104

最后，采用各变量的滞后 1 期作为工具变量，对区域尺度 PVAR 模型进行 GMM 估计。表 5-21 展示了区域尺度 GMM 估计结果，结果显示，区域尺度上，城市的内向城际投资水平与外向城际投资水平之间虽然存在相互的正向影响，但均不显著；且两者的滞后 1 期对自身当期存在非显著的负向影响，这一发现与前期的理论分析不符。

表 5-21 基于 GMM 估计的区域尺度 PVAR 模型的估计结果

RIIIL 模型				ROIIL 模型			
变量	系数	Z 值	P 值	变量	系数	Z 值	P 值
ΔRIIIL	-0.259	-0.16	0.873	ΔRIIIL	1.920	0.72	0.474
ΔROIIL	1.449	0.89	0.372	ΔROIIL	-0.846	-0.31	0.757
N	574			N	574		

（四）不同尺度结果比较

由上文分析可知，不同尺度上城市的内、外向城际投资功能之间呈现出不同的空间关联模式。

从内向、外向城际投资的动态交互作用来看，全球尺度上，城市的内向城际投资功能与外向城际投资功能之间存在显著的互促关系，即“引进来”显著地促进本地企业和城市“走出去”，反过来讲，“走出去”也显著地促进本地企业和城市进一步“引进来”境外投资；全国尺度上，由于尚未跨越显著促进的门槛，城市的外向城际投资功能对其内向城际投资功能的影响为正但不显著，后者对前者则存在显著的正向影响；区域尺度上，城市的内向、外向城际投资功能之间虽然存在相互的正向影响，但均未通过显著性检验。

从方差分解结果来看，随着时间的推移，全球尺度上，在前期内向城际投资主要受自身因素的显著影响，在后期城市的外向城际投资功能对其内向吸引境外投资的影响超过了自身的惯性发展，而对境外的城际投资功能主要依赖自身惯性发展；全国尺度上，在前期外向城际投资主要受自身因素的显著影响，在后期城市的内向城际投资功能对其外向城际投资功能的解释能力不断提升，最终占主导地位，而吸引全国其他城市投资的功能地位却主要依赖自身惯性发展；区域尺度上则未得到方差分解结果。

从空间关联性的格局分布来看，全球尺度上，内向、外向城际投资交互影响系数空间格局较为清晰，城市的外向城际投资对其内向城际投资的高影响区域集中于皖北和苏北以及苏中部分地区，而城市的内向城际投资对其外向城际投资的高影响区域则在浙江、上海、苏南和苏中大部连片分布；全国尺度上，内向、外向城际投资交互影响系数的分布较为混杂，空间规律性较差，两者相互影响的方向有负有正，但正向影响的空间单元占多数。

此外，全球尺度上，城市的内向城际投资功能和外向城际投资功能均存在显著的自我增强的惯性发展机制；全国尺度上，仅对于城市的内向城际投资功能来说存在自我增强的惯性发展机制。

第三节　跨尺度空间关联性：“双循环互动”的实证检验

上节主要对同尺度上内向城际投资与外向城际投资之间的关系进行了研究。本节则在构建双循环新发展格局背景下，聚焦城市不同尺度的城际投资功能之间的相互关系和空间关联性问题。在理论分析的基础上，遵循上节的实证路径，分别采用面板向量自回归（PVAR）模型和地理加权回归（GWR）模型，进一步探讨长三角地区跨尺度空间关联效应的动态演化特征及其空间格局，从而拓宽对城际投资空间效应的认识。

一、理论分析

20 世纪 80 年代以来，围绕集聚经济（agglomeration economies）的研究方兴未艾，并逐渐成为区域经济学、经济地理学等领域理解区域发展的一个重要视

角。目前，解释集聚经济的方法主要有两种：区位因素分析法和网络分析法。其中区位因素被视为内生驱动因素，如当地的资源禀赋、市场规模、劳动力池、交通可达性、产业结构、制度环境、文化氛围等（Florida，2002）。Krugman（1991）在其新经济地理学理论中提出，这些与集聚经济相关的区位因素的积累导致循环因果效应并在空间上呈现出“核心—外围”结构的不断固化。随着研究的深入，仅通过区位因素分析法来解释集聚经济和区域发展越来越受到学界的批判（Meijers，2007）。有人认为，市场本质上源于社会网络，在社会网络中产生了思想、创新、学习和共享。因此，建立联系和协作网络可以帮助企业获取外部知识，提高城市生产力（Mahroum 等，2008）。在当代网络社会中，网络资源已成为经济行为体获取外部互补资源和知识的战略资源（Dyer 和 Hatch，2006；Huggins，2010）。正如 Scott（2001）所言，网络中的全球化城市现在被广泛视为区域发展的引擎。

由于网络外部性的存在，某一空间尺度的网络（如国内网络）可以为其他空间尺度上的行动者（如外国投资者）提供获取知识和信息的渠道，因此城市在不同空间尺度投资网络中的功能联系并非独立而是相互影响的。全球生产网络理论中的“网络嵌入性”（network embeddedness）（Henderson 等，2002）、“战略性耦合”（strategic coupling）（Coe 等，2004；Yeung，2016）等概念，以及关系经济地理学中的“全球管道—本地蜂鸣”模型（Bathelt，2007）等也均重视地方企业网络与全球企业网络互动对于地方发展的意义。Jacobs（1984）认为，集聚是一个涉及不同规模城市间要素流动的过程，城市间的交互作用有利于城市的对外经济扩张，并支撑城市新一轮的经济集聚与增长；Rozenblat（2010）在研究中发现企业在地方尺度的结网互动有利于提升城市在全球网络中的地位，这反过来又会吸引更多企业在此投资，产生较强的本地乘数效应；Kimino 等（2012）使用国内的财团（Keiretsu）投资网络来解释日本的外国直接投资分布，发现国内网络对外国直接投资流入有积极的影响；Shi 等（2018）基于社会网络分析的视角研究了中国国内投资对外国直接投资的影响，结果显示一个城市在国内投资网络中的联系越紧密其吸引外国直接投资项目就越多；赵新正等（2018）通过构建的跨尺度功能关联指数对中国城市多尺度功能联系之间的关系进行研究，发现城市（群）跨尺度区域功能互动效应明显；郑曼欣（2020）对长三角中游城市群的研究表明，本地的投资网络特征对吸引地区外部投资有显著影响，表征网络结构的多数指标均为城市投资吸引力的正向显著指标。因此，依据以上分析，本书认为城市在不同空间尺度上的城际投资功能之间存在相互促进的关系。

二、研究方法

首先基于2003~2018年企业异地投资数据，构建长三角地区全球、全国和区域三个空间尺度的加权城市网络；其次借助社会网络分析法中提供的度量网络节点中心性的算法，计算全球、全国和区域尺度的综合度中心性，分别表示全球、全国和区域尺度的城际投资水平（分别用GIIL、NIIL和RIIL表示）；再次引入PVAR模型，考察跨尺度空间关联性的动态演化规律，为相关方面的研究提供了一条有效处理内生性问题的实证路径；最后，采用GWR模型将跨尺度空间关联性进行空间投影，分析其空间异质性特征（见图5-3）。

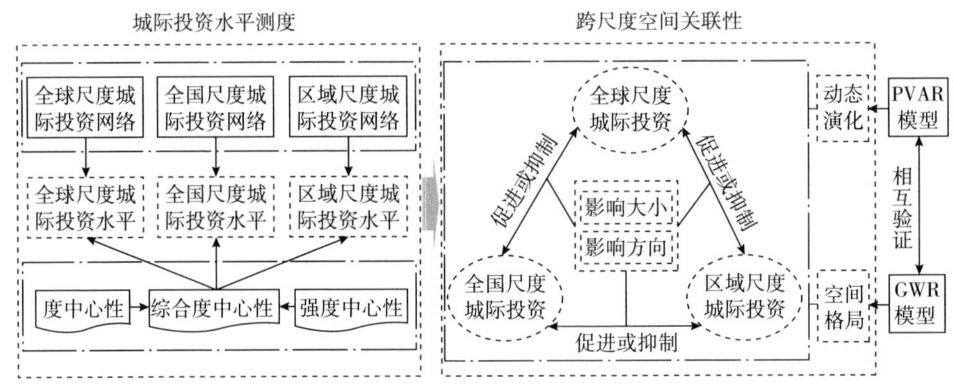

图5-3 长三角地区城际投资跨尺度空间关联效应研究框架

三、实证检验

（一）城际投资跨尺度空间关联性动态演化

首先，为准确识别长三角地区各尺度城际投资之间的动态交互效应，在进行PVAR模型估计前需要对数据进行平稳性检验。为增强检验结果的稳健性，运用Stata15软件分别对长三角地区城市的全球、全国和区域尺度城际投资水平及其一阶差分序列进行含截距项和含截距与趋势项的LLC（同质单位根）检验和IPS（异质单位根）检验。结果表明（见表5-22），原数据序列均无法拒绝变量非平稳的原假设，而其一阶差分序列的检验值均在5%的统计水平上显著小于临界值，为平稳序列。

表 5-22　跨尺度面板数据的单位根检验

变量	含截距				含截距和趋势			
	LLC		IPS		LLC		IPS	
	统计量	P	统计量	P	统计量	P	统计量	P
GIIL	4.579	1.000	15.193	1.000	2.725	0.997	2.488	0.994
ΔGIIL	-1.344**	0.049	-7.263***	0.000	-2.953***	0.002	-8.721***	0.000
NIIL	15.480	1.000	23.968	1.000	2.343	0.990	5.322	1.000
ΔNIIL	-2.300**	0.011	-5.074***	0.000	-6.831***	0.000	-8.705***	0.000
RIIL	12.087	1.000	18.753	1.000	0.241	0.595	0.035	0.514
ΔRIIL	-5.628***	0.000	-10.263***	0.000	-8.069***	0.000	-12.241***	0.000

注：**和***分别代表5%和1%统计水平上显著。

其次，为保证PVAR模型参数估计的有效性，需确定模型的最优滞后阶数。根据最小化原则选择最小的检验值对应的滞后阶数。根据表5-23的结果可判定出模型的最优滞后阶数为1阶，因此对一阶差分序列建立PVAR（1）模型。

表 5-23　跨尺度 PVAR 模型最优滞后阶数的确定

滞后阶数	CD	J	Jpvalue	MBIC	MAIC	MQIC
1	0.999	36.935	0.096	-128.075	-17.065	-60.814
2	0.999	19.379	0.369	-90.627	-16.621	-45.787
3	0.999	6.105	0.729	48.898	-11.895	-26.478

最后，将长三角地区全球、全国和区域尺度城际投资水平的1期滞后量作为PVAR模型的内生变量，对其进行GMM有效估计，所得结果如表5-24所示。城市各尺度城际投资功能存在自我增强的惯性发展机制。滞后1期的长三角地区全球、全国和区域三个尺度的城际投资水平对自身当期的影响均在1%的水平上显著为正，影响系数分别达到0.803、0.604和0.981，且是各自模型中的最大系数。进一步计算得出的特征根模值反映出跨尺度PVAR模型是稳定可靠的。此外，为较为直观地观察变量间的动态交互作用及效应，运用Stata 15软件对GIIL、NIIL和RIIL三个变量进行脉冲响应分析，图5-4至图5-6汇总了Monte-Carlo模拟500次后的脉冲响应图。

表 5-24　基于 GMM 估计的跨尺度 PVAR 模型估计结果

GIIL 模型			NIIL 模型			RIIL 模型		
变量	系数	Z 值	变量	系数	Z 值	变量	系数	Z 值
ΔGIIL	0.803***	5.74	ΔGGC	0.362*	1.93	ΔGIIL	-0.353	-1.11
ΔNIIL	0.537**	3.11	ΔNGC	0.604**	2.04	ΔNIIL	0.431	0.93
ΔRIIL	0.234***	3.27	ΔRGC	0.246*	1.82	ΔRIIL	0.981***	4.83
N	1968		N	1968		N	1968	

注：*、**和***分别代表在10%、5%和1%的统计水平上显著。

城市的全球与全国城际投资功能之间互促关系明显。具体而言，滞后 1 期城市的全国尺度城际投资水平对其当期的全球尺度城际投资水平存在显著为正的影响（系数为 0.537），表明城市在全国尺度城市网络中的联系强度越高，那么其在全球尺度城市网络中的联系强度也就越高，这意味着长三角地区城市积极开展全国性的企业投资与合作有利于融入全球产业体系。滞后 1 期的全球尺度城际投资水平对当期的全国尺度城际投资水平同样起到积极的促进作用（系数为 0.362），表明积极融入全球产业体系反过来也会有助于提升其在全国企业投资与合作的地位。从图 5-4（a）和图 5-4（b）可以看出，全球和全国尺度城际投资两者之间相互的冲击响应符号和走势相同，均呈现正向的平稳上升趋势，从而验证了城市的全球与全国功能联系之间存在互促关系。

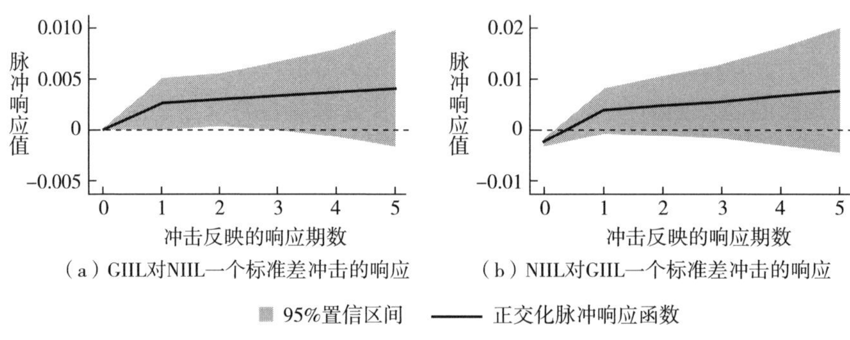

图 5-4　全球—全国跨尺度 PVAR 模型的脉冲相应结果

全球与区域功能联系之间具有反向交互关系。滞后 1 期的区域尺度城际投资水平对当期全球尺度城际投资水平的影响系数为 0.234，在 1%的统计水平上显

著，显示出正向的促进作用；此外，前者对后者也表现出稳定的正向积极响应（见图 5-5（a））。其主要原因是由于网络外部性的存在，长三角地区内部结成的投资网络能为外资提供获取当地知识与信息的“管道”，当地企业也同样通过该“管道”促进企业之间信息的交流和境外投资机会的共享，从而促使位于“管道”交汇处的核心城市更具有与境外城市建立投资联系的倾向性。然而，滞后 1 期的全球功能联系对后者产生了制约作用（系数为-0. 353），尽管该作用未通过显著性检验；此外，面对全球尺度城际投资水平的一个标准差冲击，区域尺度城际投资产生了负向冲击响应（见图 5-5（b）），且负向影响程度逐渐增大。究其原因，作为中国最重要的 FDI 集聚区之一，长三角地区的当地企业面临着较大的竞争压力，投资机会被外资企业取代的可能性较大，不利于基于当地企业的城市区域空间组织发育，产生了外资的“挤出效应”（雷辉，2006）。

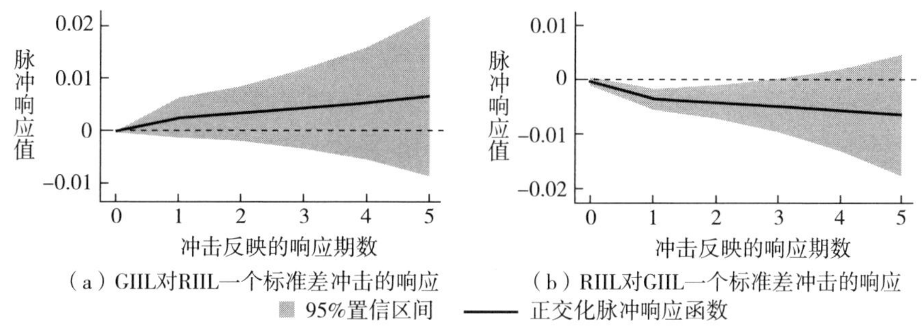

图 5-5　全球—区域跨尺度 PVAR 模型的脉冲相应结果

区域尺度城际投资水平对其全国尺度城际投资水平存在显著的正向效应，后者对前者的影响虽为正向但不显著。滞后 1 期的区域尺度城际投资水平对当期全国尺度城际投资水平的影响系数为 0. 246，在 10%的统计水平上显著；此外，随着时间的推移，城市的全国尺度城际投资水平始终受到区域尺度城际投资水平的正向影响（见图 5-6（a））。其原因与区域尺度城际投资水平对全球尺度城际投资水平具有正向促进作用的原因相似，即在网络外部性的作用下，区外企业和有全国投资活动的本地企业具有向区域网络枢纽城市集聚的倾向性，从而提升了其在全国投资网络中的地位。滞后 1 期的全国尺度城际投资水平对当期区域功能联系的影响系数为 0. 431 但不显著。此外，城市的区域尺度城际投资水平对其全国尺度城际投资水平冲击的响应值始终徘徊在 0 附近，影响非常微弱（见图 5-6（b））。

原因是全国城市网络发育水平仍较低，2018 年其网络密度值仅为区域城市网络密度值的 7%，尚未达到显著提升长三角内部网络水平的门槛值。

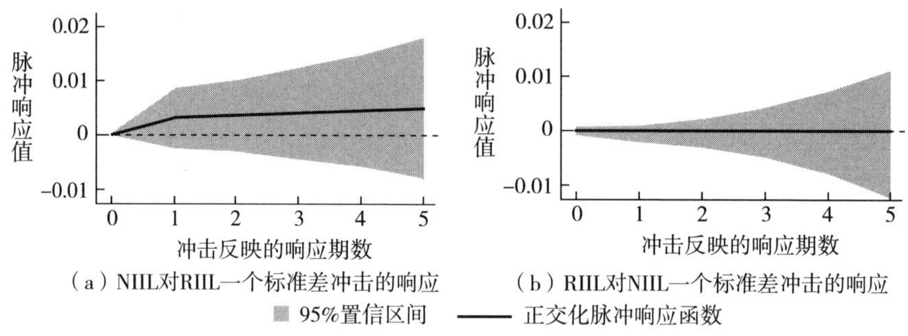

图 5-6　全国—区域跨尺度 PVAR 模型的脉冲相应结果

图 5-7（a）至图 5-7（c）分别表示各尺度城际投资对其自身的冲击响应，响应值始终为正，且保持不断上升的趋势。上述结果表明长三角地区各尺度城际投资的发展演化过程均存在非常显著的自我增强的惯性发展机制，具有时间上的正向累积效应和实践上的惯性发展效应。

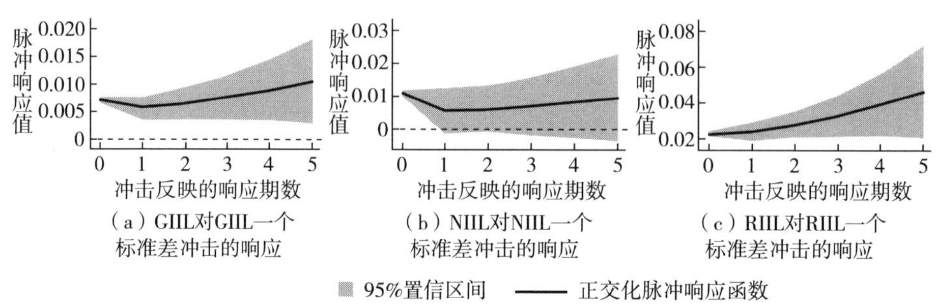

图 5-7　各尺度城际投资对自身的脉冲相应结果

城市各尺度城际投资的相对重要性随时间而变动。采用方差分解方法分析每一个结构冲击对各内生变量变化的贡献比例构成，用以衡量各变量的相对重要性。结果表明（见表 5-25），长三角城市全球尺度城际投资网络中的地位在前期主要受自身因素的显著影响，但其影响程度随时间推移衰弱非常显著，至第 10 期贡献度降到 26.4%；而区域和全国尺度城际投资水平对该变量的解释贡献度逐

步提高并最终超过其自身影响。某城市在长三角—全国城际投资网络中的地位也受自身因素的影响，但其影响贡献度随时间缓慢降低，至第 10 期贡献度为 65. 3%，仍是主导影响因素；全球和区域尺度城际投资水平对全国尺度城际投资水平的解释贡献度分别呈现持续下降和持续上升两种相反的发展趋势，至第 10 期两者的贡献度分别为 0. 4%和 34. 3%。区域尺度城际投资受自身因素影响的贡献值虽然从初期的 86. 5%降至第 10 期的 73. 3%，但仍维持主导地位；该变量受全球和全国尺度城际投资水平的影响程度逐步增强，解释贡献度分别增至第 10 期的 5. 3%和 21. 4%。

表 5-25　跨尺度 PVAR 模型预测误差的方差分解结果

期数	GIIL 模型			NIIL 模型			RIIL 模型		
	GIIL	NIIL	RIIL	GIIL	NIIL	RIIL	GIIL	NIIL	RIIL
Step1	1. 000	0. 000	0. 000	0. 106	0. 894	0. 000	0. 000	0. 135	0. 865
Step2	0. 640	0. 148	0. 212	0. 061	0. 830	0. 109	0. 020	0. 211	0. 769
Step3	0. 477	0. 215	0. 308	0. 040	0. 785	0. 175	0. 029	0. 236	0. 735
Step4	0. 393	0. 250	0. 357	0. 027	0. 755	0. 218	0. 034	0. 244	0. 722
Step5	0. 345	0. 270	0. 385	0. 090	0. 732	0. 249	0. 038	0. 245	0. 717
…	…	…	…	…	…	…	…	…	…
Step10	0. 264	0. 306	0. 430	0. 004	0. 653	0. 343	0. 053	0. 214	0. 733

（二）城际投资跨尺度空间关联性空间格局

首先，运用 SPSS 22. 0 软件分别将 GIIL、NIIL、RIIL 在 2003~2018 年的均值作为因变量，其余两个尺度的城际投资水平均值为自变量进行线性回归，发现自变量的方差膨胀因子（VIF）和条件指数（CI）均小于 10，说明自变量间不存在严重的多重共线性问题，适合进行地理加权回归。

其次，利用 ArcrGIS 10. 2 软件，以调整型空间核回归（ADAPTIVE）为基础，采用交叉验证（CV）方法进行 GWR 模型带宽的计算。结果显示（见表 5-26），GWR 模型拟合度均大于 95%，说明模型可以很好地拟合 2003~2018 年长三角地区多尺度城市网络之间的交互效应。此外，大部分城际局部回归的系数标准误差位于［-2. 50，2. 50］，说明估计值的可信度较高。

表 5-26　长三角地区跨尺度城际投资 GWR 模型统计量

模型统计量	GIIL 模型	NIIL 模型	RIIL 模型
残差平方和	0.006	0.012	0.013
有效数字	9.525	7.394	17.396
Sigma	0.014	0.019	0.023
赤池信息量准则（AICc）	-221.893	-200.173	-165.941
R^2	0.975	0.977	0.953
调整后 R^2	0.968	0.972	0.934

最后，分析 GIIL 与 NIIL、GIIL 与 RIIL 以及 NIIL 与 RIIL 之间相互影响的区域差异。整体来说，基于 GWR 模型所得的城市各尺度城际投资水平相互作用的大小和方向与基于 PVAR 模型所得结果大体一致，证明了模型选择合理且所得结果具有稳健性。

全国对全球、全球对全国的城际投资影响格局分别呈现“东南高、西北低”“沿海高、内陆低”的特征。城市的全国尺度城际投资水平对其全球尺度城际投资水平的高影响区域集中在浙江省内，次级影响区分布在上海和苏中、苏南地区，而低影响区则集中在皖中、皖北以及与皖北接壤的宿迁和徐州两市。究其原因，主要因为所属低影响区的城市其全国性投资活动强度较低，据统计，考察期间内这些城市的全国尺度综合中心性均值均不到长三角其他城市的一半，较低的全国功能联系对提升其在长三角—境外城际投资网络中的地位贡献有限。城市的全球尺度城际投资水平对全国尺度城际投资水平影响的高值区集中在以上海为核心的沿海地区，而对长三角内陆城市来说，因全球化进程落后于沿海城市，其在全球尺度上的投资联系对提升其在长三角—全国城际投资网络中的地位影响程度要弱于后者。值得注意的是，城市的全国对全球尺度城际投资功能的促进程度整体上要强于后者对前者的影响，这与前文 PVAR 模型所得结果一致。因此对于长三角城市来说，需要更加注重培育与全国其他城市间功能链接的能力。

全球与区域尺度城际投资之间相互影响的格局呈现出相反的分布特征。与全国尺度城际投资水平对其全球尺度城际投资水平的影响类似，城市的区域尺度城际投资水平对其全球尺度城际投资水平促进作用较为明显的区域集中在浙江省和上海及江苏沿海城市，而安徽大部和苏北两市则是低值集聚区。这源于所属低值区的城市上市企业少且规模不大，长三角其他地区上市企业对这些城市的投资也少，致使其区域尺度城际投资水平较低，这进一步导致对提升其全球功能链接的

贡献较弱。城市的全球尺度城际投资水平对其区域尺度城际投资水平的影响系数有正有负，呈现“东南负、西北正”的空间布局。外资企业在长三角东南沿海地区大量集聚，对本地企业的“挤出效应”更为明显，而在长三角西北内陆地区，FDI 的流入不仅没有取代本地投资，反而刺激了本地企业的异地投资，出现了“挤入效应”占主导的情形。

区域对全国尺度城际投资的影响由东到西逐渐增强，后者对前者影响的空间规律性则较弱。东部地区城市一体化程度本身较高，进一步的区域融入对其全球尺度城际投资水平提升的贡献呈现边际递减效应；长三角西部地区城市的区域一体化程度本身较低，区域融入度的增强对其在长三角—全国城际投资网络中位置的提升作用相对更为显著。因此，城市的区域尺度城际投资水平对其全国城际投资水平的影响呈现以上海为核心向西层级式递增的空间格局。全国尺度城际投资水平对区域尺度城际投资水平影响的高值区既分布在东南沿海等经济相对发达地区，也分布在皖南等相对落后地区；同样，低值区既分布在皖南、苏北等区域，又分布在经济本底相对雄厚的上海、苏州、南通等城市。此外，还有多达 11 个城市的影响系数估计值可信度较低。这与 PVAR 模型所得结果大体相符，即整体上长三角地区城市的全国尺度城际投资对其区域尺度城际投资未呈现显著性的影响。

第四节　本章小结

本章重点聚焦长三角地区城际的空间关联性问题。首先在理论分析的基础上，引入传统马尔可夫链方法分析城际投资水平状态转移特征，以刻画城际投资的路径依赖与路径创造的空间现象，并进一步尝试采用空间马尔可夫链方法揭示邻近空间关联对该空间现象的影响；其次对“引进来与走出去”展开实证检验，即分别在全球、全国和区域尺度上，引入 PVAR 模型和 GWR 模型，分析城市的内向城际投资与外向城际投资之间的互动关联性及其空间格局；最后在“双循环”背景下，实证检验不同尺度城际投资之间的空间关联性及其分布规律。研究发现：

（1）从状态转移特征来看，各尺度的城际投资具有向邻近较高水平方向转移的态势，很难实现跨越式转移，体现出路径创造的特征，但整体上仍能够维持原有状态的稳定性，路径依赖特征突出，存在显著的俱乐部趋同效应和马太效应。随着空间尺度的扩大，向较高水平方向转移（路径创造）的难度随之增大，俱乐部趋同效应和马太效应也随之增强。此外，各尺度的城际投资邻近空间关联性明显，且在不同空间背景下溢出效应具有一定的异质性，城际投资水平较高的城市和较低的城市对周边城市分别产生了正向溢出效应和负向溢出效应。

（2）从同尺度内向、外向城际投资之间的关系来看，首先，城市吸引外资与对境外投资之间存在显著的互促关系，城市对全国投资对其内向吸引全国投资的影响为正但不显著，后者对前者则存在显著的正向影响，而区域尺度上城市的内向、外向城际投资功能之间虽然存在相互促进关系但不显著；其次，随着时间的推移，城市对境外投资对其内向吸引外资的影响超过了自身的惯性发展，而对境外的城际投资功能主要依赖自身惯性发展，城市的内向吸引全国投资对其向全国投资的解释能力不断提升并最终占主导地位，而吸引全国投资的功能地位却主要依赖自身惯性发展；最后，内—外向城际投资交互影响系数在全球和全国尺度上分别表现为清晰和混杂的空间分布格局，这为制定差异化的政策措施提供了依据。

（3）从不同尺度城际投资之间的关系来看，首先，长三角地区全球与全国城际投资之间存在显著互促关系，即城市积极开展全国性的企业投资与合作有利于融入全球产业体系，从而促进其全球城际投资水平的提升，且促进作用随着时间的推进不断加强，这反过来也会导致新一轮的全国性投资活动，进一步增强其全国功能联系，但促进作用逐年下降；其次，城市的区域城际投资对其全球城际投资功能的提升作用不断强化，而由于外资“挤出效应”的存在使其一定程度上抑制了区域功能的提升；再次，城市的全国与区域城际投资之间则表现为非对称影响，即后者对前者存在显著的正向效应，而前者并未对后者产生显著的促进作用；最后，长三角地区跨尺度城际投资空间关联效应具有明显的空间异质性，并与区域经济发展格局相耦合。城市全球与全国城际投资的互促影响在长三角沿海地区表现得更为强烈；城市的区域城际投资对其全球城际投资的促进效应集中在长三角东南部，而后者对前者的影响呈现“东南负、西北正”的格局；城市区域城际投资对其全国城际投资的影响由东到西逐渐增强，后者对前者影响具有较弱的空间规律性。

第六章　长三角地区城际投资的动力机制

在第四章、第五章的基础之上，本章进一步探讨长三角地区城际投资的动力机制问题。城际投资的动力机制是由城市城际投资活动产生与发展所需动力的来源，以及维持各要素相互作用关系所构成的综合系统。由于直接引入和分析城际投资的文献较少，作为一个较新的概念其动力机制尚不明晰。因此，本章试图厘清城际投资的形成动因及各要素相互作用的机理，在理论分析的基础上采用了空间效应的空间面板计量模型，对长三角地区城际投资的影响因素进行实证分析，以此检验所构建的理论模型的可靠性，并比较和总结实证结果的尺度异同性。

第一节　理论分析

无论是经济地理学的空间演化理论、城市地理和区域经济学的城市和经济网络理论，还是国际经济学的国际投资理论等，大多是在某一特定空间尺度上探讨经济活动的空间交互特征及其形成和作用机制，缺乏一个较为统一的理论分析框架来解释多尺度视角下异地经济活动内在的形成与影响机理。为此，本节在借鉴相关研究的基础上（司明，2014；张凡和宁越敏，2020），聚焦于城际投资活动，试图厘清其一般性的形成动因和作用机理，为后文实证检验长三角地区城际投资动力机制的尺度异同性奠定理论基础。

一、形成动因：全球化、市场化和地方化

空间差异、空间过程以及空间相互作用是经济地理学和区域经济学研究的三个主要内容。就城市的城际投资活动而言，内向吸引投资和对外进行投资能力的差异程度可归属于空间差异，城际投资联系与资本流动属于空间过程，各种内外

驱动力的交织影响则属于空间相互作用。本书认为，全球化（globalization）下由跨国公司引领的涉及所有权和控制权的资本流动，40 多年来国家层面上政府对经济管制逐渐松动的市场化（marketization）的改革，以及能被本地使用的和能诱导经济发展得越来越明显的地方化（localization）力量，均对城市的城际投资活动产生较大作用。其中，全球化是外部的、全球性的驱动力，市场化作为全国的政策制度安排，属于国家性的驱动力，地方化则是本地性的驱动力。鉴于全球、国家和地方力量之间的联系和响应对城际投资和区域发展有着深刻的影响，本书拟选择全球化、市场化和地方化对城际投资的驱动力进行分析。

（一）全球化驱动力

20 世纪 50 年代以来，全球经济一体化成为世界经济格局最引人注目的变化趋势。发达国家开始专注于产品生产中微笑价值链曲线两端的研发和营销管理等某些高附加值环节，国际劳动分工演变为由跨国公司主导的产品内价值链分工的新国际劳动分工（宁越敏，1991）。这种分工形式的转变使得资源和资本在全球尺度上得以重新配置，推动了世界经济向纵深方向发展，其空间后果一方面体现为经济活动的地理范围不断扩张，经济联系不断加深；另一方面则体现为全球经济地理的非均衡性发展（Dicken，2003）。随着交通与通信技术的进步以及贸易壁垒的不断削弱，经济全球化进程得以加快，进而影响投资者的行为决策，促使企业在全球范围内进行资源和资本的空间配置，并在全球范围内逐渐构筑形成外商直接投资网络，加速了跨国公司主导下的全球资本流动。外商直接投资网络在推动全球经济新自由主义发展的同时，也使世界各国的经济相互依存度和产业专业化程度得以提升，将国际金融和投资转变为更为复杂的全球性网络（Beeson，2004）。此外，跨国公司通过企业内部和企业之间的投资联系将投资流入城市与投资流出城市联系起来，使得资本和触发的其他要素流被城市黏附后开始集聚、叠加和扩散，实现了要素流动的在地化，进而形成流动性（网）和节点性（络）兼具的全球性城际投资网络（宁越敏和张凡，2019）。

尽管全球化进程开启时间较早，但由于中国在 20 世纪 50 年代至 70 年代实施“独立自主、自力更生”的发展方针，此时中国经济与世界经济的交流甚少，在空间上强调促进均衡的区域增长和不鼓励人口从农村向城市迁移的反城市化思想，大城市规模受到严格控制，企业的异地投资行为受到中央计划经济支配，城市间横向经济联系非常脆弱（Wu，2016；Harrison 和 Gu，2021）。1978 年中国正式开启改革开放的历史新时期，在 1992 年邓小平南方谈话的鼓舞下，中国对外开放的范围进一步扩大，并明确把吸收外资作为经济发展的长期目标，极大推

动了中国从计划经济向社会主义市场经济转变。空间发展策略也从改革开放之前的以公平为导向的均衡性发展，转为以效率为导向的竞争性发展，陆续设立深圳等经济特区并推动沿海城市开放。20 世纪 90 年代早期，中央政府实施了以上海为龙头以浦东新区开放，带动了长三角地区乃至整个长江流域城镇的发展。1994 年起上海每年实际利用外资超过 30 亿美元，其城市发展目标也调整为建设成为现代化国际大都市和国际经济、金融、贸易和航运中心（宁越敏，2004）。2001 年中国正式加入世界贸易组织，自此外资政策逐渐与国际接轨，对外经济走向更高阶段的对外开放格局（尹永纯，2006）。2003 年中国超过美国成为吸引外商直接投资的最大的东道国；与此同时，中国对外直接投资快速增长，2014 年中国企业对外直接投资规模首次超过吸引外资的规模。该阶段的经济全球化大大促进了中国区域经济的发展，长三角、珠三角等地区与全球其他城市的经济联系进入一个新阶段，促使其发展成为全球城市区域（global city-regions）（Scott，2003，2019）。

在融入经济全球化的进程中，长三角、珠三角等主要城市区域除与全球资本的关联度不断提升以外，地方生产系统也会对全球化和全球生产网络做出响应，促使企业开展全国性和区域性的城际投资活动，进而提升城市的跨区和区内的城际投资联系水平。就地方与全国其他城市的城际投资而言，受经济全球化影响，一方面，中国沿海地区的制造业生产成本上升，从而将部分低端生产环节投资转移至广阔的内陆地区（Zhu 和 He，2013；Butollo，2015）。以苹果手机零部件供应商分支在中国大陆的投资分布为例，初期主要集中在长三角、珠三角等地区，随着时间的推移，成渝地区成为苹果手机生产网络新的节点，郑州和西安等中原地区城市承担起价值含量较低的组装与包装服务，进而形成了全国性的生产网络（康江江等，2019）。另一方面，由于东部沿海地区具有接近全球市场、资本、技术等企业发展关键资源的优势，中西部企业为获取这些资源以打通国际市场、吸引全球资本和提升技术水平，也会反向对长三角、珠三角等沿海地区和城市进行投资，从而提升了地方—全国城际投资联系水平。受经济全球化影响，跨国公司的国际劳动分工对地区内部城际投资的影响也日趋显著。实证研究表明，长三角地区各城市位于产业价值区段的层级与其全球化进程呈显著的正相关关系（唐子来和赵渺希，2010），长三角地区内部基本形成了以价值链分工为主导的城际投资网络（王宝平，2014）。此外，经济全球化还有助于缓解行政区经济现象，如外商直接投资已突破沪苏行政边界障碍，对上海嘉定区汽车工业的直接投资促使其他企业在江苏建立了十几家外资（主要为德资）汽车配套厂，形成了区域性汽车生产网络（Wu，2016）。

（二）市场化驱动力

改革开放以来，中国经济体制从计划经济为主导转变为市场经济为主导，这一过程也被誉为“历史上最伟大的经济改革”之一（张五常，2009）。改革开放之前，中国长期实行集中性、指令性的中央计划体制，真正的经济活动主体企业则成为一系列经济计划的执行者。企业的投资行为、发展模式和发展方向受到政府的极大影响，城际投资呈现出规模小、行政指令性强的特征。从 20 世纪 80 年代初开始，中国大力提倡企业家精神（Chang 和 MacMillan，1991；Duckett，1996），作为投资主体的中央政府其地位不断下降，而地方政府、企业成为新的投资主体。此后陆续出台针对土地、劳动力、资本、技术、数据等要素领域的市场化改革政策，分类提出了完善要素市场化配置的具体举措。

伴随中国市场经济导向改革的进程，企业异地投资活动日益活跃。20 世纪 90 年代以来发达国家的跨国公司陆续进入中国市场，尤其是加入世界贸易组织后大量外资涌入中国。实证研究表明，地区市场化水平与吸引外资规模呈显著的正相关，说明市场化水平是外资在中国进行投资时所关注的重要因素，政府对经济的干预程度影响着对外商投资的区位选择（胡志强等，2018）。由于沿海地区市场化水平较高、投资条件较好，促进了外资在该地区的集聚。其中，香港成为外资进入中国大陆的最重要的投资门户城市，北京和上海汇集了跨国公司在华设立的多数区域性管理服务机构（宁越敏和张凡，2019）。在香港、北京和上海等核心城市的带领下，以长三角和珠三角等为代表的城市群区域快速融入国际劳动分工体系当中，与全球其他城市与地区间的投资联系愈加紧密，逐步成为具有国际影响力的全球城市区域（毕秀晶和宁越敏，2013）。然而，随着中国市场经济体制改革的不断推进，市场化改革红利呈下降趋势，区域市场化程度对外资的吸引力正逐渐弱化甚至消失（黄肖琦和柴敏，2006；胡志强等，2018），特别是在国际金融危机后表现更为明显（吴加伟等，2014）。另外，在市场化驱动下，本土企业为了开拓市场，获取经济利润和知识技术，提升自己的国际影响力，从战略发展角度出发也会倾向于跨国进行投资，这对于提升中国企业总部所在城市的投资主动性和网络控制力具有积极意义（程遥和赵民，2018）。市场化不仅能够提升城市的跨国城际投资联系水平，其对于促进城市的国内和本地城际投资联系、催生和优化城市网络的作用也同样不容忽视（宁越敏，1993；宁越敏和张凡，2019）。市场经济导向下，越来越多的企业产生异地投资的需求，并在一定程度上跨越行政区划的桎梏展开异地投资布局，从而有助于提升资本流出地和资本流入地在城际投资网络中的地位。然而，同样由于市场化改革红利式微等原

因，推动了国内以产业升级（“向上走”）、区域化（“向西走”）和去地方化（“走出去”）为主的第二轮产业重构（朱晟君和王翀，2018），并可能对长三角地区城市的全国和区域投资联系水平产生影响。

需要指出的是，中国的市场化改革具有中国特色社会主义特征。党的十四届三中全会通过的《中共中央关于建立社会主义市场经济体制若干问题的决定》，指出中国所确定的社会主义市场经济（socialist market economy）是一种“以公有制为主体、多种经济成分共同发展”的经济体制。这种经济体制既不同于“市场社会主义”（market socialism）（Qian 和 Wu，2000），也不是“新自由主义”（neo-liberalism）的表现（宁越敏和张凡，2019）。市场社会主义是 20 世纪 70 年代和 80 年代由东欧改革者所提倡的经济体制，该体制下的“市场”是虚拟的，是为社会主义公有制服务的（Kornai，1992），而“社会主义市场经济”中的“社会主义”是形容词，其目标是发展成为“市场经济”。新自由主义则主张完全的私有化，否定国家在经济管理中的作用。然而，国家仍拥有对国民经济进行宏观指导的权力，一方面体现为国有经济仍然是国民经济的重要组成部分，对中国城市经济发展仍发挥着重要作用（Wu，1995）；另一方面则体现为国家通过各类政策来指导企业的发展规划和投资布局，尽管这不同于以往直接干预企业经营的方式，但也会对企业投资决策和城市发展产生重要影响。

此外，随着社会主义市场经济运行模式的确立与完善，中央政府逐渐将部分行政和财政权力下放到各级地方政府，使地方政府能够作为“有形的手”调控地方经济，并成为推动城镇化的三个行为主体之一（Wei，2001；He 等，2008；宁越敏和杨传开，2019）。这将从两方面对企业投资行为和城市经济联系产生影响：一方面，相比于中西部内陆地区，东部沿海的长三角、珠三角等地区的政府更有能力提供财政补贴、人才保障、技术支持和高质量的基础设施，能够有利于本地、全国和外资企业投资兴业，加强了这些地区城市的产业集中度和与其他城市之间的产业投资联系。另一方面，行政和财政分权改革在激励地方政府发展经济的同时（Qian 和 Roland，1998），也会导致区域间为税源和地方就业而展开竞争，从而导致地方保护主义和碎片化的市场（陆铭和陈钊，2006）。虽然地方保护主义会阻碍企业通过扩大市场范围来实现规模经济效应，却对本地经济增长的负面影响甚微（朱希伟等，2005），短期内反而有利于本地经济的增长（陆铭和陈钊，2006），但这并不意味着不会带来损害。其中一个显著的损害就是市场分割不利于企业的异地并购和异地投资（方军雄，2009；夏立军等，2015），且对不同产权性质企业产生不同的影响，由于地方政府的支持之手和掠夺之手对国企的影响更明显，地方国企相较于民企而言，其异地布局子公司的投资行为受到限制（曹春方等，2015），进而不利于城市投资联系水平的提升。社会主义市场经济强调要发挥政府的积极作用，中央政府也会出台相关政策指导地方政府的经济决策行为，以避免地方政府过度干预市场竞争。例如，2018 年将长三角区域一体化发展上升为国家战略就体现出中央政府的宏观调控功能。

（三）地方化驱动力

新的企业投资区位和产业空间研究呈现出明显的新区域主义倾向，非常强调地方化（localization）因素的重要性（Scott，2000）。能否将本地化的区位优势转化为企业特有资产价值，成为企业选择跨区域投资目标地的重要标准（Dunning，1980）。地方性是不同类型社会生产关系、制度文化、知识技术等多重因素以及由此形成的产业氛围的综合体现（Jessop，2001；刘卫东和邹嘉龄，2014），其对资本、技术、信息等各类生产要素“流”能够产生粘着作用。地方化力量能够促进企业投资区位选择和产业发展创造出新的路径，并形成一定程度的路径依赖，即企业可以从当地的市场规模、劳动力池、知识溢出、公司集聚与协同效应中获益，从而催生出新的企业并吸引异地企业前来投资，且原有企业也不愿轻易转移出所在地区及产业集群。比较优势理论也强调外生的技术差异和要素禀赋差异对企业投资和产业集聚的决定作用（Ricardo，1911），这对于企业竞争力和产业升级至关重要。就中国而言，由于目前沿海地区具备大部分生产要素禀赋的比较优势，因此集中了中国大部分的经济活动和就业市场，尤其是长三角、珠三角地区的产业集聚区，经济密度更高、创新能力更强，地方化力量显得尤为重要（Fujita 和 Hu，2001；Wen，2004；宁越敏，2011）。

城市网络是企业网络不可或缺的外部环境（李仙德，2015）。在现代经济中，城市已成为地区经济活动的聚集点，不同城市之间通过各种“流”进行串联，形成动态的中心城镇网络（严重敏，1985）。企业通过异地投资产生的各种“流”只有嵌入城市网络之中才能实现快速、有效的运转，从而将地方区位比较优势转化为企业内部的竞争优势。全球尺度上，企业的投资经营活动需要嵌入地方经济和制度环境之中。国际生产折衷理论认为区位优势是企业开展跨国投资活动的三个基本要素之一（Dunning，1993）。区位优势体现在东道国本地不可移动的要素禀赋优势及产业发展氛围，对于企业的跨国投资经营活动至关重要（Leitão，2010）。随着全球化和市场化的不断推进，外商直接投资已经成为促进中国城市与区域经济发展的主要力量之一。由于东部沿海地区具有突出的区位优势，大量外资集聚于此，并逐渐组织起联系相对紧密的地方—全球企业生产网络，在增强了与境外城市之间经济联系的同时，也引发了显著的空间非均衡性（Huang 和 Wei，2016；Wang 和 Wu，2016；胡志强等，2018）。同理，在全国和区域尺度上，市场规模、创新水平、交通条件等地方化力量同样对企业投资区位选择产生重要影响，在宏观上，城际投资网络则普遍呈现出“有偏爱的区位依附”特征（盛科荣等，2018；高鹏等，2019；Zhang 等，2020）。

二、作用机理：空间集散、网络外部性和空间竞合

在全球化、市场化和地方化等力量的推动下，各要素之间相互联系、相互作用机制对于长三角地区城际投资格局的形成与发展完善具有非常重要的作用。其中，空间集聚与扩散机制、网络外部性机制和空间竞争与合作机制等是重要的作用机制。

（一）空间集聚与扩散机制

区域空间演化的过程始终伴随集聚与扩散两种对立统一的过程，它们不仅是空间运动的基本形式，还是影响区域空间演化的重要的内在机制，这对于地区城际投资格局演化来说亦是如此。

从企业微观层面来看，为追求外部规模经济，企业在主观上进行着集聚行为，企业新建投资和追加的投资在空间中集聚，形成新的投资集聚中心。然而，集聚并不是无限进行的，在扩散力的作用下，因受到收益递减规律的影响企业的边际效益开始下降，原集聚中心的投资吸引力减弱，企业开始寻求新的区位进行投资。一方面，随着模块化生产网络的兴起，生产组织方式发生了柔性分工和专业化生产，企业开始将内部的生产部门向劳动力成本较低的地区进行转移投资，总部得以保留，这使企业尽管出现不同部门的空间分离，但加强了城际之间的投资联系并对城市空间体系产生影响。宁越敏（1998）早在 20 世纪 90 年代就注意到跨国公司在华投资产生管理与生产的功能分离现象，这对重塑中国城市等级体系产生深远影响。另一方面，企业将通过收购、兼并、股权投资等方式展开一体化扩张和多样化扩张，以达到扩大企业市场范围、分散风险和形成新的产业增长点等目的。在企业空间扩张过程中，其投资区位决策将会重塑上下游企业及外部企业所在城市间的投资联系。

（二）网络外部性机制

网络空间形态所形成的外部性也是影响城市是否产生城际投资行为的重要因素。当城市及其内部的企业发展到一定阶段后，城市内部的空间形态及本地的投资已无法支撑城市与企业的持续性增长时，需要借助外部城市的力量来实现进一

步的发展，城市的竞争力越来越体现在与外界产生功能联系的能力上，其对城市发展的贡献可能超过本地集聚经济的影响（Meijers 等，2016；Camagni 等，2017；邵朝对等，2018）。集聚外部性视角假定集聚经济仅发生在城市内部或者行政边界之内，某一区域外的经济活动对该区域内的经济活动没有影响（Rosenthal 和 Strange，2004），这显然忽视了跨区域联系的事实。企业和城市为了自身发展的需求可以跨市界、省界，甚至国界产生投资联系，促使集聚经济发生在更大尺度的空间上。由集聚经济理论的发展可知，由于企业和城市不满足于集聚外部性所产生的有限的本地集聚经济，为获取城市网络外部性所带来的更大范围的集聚经济，企业和城市倾向于参与到不同地理尺度的异地投资经济活动中，进而推动地区城际投资空间格局的形成与演化。

（三）空间竞争与合作机制

空间竞争与合作机制对地区城际投资格局发展演化的作用主要表现在宏观和微观两个层面上。其中，微观层面上表现为企业为增强自身竞争力对投资空间展开的竞合，宏观层面上表现为城市间的竞合。

首先，企业为了追求规模经济、范围经济和提升自身技术知识等目的，导致企业间就投资空间展开竞争与合作的关系。在集中性、指令性的计划经济体制下，政府是经济活动的决策者，而企业只是按照一系列经济计划展开投资布局，不存在对投资空间的竞争。随着市场化程度的不断加深，在客观经济规律作用下，优质的投资空间逐渐成为影响企业发展的一种稀缺资源，围绕投资空间的竞合则日趋激烈。一方面，受空间竞合机制的影响，企业通过异地投资的方式将同类产品的生产经营主体结合成一个整体，或增加产品种类、扩大经营范围，降低生产经营成本，以获取规模经济和范围经济；另一方面，企业通过异地投资的方式抢先获取异地企业的先进技术与知识，并降低开发费用、缩短开发周期和分担开发风险，已成为企业参与竞争与合作的主要手段之一。此外，随着经济全球化的迅速发展，企业集团化发展趋势明显，促使企业走向全球层面的合作共赢模式。中国加入 WTO 后，长三角地区市场与国际市场的融合度迅速提升，本地企业面对日益激烈的竞争，选择在全球层面上展开投资合作。其中的典型例证为：浙江吉利集团分别于 2010 年和 2017 年全资收购总部位于瑞典哥德堡的沃尔沃汽车公司和入股总部位于德国斯图加特的戴姆勒汽车公司。可见，上述在企业微观层面上形成的竞争与合作关系均有助于提升长三角地区城市的城际投资联系水平。

其次，随着中国市场化改革和财政分权体制的确立，地方政府被赋予更多的经济发展自主权，各城市不同程度上向“城市增长机器/增长联盟”（张京祥等，

2008）和“企业家城市”（栾峰和何丹，2005）转型。在政治晋升和促进地方经济发展（包括扩大地方税基、创造就业就会、促进本地企业发展等）的目标激励下，城市间常常就招商引资展开竞争与合作的关系。在发展前期，各城市主要通过直接的招商引资行为进行竞争，主要表现为地方政府争先创建各类产业园和开发区，提供降低地价、税收返还或减免等优惠政策以及优质的基础设施和配套服务，以尽可能多地吸引到具有市场竞争力的潜在投资者。《中国开发区审核公告目录（2018 年版）》的数据表明，长三角地区全域分布的省级及以上各类开发区达 466 个，平均每个地级市拥有 11.4 个，高出全国平均水平 30%以上（8.6 个）。随着改革开放进程向纵深推进，各地政府逐渐意识到优越的营商环境对于招商引资的作用越发关键，于是新一轮的招商引资竞争主要围绕如何提供更优越的营商环境展开（宋林霖和何成祥，2019）。事实上，各地政府不仅开展正面竞争，还通过合作的形式促进产业有序转移，增强城市的招商引资竞争力，其中园区共建是合作探索的一个主要表现，如漕河泾开发区海宁分园、沪苏大丰产业联动集聚区、张江长三角科技城、中新苏滁高新区等，这些均为典型的合作共建园区。因此，宏观层面上城市间围绕招商引资展开空间竞合，这对于地区城际投资格局演化具有重要意义。

三、理论模型：解释长三角地区城际投资的三角模型

通过上述分析可以发现，全球化、市场化和地方化是长三角地区城际投资格局形成与演化过程中重要的宏观动因。其中，全球化作为外部的、全球性的驱动力，不断推动着地区内的城市参与以跨国公司主导的全球劳动分工、融入世界经济体系；市场化是国家层面上系统性的制度安排，有利于调动地方发展经济的积极性、推动要素自由流动，并优化企业投资区位选择与再选择；地方化因素能够对各类生产要素“流”产生粘着作用，其相对差异与变化可以影响“流”的空间格局并改变原有“流”的强度与方向，引导不同尺度城际投资网络的密度与重心的动态变化。在全球化、市场化和地方化力量的多重驱动下，通过空间集聚与扩散机制、网络外部性机制和空间竞争与合作机制，对企业内外部关系和投资区位产生重塑作用，使城市及其内部的企业能够获得超越地理边界的集聚经济，并激发企业和地方政府为增强自身竞争力和维护本地利益分别围绕投资空间和招商引资产生竞争与合作的关系。总之，在上述一般性的形成动因和作用机制的共同影响下，长三角地区各城市不同尺度的城际投资联系状况处于不断变动与调整之中，进而决定了长三角地区整体城际投资空间格局的形成与演化。

如图 6-1 所示，本书在综合了前文分析的基础上，构建如下理论分析的三角模型，旨在整体上解释长三角地区城际投资格局形成与演化机制。

全球层面
全球化
空间集聚与
扩散机制
融入世界经济体系
吸引外资与对外投资
重塑企业内外部
关系与投资区位
地区城际
投资空间
格局
获得超越地理边界
的集聚经济
投资空间与
招商引资竞合
网络外部性
机制
空间竞争与
合作机制
国家层面
市场化
地方层面
地方化
制度安排与地方响应

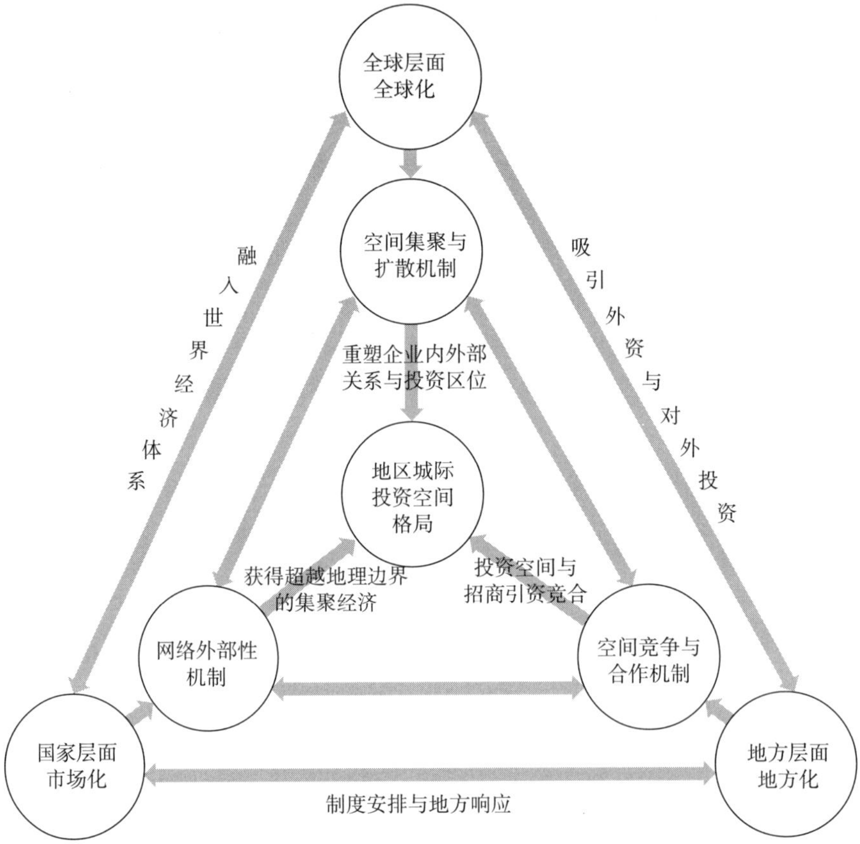

图 6-1　长三角地区城际投资格局形成与演化机制的三角模型

第二节　模型构建

一、计量模型的设定

正如 Anselin（1988）所言，空间数据通常具有空间自相关属性。一般的线

性回归分析往往忽略了数据的上述空间属性，可能会造成模型的错误设定。对于长三角地区各尺度的城际投资而言，某城市本地的投资有可能会影响到地区内其他邻近城市的投资行为，或者邻近城市的影响因子会对该市的投资行为产生影响。此外，由前文的分析可知，长三角地区各尺度的城市投资联系水平在空间分布上也并非相互独立的，某个城市的投资联系水平也可能会受到邻近城市投资行为的影响，或对邻近城市投资行为产生影响。OLS 假设变量在重复抽样中不变，而空间数据的关联性却与之相悖。因此，为有效解决线性回归分析无法处理的空间自相关和空间依赖性问题，本书尝试引进空间计量分析技术，对长三角地区城际投资的影响因子做出实际测度。

空间面板计量模型能够同时兼顾本地固有的属性和空间属性，是近年来空间计量分析技术中发展较快和应用较广的一个分支。本书拟选用空间面板计量模型来考察长三角地区各尺度城际投资与各影响因子之间的关系，并识别出城际投资的空间溢出效应。常用的相关模型包括空间面板滞后模型（Spatial Panel Lag Model，SPLM）、空间面板误差模型（Spatial Panel Error Model，SPEM）和空间面板杜宾模型（Spatial Panel Durbin Model，SPDM）。事实上，不同类型的空间面板计量模型其假定的空间传导机制有所不同（白俊红等，2017）。其中，SPLM 模型假定被解释变量会通过空间相互作用对其他区域产生影响；SPEM 模型的空间效应主要通过误差项间的相互作用进行传导；SPDM 模型是前两个模型的一般形式，既考虑了被解释变量和解释变量的空间相互作用，又同时引入了被解释变量和解释变量的空间滞后项。本书借鉴 Elhorst（2003）的研究，构建空间面板杜宾模型，公式如下：

$$y_{it} = \rho \sum_{j=1}^{41} w_{ij} y_{jt} + \gamma x_{it} + \sum_{j=1}^{41} \alpha w_{ij} x_{it} + \mu_i + \nu_t + \varepsilon_{it} \tag{6-1}$$

式中，y_{it}、x_{it} 分别为城市 i 的被解释变量和解释变量；ρ、γ、α 分别为被解释变量的空间自相关系数、解释变量的系数和空间溢出系数；w_{ij} 为 41×41 的空间权重矩阵，y_{jt} 为城市 j 的被解释变量；$w_{ij}y_{jt}$ 为空间滞后被解释变量；μ_i、ν_t 分别为个体效应和时间效应；ε_{it} 为随机误差项且服从独立分布。当 $\alpha=0$ 时，该模型退化为 SPLM；当 $\alpha+\rho\gamma=0$ 时，该模型退化为 SPEM。

空间权重矩阵表示不同空间单元之间空间相关性强度的系数矩阵。借鉴相关研究（周锐波等，2019），本书选择空间反距离矩阵来反映长三角地区城市间的空间关系。根据长三角地区各城市的政府驻地所处经纬度，计算两两城市间的实际距离 d，然后取其倒数作为空间权重矩阵中相应元素的取值。具体形式如下：

$$w_{ij}=\begin{cases}1/d, & i\neq j\\ 0, & i=j\end{cases} \tag{6-2}$$

二、空间效应的分解

在包含空间滞后项的空间面板计量模型中，各解释变量对长三角各城市城际投资的影响不能简单的用回归系数表示。为此，LeSage 和 Pace（2009）提出“空间效应分解”的解决方法，即根据空间效应作用的范围和对象的不同，将空间计量模型中解释变量对被解释变量的影响分为直接效应（direct effect）、间接效应（indirect effect）和总效应（overall effect）。SPLM 模型和 SPDM 模型均可估计解释变量的直接效应和间接效应。就本书而言，直接效应反映了本市的影响因素对本市城际投资水平的影响；间接效应，又称空间溢出效应，可以有两种解释视角，即本市的影响因素对周边城市城际投资水平的影响，或周边城市的影响因素对本市城际投资水平的影响；此外，直接效应与溢出效应的算术和构成了影响因素的总效应。

本书根据空间效应分解的思想，将式（6-1）合并同类项，得到如下公式：

$$Y=[I-\rho W]^{-1}\times[kI_N+X'\gamma+WX'\gamma+\varepsilon^*] \tag{6-3}$$

式中，Y 为 N×1 维被解释变量的列向量矩阵；W 为空间权重矩阵；k 为常系数项；I_N 为由元素均为 1 构成的 N×1 维列向量矩阵；X′为 N×M 维的解释变量矩阵；ε^* 为误差项；N=41，其余变量含义同式（6-1）。

紧接着，对式（6-3）中的被解释变量 Y 取期望值 E（Y），并求第 l 个解释变量的偏微分，得到如下公式：

$$\left[\frac{\partial E(Y)}{\partial x_{1l}}\cdots\frac{\partial E(Y)}{\partial x_{Nl}}\right]=[I-\rho W]^{-1}[I\gamma_l+W\gamma_l] \tag{6-4}$$

式中，公式右端矩阵对角线上的元素均值 γ_l 表示直接效应数值；非对角线上的元素均值为间接效应；对角线上的元素均值与非对角线上的元素均值之和代表影响因素的总效应。

三、变量选择与描述

某城市在不同空间尺度上的城际投资水平是企业区位选择行为在城市层面的宏观表现形式，体现了该城市的本地企业对其他城市进行投资以及该城市吸引其他城市的企业前来投资的能力。投资联系活动涉及人员、技术、资本和信息等各类要素在城市间的流动，因而具有多因素综合驱动的特征。为便于横向比较各因

素在全球、全国和区域尺度上对长三角地区城际投资水平的影响程度，依据前文的理论分析，从全球化、市场化和地方化三个维度选取计量模型的主要解释变量。

（一）全球化要素变量

经济全球化加速了生产要素的全球流动，从而影响投资者的行为决策，促使企业在全球范围内进行资源的空间配置，这对于全球尺度的城市投资联系水平影响最为直接。另外，地方生产系统也会对全球生产网络做出响应，促使企业开展全国性和区域性的城际投资活动，进而提升城市的跨区和区内城际投资水平。全球化对长三角地区城际投资格局的影响主要从两个角度进行分析，其一为全球资本的流入，其二为国际贸易的联系。因此，根据数据的可得性，本书初步选取三个指标来反映全球化因素对长三角地区城际投资格局的影响。

分别选取“外商直接投资占 GDP 比重”（FDI）和“规模以上外资企业占比”（FIR）来反映全球资本流入（Liao 和 Wei，2012；康江江，2020）。但在进行多重共线性诊断时发现，外商直接投资占 GDP 比重的方差膨胀因子（VIF）大于 10，故将其剔除。进出口贸易额是表征国际贸易的重要指标，故选择“全球贸易总量（包括进口和出口）占 GDP 比重”（IEPT）来衡量国际贸易联系的强度（贺灿飞，2017），预期为正向影响。

（二）市场化要素变量

樊纲等自 2001 年开始对全国各个省市自治区的市场化进程进行定期的追踪研究，定期出版《中国市场化指数》，其构造的“市场化指数”已逐渐成为学界判定各地市场化改革进展的重要指标（樊纲等，2011）。该项研究从五个方面选取 23 个指标构造“市场化指数”。由于地级市尺度的相关指标难以获取，根据数据的可得性，本书主要从政府干预和非国有经济的发展两方面选取指标。

首先，政府干预经济的程度主要体现在市场分配经济资源的比重上。总体上，中国政府财政支出占国内生产总值的比重呈显著下降趋势，这在一定程度上反映出市场分配经济资源的比重持续提升，政府干预经济的程度有所下降。从国际经验来看，较发达的国家和地区其政府财政支出在国民经济中的比重相对较低，财政支出占比和市场化进程之间的负相关关系仍普遍存在（樊纲等，2011）。因此，本书采用长三角地区各地政府“财政支出占 GDP 的比重”（FIS）来衡量政府干预。预计该变量为负向影响，即财政支出占比越低，政府干预经济的行为弱化，市场化程度随之加深。

其次，市场导向下的非国有经济发展对中国经济的快速发展做出了重要贡献，并大大推动了市场化改革进程。尽管国有企业是中国特色社会主义市场经济的重要体现，但随着市场经济的发展，非国有企业的重要性不断提升。本书借鉴《中国市场化指数》的相关指标，采用“100—国有控股工业企业主营业务收入占工业企业主营业务收入的比重”近似代表非国有经济在工业企业产品销售收入中的比重（Non-State-Owned Economy，NSOE）。此外，本书还借鉴相关研究成果（李金凯和张同斌，2018），从劳动力投入方面对非国有经济的发展进行刻画，即采用“城镇私营和个体从业人员占全部从业人员比重”（EMP）来近似表示非国有经济的就业情况。两者的预期回归系数均为正。

（三）地方化要素变量

随着全球化和市场化的不断推进，企业和地方政府逐渐成为区域经济发展中的重要角色，使得它们可以根据地方发展的具体情况如产业基础、人力资本、基础设施、土地资源、区位条件、生态环境等做出有利于企业自身发展和地区经济发展的投资决策。参考已有的相关成果，结合长三角地区的发展条件，本书重点分析产业基础、投资成本、交通区位、创新能力、开发区建设、行政等级 6 个主要的地方化因素。

（1）产业基础。产业基础较好的城市一般拥有广阔的经济腹地、成熟的人力市场及良好的供销网络和产业配套条件，从而吸引异地企业到该城市开展投资活动，以较低的成本达到扩大市场辐射范围的目的。此外，产业基础较好的城市集聚了众多企业，这些本地企业的对外投资和空间扩张活动也同样提高了城市的城际投资水平。本书选取工业增加值（IND）、服务业增加值（SER）来反映城市的产业基础，预期为正向影响。

（2）投资成本。企业的城际投资行为将会导致企业组织结构的解构与重构。企业控制管理中心、研发、高端生产性服务等环节倾向于在中心城市集聚，但标准化大批量生产的制造环节倾向于在劳动力和土地成本较低的地区集聚。学者从不同理论角度阐释了企业空间组织与地理空间的互动关系（Conhen，1981；Friedmann 和 Wolff，1982；Scott，2001），均强调企业空间组织成本的重要性。本书初步选取职工平均工资（WAG）、单位建设用地出让成交价款（LAN）来反映劳动力成本和土地成本。在进行多重共线性诊断时发现，单位建设用地出让成交价款的方差膨胀因子（VIF）大于 10，故将其剔除，仅保留职工平均工资作为投资成本的代理变量。由于劳动力成本对不同产业和环节的影响存在差异，而本书中城市的城际投资水平是不同产业和环节在城市集聚的综合体现，其对投资联系水平的影响方向取决于集聚的相对程度。

（3）交通区位。优越的交通与区位条件可以降低生产要素流通成本，带来经济活动在城市间的再分布，从而促使企业可以跨区域甚至在全球范围内进行灵活的投资布局，有利于形成紧密的城际投资联系。上海作为长三角地区的核心城市，也凭借着航空和海运优势，成为长三角地区链接全球和全国的重要门户。因此，与上海的交通联系状况决定了其他城市“借用”上海高等级交通功能的便利性（李仙德，2014）。本书利用 GIS 成本加权距离法，计算得到长三角其他城市与上海之间的最短综合时间距离（DIS），预期为负向影响。主要交通方式的选取和时间成本的参数设定参考高鹏等（2016）的文献；交通数据扫描自相应年份的《中国分省交通图集》和《中国高速公路及城乡公路网地图全集》。

（4）创新能力。Castells（1996）对新信息技术和城市区域化之间的关系进行了深入研究，强调城市所拥有的创新能力对企业核心竞争力的提升和新产业空间的形成具有至关重要的作用。特别是在知识经济时代，一个城市所具有的创新能力成为影响企业区位选择的关键因素。专利作为创新活动产生的最为直接的研究成果，能够在一定程度上客观反映出城市之间创新能力的差异，成为学者广泛使用的衡量指标（王俊松等，2017；周锐波等，2019）。此外，由于专利授权量和专利申请量存在较大数量上的差异，且前者反映的是经认证并有效的专利数，故本书用万人拥有专利授权量（PAT）来反映城市创新能力，预期为正向影响。其中专利申请授权量数据主要来源于“专利检索及分析”数据库和地方统计年鉴。

（5）开发区建设。开发区建设是反映地方政府作用的重要指标。20 世纪 90 年代以来，地方政府纷纷通过开辟各类开发区来改善当地基础设施和提供优惠政策，以营造良好的投资环境来吸引国内外资金，进而拉动地方经济增长、促进要素区域集聚，这也成为 20 世纪 90 年代中国城市化重要的动力机制之一（宁越敏，1998）。鉴于数据的可得性，本书主要选取省级及以上开发区（Industrial Development Zones，IDZ）作为主要指标，预期为正向影响。由于各级开发区的功能和作用存在差异，故对省级和国家级开发区进行加权赋值，以量化不同城市开发区的资源体量。基础数据主要来源于《中国开发区审核公告目录（2018 版）》，该目录涵盖了改革开放以来设立的省级及以上的各类开发区。

（6）行政等级。城市的行政等级作为政治权力空间等级化的载体，其对投资联系的作用不容忽视。不同行政级别的城市，其在立法、行政、管理等方面的权限迥异。一般来讲，行政级别越高的城市，拥有较多的行政权力和管理权限，其资源集聚与调配能力就越强（魏后凯，2014），从而影响企业的投资区位选择，宏观上体现为城际投资按行政级别呈等级扩散。本书参照已有文献的做法（曾鹏和秦艳辉，2017），将长三角地区 41 个地级及以上城市划分为直辖市（上海）、副省级城市（南京、杭州、宁波）、准副省级城市（省会城市合肥，国务院批准的较大城市苏州、无锡、徐州、淮南）及一般地级市（其他 32 个城市）这 4 个行政等级。本书按照行政等级从高到低依次对其赋值 3、2、1、0 来刻画城市的行政等级（RANK），预期回归系数为正。

为缓解异方差及减少变量波动，在模型估计之前，对工业增加值（IND）、服务业增加值（SER）、职工平均工资（WAG）、时间距离（DIS）、万人拥有专利授权量（PAT）等变量进行对数化处理。表 6-1 为模型中各个解释变量的定义及预期影响，描述性统计如表 6-2 所示。除特别说明外，大部分解释变量的数据来源于相应年份的《中国城市统计年鉴》和地方统计年鉴。

表 6-1　城际投资动力机制模型中解释变量的定义及预期影响

变量分组	变量属性	变量名称	变量定义	预期影响
全球化变量	全球资本流入	FIR	规模以上外资企业数占工业企业数比重（%）	+
	国际贸易联系	IEPT	进出口贸易总额占 GDP 比重（%）	+
市场化变量	政府干预	FIS	财政支出占 GDP 比重（%）	-
	非国有经济发展	NSOE	100-国有控股工业企业主营业务收入占工业企业主营业务收入比重（%）	+
		EMP	城镇私营和个体从业人员占全部从业人员比重（%）	+
地方化变量	产业基础	LNIND	工业增加值的对数（亿元）	+
		LNSER	服务业增加值的对数（亿元）	+
	投资成本	LNWAG	职工平均工资的对数（元）	—
	交通区位	LNDIS	到上海的最短综合时间距离的对数（min）	-
	创新能力	LNPAT	万人拥有专利授权量的对数（项/万人）	+
	开发区建设	IDZ	国家级开发区赋值 2，省级开发区赋值 1	+
	行政等级	RANK	直辖市、副省级城市、准副省级城市、一般地级市依次赋值 3、2、1、0	+

表 6-2 城际投资动力机制模型中解释变量的基本描述性统计

变量分组	变量名称	样本量	均值	标准差	最小值	最大值
全球化变量	FIR	656	12.048	9.825	0.615	47.062
	IEPT	656	3.128	4.612	0.044	67.075
市场化变量	FIS	656	13.681	6.082	5.181	35.643
	NSOE	656	78.300	19.277	3.818	98.299
	EMP	656	21.722	15.643	1.134	89.592
地方化变量	LNIND	656	7.030	1.222	2.950	9.035
	LNSER	656	6.344	1.245	3.290	10.036
	LNWAG	656	10.501	0.577	8.987	11.572
	LNDIS	656	5.431	0.954	0.000	6.258
	LNPAT	656	1.509	1.746	-2.816	4.455
	IDZ	656	9.822	10.636	0.000	81.000
	RANK	656	0.341	0.719	0.000	3.000

第三节 结果分析

在采用空间面板计量方法之前，一般需要根据 Moran's I 指数检验变量的空间自相关性。由表 6-3 中三个年份的统计结果可知，作为被解释变量的各尺度城际投资的 Moran's I 指数均为正且至少在 10%的统计水平上显著为正，表明被解释变量的距离越近，空间相关性就越大。可见，本书中的样本并非独立的，并不符合普通 OLS 线性回归模型对样本独立性的基本假设，因此可采用空间面板计量方法进行估计。

此外，本书还借助探索性空间数据分析软件 OpenGeoda 中的多变量 LISA 模块来计算双变量 Moran's I 指数（Anselin 等，2002），以检验解释变量与被解释变量之间是否存在空间关联和依赖特征。结果显示（由于产生了较庞大的检测结果，本书不再逐一列出），研究期间绝大部分的双变量 Moran's I 指数均通过了显著性检验，说明两者之间也存在显著的空间自相关关系。

表 6-3　各尺度城际投资的单变量 Moran's I 指数统计结果

指数	全球尺度城际投资			全国尺度城际投资			区域尺度城际投资		
	2003 年	2010 年	2018 年	2003 年	2010 年	2018 年	2003 年	2010 年	2018 年
Moran's I	0.0457* (0.0388)	0.0768* (0.0563)	0.1046** (0.0573)	0.0169* (0.0617)	0.0932* (0.0696)	0.1952*** (0.0799)	0.0027*** (0.0877)	0.1257* (0.0912)	0.2426*** (0.0917)

注：括号内数值为标准误差；* 和 *** 分别代表在 10%和 1%的统计水平上显著。

一、全球尺度估计结果

分别对解释变量与全球尺度的城际投资水平、内向城际投资水平和外向城际投资水平数据进行时间序列上的因果关系检验，结果发现各解释变量对因变量的 Granger 原因均通过了 10%水平的显著性检验，存在单向因果关系。由前文空间马尔可夫链分析可知，长三角地区全球尺度的城际投资水平和内、外城际投资水平均存在显著的空间溢出效应，而普通 OLS 方法忽略了这种空间相互作用的影响，估计结果会产生偏误。为提高回归结果的准确性，选用把空间因素考虑在内的 SPLM、SPEM、SPDM 模型进行估计。Hausman 检验发现，采用具有固定效应的空间面板计量模型更合适。

在模型的拟合效果上，SPDM 模型的拟合系数（R^2）最高且具有显著性的解释变量最多，表明拟合效果最好，SPEM 模型则略好于 SPLM 模型。此外，进一步对 SPDM 模型进行 Wald 检验，其 P 值在 1%水平上显著为 0。表明 SPDM 模型并不能满足模型转化的原假设 H0：$\gamma=0$ 和 H0：$\gamma+\delta\beta=0$，即 SPDM 模型并不能简化为 SPLM 模型或 SPEM 模型（Anselin 等，2004）。因此，本书选择具有固定效应的 SPDM 模型进行分析。

分析表 6-4 的估计结果，就空间项系数而言，一方面，三个 SPDM 模型的空间项系数 ρ 显著为正，意味着某城市的城际投资水平和内、外城际投资水平会受到周围其他城市的城际投资水平和内、外城际投资水平的影响，这进一步证实了长三角地区全球尺度的城际投资格局存在显著的空间自相关和空间溢出效应；另一方面，空间项系数 σ^2 也显著为正，意味着某城市的城际投资水平和内、外城际投资水平会受到周围其他城市的解释变量的影响，它们之间存在空间相关性。

表 6-4 全球尺度城际投资动力机制模型的回归结果

变量	城际投资水平			内向城际投资水平			外向城际投资水平		
	SPLM	SPEM	SPDM	SPLM	SPEM	SPDM	SPLM	SPEM	SPDM
FIR	0.0015***	0.0009*	0.0015***	0.0028***	0.0018***	0.0023***	0.0001	-0.0001	0.0004*
IEPT	0.0026*	0.0027	0.0003**	0.0007*	0.0016	0.0006**	0.0053	0.0044*	0.0019*
FIS	0.0009	0.0005	0.0011	0.0012	0.0000	0.0011*	-0.0004	-0.0002	-0.0009
NSOE	0.0001*	0.0001	0.0002**	0.0001*	0.0000	0.0001**	0.0001	0.0001*	0.0001
EMP	0.0002	0.0002*	0.0004***	0.0001	0.0003**	0.0005***	0.0001	0.0001	0.0003*
LNIND	-0.0400***	-0.0406***	-0.0538***	-0.0338***	-0.0404***	-0.0465***	-0.0409	0.0396	0.0539*
LNSER	0.0223***	0.0235***	0.0226***	0.0142**	0.0246***	0.0215***	0.0260***	0.0214***	0.0235***
LNWAG	0.0123	0.0038	0.0208*	0.0115	-0.0022	0.0114	0.0116	0.0106	0.0271**
LNDIS	-0.0251***	-0.0245***	-0.0282***	-0.0310***	-0.0342***	-0.0381***	-0.0178**	-0.0148*	-0.0132
LNPAT	0.0002	0.0001	-0.0001	0.0003*	0.0001	0.0001	0.0002	0.0002	0.0000
IDZ	0.0054***	0.0063***	0.0064***	0.0055***	0.0066***	0.0065***	0.0049***	0.0056***	0.0062***
RANK	0.0172***	0.0143***	0.0190***	0.02911***	0.0244***	0.0316***	0.0054***	0.0040***	0.0001***
W×X	—	—	控制	—	—	控制	—	—	控制
ρ 或 λ	1.2841*	3.0833***	1.4300*	0.8106*	3.4694***	1.6328*	0.7700*	2.1684***	1.2632*
σ^2	0.0010***	0.0009***	0.0008***	0.0008***	0.0007***	0.0006***	0.0016***	0.0015***	0.0013***
R^2	0.8227	0.8434	0.8436	0.8846	0.8857	0.8925	0.6564	0.6625	0.6686

注：*、**和***分别代表在10%、5%和1%的统计水平上显著。

此外，分别对三个SPDM模型中解释变量的显著性进行分析。对以城际投资水平为被解释变量的模型来说，除政府干预和创新能力两个变量不显著外，其余变量均对长三角地区全球尺度的城际投资联系产生显著影响；对以内向城际投资水平为被解释变量的模型来说，除投资成本和创新能力两个变量外，其余变量均对城市的内向城际投资水平存在显著影响；对以外向城际投资水平为被解释变量的模型来说，可能是由于具有外向城际投资功能的城市样本量较少的原因，不显著的解释变量相对较多，包括政府干预、非国有经济发展中的非国有企业营收占比、交通区位以及创新能力四个变量。整体而言，三个模型的估计结果较为符合理论预期。

然而，上述SPDM模型中解释变量的估计结果不能直接反映出空间上的交互影响，需要通过求偏微分的手段分解出各个解释变量的直接效应、溢出效应及总效应。分解结果如表 6-5 所示，并据此展开详细分析与讨论。

表 6-5　全球尺度城际投资动力机制模型的空间效应分解结果

变量	城际投资水平			内向城际投资水平			外向城际投资水平		
	直接效应	溢出效应	总效应	直接效应	溢出效应	总效应	直接效应	溢出效应	总效应
FIR	0.0015**	-0.0009**	0.0006***	0.0022***	-0.0018**	0.0004***	0.0003	-0.0045*	-0.0043*
IEPT	0.0006*	0.0161**	0.0166***	0.0002	0.0232**	0.0233**	0.0020*	0.0045	0.0064*
FIS	0.0011	0.0014	0.0025	0.0010**	0.0013*	0.0023*	-0.0008	-0.0019	-0.0028
NSOE	0.0001*	0.0015***	0.0015***	0.0001**	0.0011***	0.0012***	0.0007	0.0017	0.0024
EMP	0.0004***	0.0011	0.0014**	0.0005***	0.0009	0.0013**	0.0003*	0.001	0.0014
LNIND	-0.5412***	0.0248	-0.2933*	-0.0469***	0.0273	-0.0196	0.0541	-0.0105	0.0436
LNSER	0.2331***	0.0823***	0.3154**	0.0226***	0.0990***	0.1216***	0.0237***	-0.0494	-0.0258
LNWAG	0.2014*	0.0983**	0.1185***	0.0102*	0.1203	0.1305*	0.0272**	0.0611	0.0883*
LNDIS	-0.269**	-0.0799*	-0.1068**	-0.0363***	-0.1084**	-0.1446***	0.0125	-0.0255	-0.0381
LNPAT	0.0001	-0.0009*	-0.0009	0.0003	-0.0007*	-0.0007	-0.0003	-0.0049***	0.0011
IDZ	0.0064***	-0.0045**	0.0020*	0.0065***	-0.0042***	0.0023***	0.0063***	-0.0049***	0.0013
RANK	0.01974**	-0.0062	0.0135	0.0317***	0.0360	0.0678	0.0009	-0.0398	-0.0389

注：*、**和***分别代表在 10%、5%和 1%的统计水平上显著。

对于以城际投资水平为被解释变量的模型而言，①衡量全球化的全球资本流入和国际贸易联系这两个变量的总效应系数显著为正，证实了全球化力量能够有效推动长三角地区在全球范围内的投资联系。值得注意的是，由于城市间对于外资的激烈争夺，从而对周边城市产生了显著的负向溢出效应。②市场化方面，政府干预变量的影响不显著，非国有经济发展中非国有企业营收占比和从业占比两个变量的总效应系数显著为正，说明随着市场化程度的不断加深，非国有经济的发展对长三角地区跨国城际投资活动起着重要作用。③地方化方面，工业增加值的直接效应显著为负，表明本市工业的集聚非但没有对企业跨国城际投资产生促进作用，反而对其产生了挤出效应。究其原因，生产性服务业尤其是高级生产性服务业，其空间布局与工业聚集程度的关联性不强，如伦敦、纽约等虽然不是工业强市，但却发挥着全球服务中心的功能（Saseen，1991）。长三角—境外城际投资网络呈现生产性服务业驱动型特征，其区位选择并不以接近工业为动机。服务业增加值的直接效应和溢出效应均显著为正，说明跨国城际投资依赖于本市和周边城市的服务业发展基础。劳动力成本产生了正向影响，这可能是因为企业愿意支付高薪开展跨国城际投资活动以获取高附加值竞争力，而以低廉劳动力为主的企业其产品和服务竞争力较低（杨仁发和刘纯彬，2012）。交通区位的影响显著为负，表明城市的跨国城际投资水平具有随时间距离而衰减的特征。一座城市具有较强的创新能力可以促进本市跨国投资联系，但对周边城市的溢出效应显著为负，导致总效应并不显著。剖析城市创新能力未能产生正向溢出的原因，可能在于城市创新能力的关键构成要素（如人才、科研机构、相关支出等）在短期内是存量的有限资源，城市间存在竞争关系，具有较强创新能力的城市将吸引这些资源单向涌入，导致周边城市的创新环境趋于劣化，从而不利于这些城市吸引外资和对外投资。开发区建设的直接效应和溢出效应分别呈正向和负向影响，且均显著，但前者影响更大，导致总效应显著为正。最后，虽然行政等级的总效应不显著，但其对本市跨国投资联系的直接效应显著为正，在一定程度上符合理论预期。

对于以内向城际投资水平为被解释变量的模型而言，①全球化方面，全球资本流入越多、国际贸易联系越紧密则越有利于提升长三角地区的内向城际投资水平。②市场化方面，财政支出占比的回归系数显著为正，表明境外企业在对长三角地区进行投资时，反而会选择政府干预程度较强的城市，这与预期影响相悖。可能原因是政治竞标赛竞争和财政分权改革导致的地方财政资源紧张，为促进地方发展而强化财政干预经济的行为，通过吸引境外企业前来投资，从而带动外部资本的进入（严浩坤，2008）。胡志强等（2018）对中国外商投资区位选择影响因素的研究也表明，财政支出占比较高的城市在吸引外资上具有一定优势。非国有企业营收占比和从业占比越高，非国有经济发展就越充分，大量资源在国企改革过程中得以释放，越有利于吸引境外投资。③地方化方面，工业增加值的总效应为负非显著，但直接效应显著为负，表明本地的工业集聚已对内向吸引境外投资产生一定程度的负面影响。服务业增加值的直接效应和溢出效应均显著为正，表明境外企业在对长三角地区投资时，不仅偏好服务业基础好的城市，也会考虑周边地区的服务业发展状况。劳动力成本的总效应显著为正，意味着劳动力成本较高的地区更能吸引外资进入，从而增强该地的跨国投资联系，这与已有相关文献的发现相一致（Head 和 Ries，1996；He，2001；王丽等，2012）。回归结果还显示，与上海的时间距离越短、开发区建设力度越大，城市在全球尺度的内向城际投资水平就越高。此外，城市的创新能力和行政级别两个变量的总体效应都不显著，其原因与前文中不考虑联系方向的整体性分析相似，在此不做赘述。

对于以外向城际投资水平为被解释变量的模型而言，①全球化方面，与前文中相关部分的分析相异，全球资本流入总效应显著为负，这可能是由于周边城市对境外企业存在激烈竞争，不利于境外企业在本地的集聚，从而削弱了境外企业对本地企业在技术、管理等方面的推动作用，并进一步对本地企业开展跨国投资造成不利影响。回归结果显示，国际贸易能够对长三角地区外向城际投资产生显著的正向影响。企业国际化阶段理论指出，企业的国际化是一个循序渐进的过程，企业只有当其产品在国际上占有一定份额并对国外市场积累了一定认知后，才会对国外市场展开投资，已有相关实证研究也表明，中国的进出口贸易对外向直接投资有积极作用，前者是后者的格兰杰原因（王会云，2014）。②市场化方面，政府干预和非国有经济发展中非国有企业营收占比这两个变量的直接效应和溢出效应均不显著，非国有企业从业占比变量的直接效应显著为正，但总效应并不显著。可见，市场化因素对长三角地区外向城际投资的作用仍有待进一步考量。③地方化方面，与前文不同的是，工业增加值的直接效应虽不显著但表现为正向影响，这可能与长三角地区以制造业为主导的境外投资结构有关。服务业增加值的直接效应显著为正，但由于其溢出效应不显著导致总效应也不显著。投资成本的整体影响方向与前文相一致，即劳动力成本越高的城市，其外向城际投资水平就越高。此外，地方化因素中其他变量（包括交通区位、创新能力、开发区建设和行政等级）的总效应均不显著。值得注意的是，虽然开发区建设的直接效应显著为正，但受到显著的负向溢出效应的抵消，导致对整个地区外向城际投资影响式微。

二、全国尺度估计结果

分别对解释变量与全国尺度的城际投资水平和内、外向城际投资水平数据做因果关系检验，发现各解释变量与各因变量存在显著的单向因果关系。由前文空间马尔可夫链分析可知，在全国尺度上，长三角地区的城际投资水平和内向、外向城际投资水平均存在显著的空间溢出效应，故采用把空间因素考虑在内的 SPLM、SPEM、SPDM 模型进行估计。根据 Hausman 检验结果，空间面板计量模型均采用固定效应。另外，根据拟合系数和显著性解释变量的个数初步判断 SPLM 模型的拟合效果更好，进一步地，Wald 检验也表明 SPLM 模型更为合适。因此，本书选择具有随机效应的 SPLM 模型展开分析。

从表 6-6 的估计结果可知，三个 SPLM 模型的空间项系数均显著，表明本市全国尺度的城际投资会受到长三角地区内其他城市的影响，空间的作用不可忽视。此外，分别对全国尺度上三个 SPLM 模型中解释变量的显著性进行分析：对以城际投资水平为被解释变量的模型来说，除地方化因素中的劳动力成本外，其余变量均通过了显著性检验。对以内向城际投资水平为被解释变量的模型来说，全球化因素中的全球资本流入、市场化因素中的非国有经济发展中的非国有企业营收占比以及地方化因素中的劳动力成本等三个变量未通过显著性检验。对以外向城际投资水平为被解释变量的模型来说，市场化因素中的地方政府干预以及非国有经济发展中的非国有企业营收占比和从业占比这三个变量均为未通过显著性检验。整体来看，各模型中通过显著性检验的解释变量较多。进一步基于空间反距离平方矩阵对 SPLM 模型的稳健性进行检验，结果显示各变量的影响方向和显著性未发生明显改变。

表 6-6　全国尺度城际投资动力机制模型的回归结果

变量	城际投资水平			内向城际投资水平			外向城际投资水平		
	SPLM	SPEM	SPDM	SPLM	SPEM	SPDM	SPLM	SPEM	SPDM
FIR	0.0011**	0.0013**	0.0013**	-0.0002	-0.0003	-0.0001	-0.0018***	-0.0021***	-0.0024
IEPT	0.0057*	0.0030	0.0014*	0.0043***	0.0027	0.0008*	0.0045*	0.0021*	0.0019*
FIS	0.0001*	0.0002	0.0001*	0.0004*	0.0004*	0.0006*	0.0006	0.0008**	0.0010**
NSOE	0.0001*	0.0001	-0.0001	0.0001	0.0001	0.0001	0.0001	0.0001	-0.0001
EMP	0.0002***	0.0001*	0.0001	0.0003**	0.0003*	0.0003*	0.0001	0.0001	-0.0001
LNIND	0.0276*	0.0262***	0.0394***	0.0372***	0.0344***	0.0426***	0.0170**	0.0145**	0.0249***
LNSER	0.0286***	0.0221***	0.0245***	0.0350***	0.0313***	0.0322***	0.0167**	0.0111	0.0127
LNWAG	0.0012	0.0084	0.0290**	0.0095	0.0175*	0.0389***	0.0006*	0.0018	0.0125
LNDIS	-0.0235***	-0.0133	-0.0177	-0.0282***	-0.0169*	-0.0154	-0.0215**	-0.0124	-0.0220*
LNPAT	0.0007***	0.0007***	0.0004**	0.0003*	0.0003*	0.0002	0.0011***	0.0010***	0.0005***
IDZ	0.0062***	0.0075***	0.0076	0.0050***	0.0061***	0.0061***	0.0061***	0.0074***	0.0073***
RANK	0.0213***	0.0166**	0.0182*	0.0231***	0.0167**	0.01720**	0.0235***	0.0188***	0.0220**
W×X	—	—	控制	—	—	控制	—	—	控制
ρ 或 λ	0.5667	3.2378***	-1.1717	0.7124*	3.3173***	-0.0100	0.7081*	3.1089***	-2.4833***
σ^2	0.0013***	0.0011***	0.0010***	0.0010***	0.0009***	0.0008***	0.0013***	0.0012***	0.0010***
R^2	0.8429	0.8356	0.8179	0.8427	0.8404	0.8278	0.8091	0.7997	0.7833

注：*、**和***分别代表在 10%、5%和 1%的统计水平上显著。

上述在全国尺度上基于SPLM模型得到的结果同样存在一定缺陷，即也不能直接反映出本地解释变量对邻近其他区域的影响，或邻近地区的解释变量对本地的影响。为深入剖析这种空间上的交互影响，本书同样采取求偏微分的方法给出SPLM模型的直接效应、溢出效应和总效应的结果（见表6-7）。

表6-7 全国尺度城际投资动力机制模型的空间效应分解结果

变量	城际投资水平			内向城际投资水平			外向城际投资水平		
	直接效应	溢出效应	总效应	直接效应	溢出效应	总效应	直接效应	溢出效应	总效应
FIR	0.0011*	-0.0010	0.0001	-0.0001	-0.0001	-0.0002	-0.0018	-0.0003*	-0.00020*
IEPT	0.0058*	0.0007	0.0065*	0.0044*	0.0007	0.0051*	0.0047	0.0007	0.0054
FIS	0.0001*	0.0001	0.0001*	0.0004*	0.0001	0.0005*	0.0006	0.0001	0.0007
NSOE	0.0001***	0.0001	0.0001*	0.0001	0.0001	0.0001	0.0001	0.0000	0.0001
EMP	0.0002**	0.0001	0.0003*	0.0004**	0.0001	0.0004***	0.0001	0.0002	0.0001
LNIND	0.0276***	0.0031	0.0307***	0.037***	0.0055*	0.0427***	0.0170**	0.0024	0.0193**
LNSER	0.0284***	0.0032	0.0315***	0.0349***	0.0051*	0.0400***	0.0165**	0.0023	0.0188**
LNWAG	0.0016*	0.0001*	0.0016**	0.0100*	0.0013**	0.0111*	-0.0002	-0.0002	-0.0005
LNDIS	-0.0235***	-0.0027	-0.0260***	-0.0279***	-0.0043	-0.0322***	-0.0213**	-0.0033	-0.0246**
LNPAT	0.0007***	-0.0001	0.0006***	0.0003*	-0.0001	0.0002	0.0011***	-0.0002**	0.0009*
IDZ	0.0077***	0.0007	0.0084***	0.0050***	0.0007*	0.0057***	0.0060***	0.0009	0.0070***
RANK	0.0219***	0.0027	0.0245***	0.0237***	0.0037	0.0273***	0.0241***	0.0038	0.0279***

注：*、**和***分别代表在10%、5%和1%的统计水平上显著。

对于以城际投资水平为被解释变量的模型而言，①全球化方面，全球资本流入对长三角地区与全国其他城市之间投资联系的直接效应显著为正，但由于存在负向溢出效应，导致全球资本流入的整体影响效果较弱。国际贸易的直接效应和总效应均显著为正，表明随着长三角地区不断融入全球贸易网络过程中，与全国其他城市之间投资联系显著增强。②市场化方面，政府干预的总效应显著为正，与预期相反，可能的原因是相比于外资企业，国内企业更易受政府干预的影响。非国有企业营收占比和从业占比越高，越有助于提升城市的跨区城际投资水平，一方面是因为国企改革释放的各类资源的作用结果，另一方面更是因为市场化允许企业尤其是非国有企业更好地利用区域比较优势开展跨区投资活动。③地方化方面，与全球尺度上估计结果不同的是，工业增加值的直接效应和总效应显著为

正，工业的本地集聚显著促进了制造业驱动下的长三角—全国城际投资网络的发育。此外，良好的服务业发展基础同样能够显著促进跨区投资联系。劳动力成本的影响效应显著为正，主要是由于长三角与全国城际制造业投资集中在技术及资金密集型制造业领域，企业愿意支付高薪以获取高素质劳动力资源。观察交通区位变量的影响系数可知，与上海的时间距离越短则越有助于促进与全国其他城市的投资联系。人均专利拥有量可体现城市的创新产出，回归结果表明，创新能力越强的城市其跨区投资水平就越高，与预期影响相同。长三角与全国城际制造业投资处于较高的产业价值区段上，故对城市的创新能力要求较高。此外，城市的开发区建设和行政等级两个变量的总效应也均通过显著性检验，影响方向与理论预期相符。

对于以内向城际投资水平为被解释变量的模型而言，①全球化方面，全球资本流入未通过显著性检验，国际贸易联系的直接效应和总效应则显著为正。②市场化方面，政府干预促进了地区外部投资的进入，这与基于全国样本的中国城市间投融资网络研究结果相一致（叶雅玲等，2020）。在非国有经济发展变量组中，非国有企业从业占比的直接效应和总效应通过显著性检验，且为正向影响。③地方化方面，长三角地区全国尺度的内向城际投资不仅受到本地产业基础的显著影响，同时还受到周边城市的显著影响，即本地和周边城市较高的工业和服务业增加值均有助于增加对全国其他城市的投资吸引力。就地方化因素中的其他变量而言，较高的劳动力成本、较短的时间距离、较集中的开发区资源以及较高的行政等级等均对全国尺度的内向城际投资水平产生显著影响，城市创新能力的总效应虽不显著但也呈现正向影响。

对于以外向城际投资水平为被解释变量的模型而言，①全球化方面，与全球尺度的估计结果相一致，由于全球资本流入存在显著的负向溢出效应，导致对地区整体的外向城际投资水平产生显著的负向影响。国际贸易联系的影响则不显著。②市场化方面，政府干预和非国有经济发展两个变量均未通过显著性检验，可见，市场化改革在提升长三角地区外向城际投资水平方面的红利有待深入研究。③地方化方面，工业和服务业增加值的直接效应和总效应均显著为正，意味着本地良好的产业基础能够推动其面向全国展开投资布局，而周边地区的产业基础状况未产生显著影响。劳动力成本并未通过显著性检验。对全国投资联系呈现显著的距离衰减效应，即到上海的可达性越差，外向投资联系就越弱。创新能力对外向城际投资水平分别产生了显著的正向直接效应和负向溢出效应，但前者的影响程度更大，导致总效应显著为正。此外，开发区建设水平和城市的行政等级在该部分也得到证实。

三、区域尺度估计结果

同样地，按照前文提出的判定规则，对解释变量与区域尺度的城际投资水平和内、外向城际投资水平分别进行因果关系检验、Hausman 检验和 Wald 检验，结果显示具有固定效应的 SPLM 模型的拟合效果最好。

从表 6-8 的估计结果可知，三个 SPLM 模型的空间项系数均显著，我们可认为本市区域尺度的城际投资会受到长三角地区内其他城市的影响。此外，分别观察三个模型中解释变量的显著性：对于前两个模型来说，相应解释变量的显著性均相同，即除国际资本流入和交通区位两个变量外，其余变量均通过了显著性检验。对于以外向城际投资水平为被解释变量的模型来说，共有 5 个变量不显著，包括国际资本流入、政府干预、非国有企业营收占比、非国有企业从业占比以及交通区位。本书同样在新的空间权重矩阵下对各模型的稳健性进行了检验，发现各解释变量的回归结果较为稳定。

表 6-8　区域尺度城际投资动力机制模型的回归结果

变量	城际投资水平			内向城际投资水平			外向城际投资水平		
	SPLM	SPEM	SPDM	SPLM	SPEM	SPDM	SPLM	SPEM	SPDM
FIR	-0.0020	-0.0022	-0.0023	0.0003	0.0006	0.0005	-0.0039	-0.0044***	-0.0043***
IEPT	0.0050**	0.0025*	0.0023*	0.0051*	0.0029*	0.0031*	0.0057*	0.0031*	0.0027**
FIS	0.0006**	0.0005*	0.0006**	0.0002*	0.0005*	0.0003*	0.0012	0.0012*	0.0014**
NSOE	0.0001*	0.0001	-0.0001	0.0002**	0.0001**	0.0001*	0.0001	0.0002	0.0001
EMP	0.0004*	0.0002	0.0002	0.0004**	0.0002	0.0002	0.0003	0.0002	0.0001
LNIND	0.0177**	0.1000	0.0153*	0.0363***	0.0277***	0.0273***	0.0043*	0.0056	-0.0033
LNSER	0.0261***	0.0242***	0.0245***	0.0509***	0.0472***	0.0440***	0.0120**	0.0063*	0.0104*
LNWAG	0.0083**	0.0146	0.0312**	0.0256*	0.0458***	0.0529***	0.0035*	0.0130	0.0089*
LNDIS	-0.0222	0.0022	0.0039	-0.0016	0.0273*	0.0265*	-0.0323	-0.0155	-0.0111
LNPAT	0.0017***	0.0019***	0.0015***	0.0007***	0.0008***	0.0006***	0.0027***	0.0028***	0.0022***
IDZ	0.0063***	0.0079***	0.0077***	0.0048***	0.0060***	0.0059***	0.0076***	0.0092***	0.0090***
RANK	0.0512***	0.0380	0.0384**	0.0288**	0.0153	0.0132	0.0660***	0.0571***	0.0564***
W×X	—	—	控制	—	—	控制	—	—	控制

续表

变量	城际投资水平			内向城际投资水平			外向城际投资水平		
	SPLM	SPEM	SPDM	SPLM	SPEM	SPDM	SPLM	SPEM	SPDM
ρ或λ	1.3618***	3.687***	-0.1023	1.6469***	3.5563***	0.2871	0.5662*	3.0445***	2.2310**
σ^2	0.0015***	0.0013***	0.0011***	0.0016***	0.0014***	0.0013***	0.0027***	0.0025***	0.0020***
R^2	0.8163	0.8134	0.8020	0.8252	0.8103	0.8047	0.7403	0.7254	0.7042

注：*、**和***分别代表在10%、5%和1%的统计水平上显著。

同样地，为深入剖析解释变量与被解释变量在空间上的相互影响，本书进一步报告出SPLM模型的直接效应、溢出效应和总效应的结果（见表6-9）。

表6-9　区域尺度城际投资动力机制模型的空间效应分解结果

变量	城际投资水平			内向城际投资水平			外向城际投资水平		
	直接效应	溢出效应	总效应	直接效应	溢出效应	总效应	直接效应	溢出效应	总效应
FIR	0.0020	-0.0007	0.0013	0.0003	0.0002	0.0005	-0.0039	-0.0004	-0.0043
IEPT	0.0052*	0.0017	0.0069*	0.0053**	0.0023	0.0076*	0.0059	0.0007	0.0065
FIS	0.0006*	0.0002	0.0008*	0.0002**	0.0001	0.0003*	0.0012	0.0002	0.0014
NSOE	0.0001*	0.0001	0.0001*	0.0002**	0.0001*	0.0003**	0.0001*	0.0001	0.0001*
EMP	0.0004*	0.0001*	0.0005**	0.0004**	0.0002**	0.0006**	0.0003	0.0001	0.0004
LNIND	0.0177*	0.0057*	0.0233*	0.0363***	0.0158***	0.0522***	0.0042*	-0.0002	0.0041
LNSER	0.0258***	0.0084**	0.0342***	0.0508***	0.0220***	0.0728***	0.01154**	0.0010*	0.0125**
LNWAG	0.0088*	0.0026*	0.0114*	0.0262*	0.0112*	0.0374*	0.0028***	0.0008*	0.0036*
LNDIS	-0.0216	-0.0073	-0.0289	-0.0010	-0.0005	-0.0015	-0.0315	-0.0037	-0.0352
LNPAT	0.0017*	-0.0006***	0.0011	0.0007	-0.0013***	-0.0006	0.0027*	-0.0003**	0.0024
IDZ	0.0063***	0.0021	0.0085***	0.0048***	0.0021***	0.0069***	0.0075***	0.0009	0.0084***
RANK	0.0524***	0.0178**	0.0702***	0.0299**	0.0133**	0.0432**	0.0676***	0.0082	0.0758***

注：*、**和***分别代表在10%、5%和1%的统计水平上显著。

对于以城际投资水平为被解释变量的模型而言，①全球化方面，全球资本流入的直接效应和溢出效应分别呈现正向和负向的影响，但均不显著。而回归结果表明，较紧密的国际贸易联系有助于增强区内城市间的投资联系。②市场化方面，与全国尺度上的回归结果相同，政府干预和非国有经济发展均对提升区内城际投资水平具有显著的促进作用。③地方化方面，产业基础变量组中两个变量（工业增加值和服务业增加值）的直接效应和溢出效应均显著为正，表明本地和周边城市良好的产业基础均发挥积极作用。劳动力成本的三种效应均显著为正，这同样与长三角地区内部城际投资网络的行业结构以技术和资金密集型制造业占主导有关。与全球和全国尺度上的估计结果不同的是，交通区位的三种效应均未能通过显著性检验，可能的解释是：与企业跨国投资和跨区投资活动相比，长三角地区内部的城际投资活动对上海的高等级交通功能（如空港和海港）的依赖度较低，而对区域内其他影响力较大城市的依赖度提升，从而降低了到上海时间距离的作用，该发现与基于长三角两省一市的分析相一致（李仙德，2014）。城市创新能力存在显著的正向直接效应和负向溢出效应，但总效应不显著。此外，开发区建设是影响长三角区内城际投资的重要因素，政府通过建立各类产业园区、营造良好的产业投资环境以带动异地产业关联。具有较高行政等级的城市其在地区内的城际投资水平也较高，这与基于生产性服务业的长三角地区城市网络研究结果相吻合（Zhang 等，2020）。

对于以内向城际投资水平为被解释变量的模型而言，①全球化方面，全球资本流入的三种效应均未通过显著性检验，国际贸易联系的直接效应和总效应显著为正，符合理论预期。②市场化方面，城市的政府干预和非国有经济发展均显著促进了区内其他城市前来投资。③地方化方面，良好的产业基础、较高的薪资水平、较富集的开发区资源以及较高的行政等级等因素均有助于吸引区域层面的投资。然而，城市的交通区位和创新能力两个变量的总效应未通过显著性检验。

对于以外向城际投资水平为被解释变量的模型而言，①全球化方面，全球资本流入和国际贸易联系未对区域尺度的城市外向投资产生显著影响。②市场化方面，仅有非国有经济发展中的非国有企业占比这一变量通过了显著性检验。③地方化方面，本地和周边地区良好的服务业基础和较高的薪资水平均显著促进了城市对外投资，且开发区建设和行政等级也均通过显著性检验，符合预期影响结果。此外，工业增加值、交通区位、创新能力等变量的总效应不显著。

第四节　本章小结

随着“双循环”和长三角一体化等国家战略的提出与推进，可以预见各地

将会加大要素整合力度，并进一步优化营商环境引导资本跨区域流动。本章着重考察了长三角地区不同尺度城际资本流动的主要影响因素，并在此基础上对各影响因素的空间溢出效应做具体测度。本章在理论分析的基础上，基于 2003~2018 年长三角地区 41 个城市的面板数据，从空间关联的视角构建空间面板计量模型，从全球化、市场化和地方化三个方面选取影响因素，测算各影响因素对城际投资发展的直接效应、溢出效应和总效应。主要结论如下：

（1）就总体影响效应而言，国际贸易联系、非国有经济发展（企业营收非国有化和劳动力非国有化）、产业基础（工业和服务业）、劳动力成本、开发区建设等变量对各尺度的城际投资均有显著影响。其中，国际贸易联系程度越深、非国有经济发展越充分、产业基础越雄厚、开发区资源越集聚，越有助于提升城市的城际投资水平。此外值得注意的是，工业的大量集聚对城市跨国投资表现出显著的抑制作用，较高的劳动力成本反而有助于提升城市的城际投资水平。由于空间竞争机制的存在，全球资本流入仅对全球尺度的城际投资产生显著影响，而创新能力仅对全国尺度的城际投资产生显著影响。与上海的时间距离对全球和全国尺度的城市投资联系水平影响显著，证明当城市与境外城市或与国内其他城市开展城际投资活动时，更依赖上海等级较高的城市功能，“借用规模”表现更突出。此外，政府干预和行政等级两个变量在全球尺度上影响不显著，而对长三角地区城市开展跨区和本地城际投资活动产生显著的正向影响。

（2）分方向而言，回归结果显示，相较于外向城际投资，各尺度的内向城际投资更易受全球化、市场化和地方化的显著影响。其中，国际贸易联系、政府干预、非国有经济发展、服务业基础、投资成本、开发区建设等，均对吸引全球、全国和区内其他城市的投资具有显著的促进作用。

（3）各类影响因素和各尺度城际投资在长三角地区内部存在着空间依赖特性，讨论各因素对长三角地区城际投资发展的影响时不能忽视空间效应。邻域较高的劳动力成本有助于提升各尺度的城际投资水平；邻域非国有经济占比越高、服务业基础越好，其对全球和区域尺度城际投资发展越有利；邻域较高的国际贸易联系水平和行政等级分别在全球和区域尺度上有正向的溢出效应。此外，对全球资本、创新资源以及开发区资源的不合理竞争还会带来负向的空间溢出效应。

第七章 长三角地区城际投资的经济绩效

城际经济联系能够有效促进“匹配、共享和学习”等外部集聚经济的地理扩散和市场的空间扩张，进而推动城市经济的增长。因此，从理论上讲，城市间经济联系已成为分析区域与城市经济增长问题时不可忽视的重要因素。本章以城际投资联系为切入点，构建基于空间面板计量模型的城际投资经济绩效模型，实证考察长三角地区城际投资对城市经济增长所产生的作用。

在构建双循环新发展格局背景下，揭示各尺度城际投资对城市经济增长的不同影响程度具有重要意义。“循环”的概念具有超越地理边界的联系的空间隐喻，城际投资是经济循环运行的重要方面。其中，全球尺度上的长三角—境外城际投资对应的是国际循环，全国尺度上的长三角—全国城际投资对应的是长三角地区参与的国内循环，区域尺度上的本地城市间的投资联系对应的则是区内循环。因此，本章进一步考察各尺度城际投资对城市经济增长的影响程度及其随时间的变化，为推动实施上述国家战略提供科学依据。

此外，本章还将分别探讨长三角地区核心区域和外围区域城际投资的经济绩效问题，为不同发展阶段的区域制定差异化的城际投资发展措施提供支撑，以期进一步缩小区域差距、推动构建高质量一体化发展的新格局。

第一节 理论分析

企业的跨区域投资生产再分布能够导致诸多经济要素的跨区域流动，反映了城市间真正的经济联系。企业在城市间的相互投资构成了复杂的城际投资网络，并通过城际的协同和互补而产生网络外部性。传统的集聚外部性往往局限在某特定的城市或区域内部，因而在空间上受到限制，并随着距离而衰减。与传统的城市和区域

经济研究相比，城市网络外部性不再把城市看作孤立的单元，而是作为城市网络中的节点，此种外部性更多地体现在随城市功能关系的强弱而变化（Burger 和 Meijers，2016）。因此，网络外部性可以看作是在更大的空间背景下对集聚经济产生的促进作用，这意味着“匹配、共享和学习”作为传统集聚经济效应的三个基本来源，也是网络外部性影响经济绩效的重要机制（van Meeteren 等，2016）。在本书分析的城际投资网络中，由资本的跨区域流动引致的诸多要素流可以在一定程度上超越地理边界，从而在更大的空间范围内流动和相互作用，网络中的城市由此可以从不同城市的劳动力市场蓄水池、投入共享和知识溢出的整合中获益。需要注意的是，空间外部性主要由供给和需求两个渠道生成（韩峰和柯善咨，2012），上述三种机制是从要素供给方面影响城市的经济绩效。从需求的角度看，按照新经济地理理论的观点（Krugman，1992；Head 和 Mayer，2004），企业的城际投资活动还有助于整合空间中分布的需求，扩大市场范围，从需求方面影响城市的经济绩效。

因此，根据以上分析，结合集聚经济和新经济地理等理论背景，本书尝试在流动空间环境下，从供给和需求两方面入手来分析城际投资活动影响城市经济绩效的作用机制。具体包括如下四个主要作用机制：

第一，城际投资能够提高资源配置效率。有效的资源配置方式能够促进要素的自由流动并实现帕累托最优，使得社会整体产出最大化。长三角地区与境外、全国以及在本地形成的日益紧密的城际投资网络为生产要素的跨区流动提供了有效渠道，使生产要素超越地方限制在更大的空间范围内实现优化配置。长三角地域面积较大，涵盖的城市也较多，不同城市的要素禀赋和比较优势不尽相同。在利润最大化的驱动下，资本等生产要素通过城际投资网络可以跨越地理边界与城市的比较优势相匹配，从而促进资源配置效率和城市经济产出的提升（赵伟等，2006；Grossman 等，2017；白俊红和刘宇英，2018）。根据李清娟（2006）、宁越敏（2020）等学者的观点，长三角地区并没有存在严重的产业同构问题，而是向着产业分工深化方向不断改善，其中一个重要的原因是长三角地区日益活跃的企业异地投资布局体现了城市间的比较优势，不仅能缓解内部重复建设和恶性竞争，还有助于改善城市的专业化产业分工体系。

第二，城际投资能够促进中间投入的共享。在现代经济发展中，用于生产一种产品的投入可以全部或者部分地用于其他产品的生产，这种投入即所谓的“可共享投入”。新经济地理理论关注产业前后向联系所带来的运输成本的节约，中间投入的共享可以实现节省成本的目的，从而在产业集聚中产生规模经济效应。以城市基础设施为例，良好的基础设施不仅能降低本地企业的经营成本，还能够吸引其他城市的企业前来投资，从而为其他城市带来共享机会。城市通过融入不同尺度的城际投资网络，可在更大的空间范围内共享中间投入，促使城市集中在基于自身比较优势的价值链区段的生产上，以实现规模经济，提升城市的经济绩效（Krugman，1979）。

第三，城际投资有助于知识的空间溢出。现阶段，全球正在经历以认知—文化经济（cognitive-cultural economy）为基础的第三波城市化浪潮，大量的城市和区域向着知识经济转型（艾伦·J. 斯科特，2017）。在内生增长理论的框架内，知识被视为驱动全要素生产率提升的关键因素，知识的生产、分配与使用成为经济增长的核心动力（Aghion 和 Howitt，1998；Antonelli 等，2011）。知识流动空间组织能够深刻影响城市经济增长，知识创造、积累与转移能有效解释经济增长空间的差异与演化（Roberts 和 Setterfield，2010）。网络邻近性有利于知识溢出（Boschma，2005），城际投资网络可为显性知识（explicit knowledge）和默会知识（tacit knowledge）的流动与溢出提供重要的渠道，通过吸引投资和对外投资双向路径，推动城市和区域知识生产体系实现从“闭门造车”到“兼收并蓄”的模式转变。实证研究表明，外资的大量涌入对长三角地区的创新活动产生了积极的影响，地区创新能力的提升也有利于进一步吸引外资，二者间已形成良好的互动关系（姜磊和季民河，2011）。此外，长三角地区也加大对外投资力度，将较为先进的技术转移至本地，提升了城市技术创新能力和经济产出水平（王欣和姚洪兴，2016）。

第四，城际投资可以促进市场的空间扩张。规模经济的实现需依赖广阔的市场空间。空间中分布的需求是市场扩展的重要动力，对城市产业空间集聚具有显著的正向影响（刘修岩和张学良，2010）。随着网络连通性的不断改善，空间中分布的需求不断被整合并纳入专业化分工体系之中，这为网络中的城市提供了更好的发展机会，创造出超越地理边界的、更广阔的市场空间，进而获得规模经济效益，促进经济增长。

因此，基于以上分析，本书认为长三角地区城市通过开展不同空间尺度的城际投资活动，可以超越地理边界的限制，在更大的范围内进行资源匹配，共享中间投入，获取溢出知识以及开拓市场空间，凸显城市的比较优势和规模经济，为城市经济增长带来积极的正向影响。

此外，新古典经济增长理论、新增长理论和区域经济理论等均强调，市场经济条件下，随着不同区域之间劳动力、资本等要素的自由流动和商品的自由交易，以由经济活动牵动的知识转移，必然会强化不同区域之间经济增长的空间关联性，产生经济增长的空间溢出效应（陈秀山和张可云，2005）。中国区域经济

的空间关联同样具有“近水楼台先得月”的效应，该效应已成为中国区域经济发展中不可忽视的力量（李敬等，2014；张伟丽等，2019）。在城际投资网络中，节点的地位存在差异，位于网络核心节点的城市其投资连通性较强，往往成为区域经济增长的核心区和空间外溢的扩散源；位于网络非核心节点的城市通过积极融入网络中从而可共享地区城际投资网络协同带来的外部效益（覃成林和桑曼乘，2015），对城市经济产生重要影响。以上分析奠定了长三角地区城际投资影响经济绩效的理论基础。在此基础上，本书进一步完善了长三角地区城际投资对经济绩效影响的理论框架（见图 7-1）。具体而言，长三角地区城市通过与境外、全国及地区内部其他城市之间建立的城际投资联系，促进了城市的资源匹配、投入共享、知识溢出和市场扩张，获得超越地理边界的网络外部性，并经由直接效应和间接的空间溢出效应两条主要作用路径，对城市经济绩效产生影响。由于各城

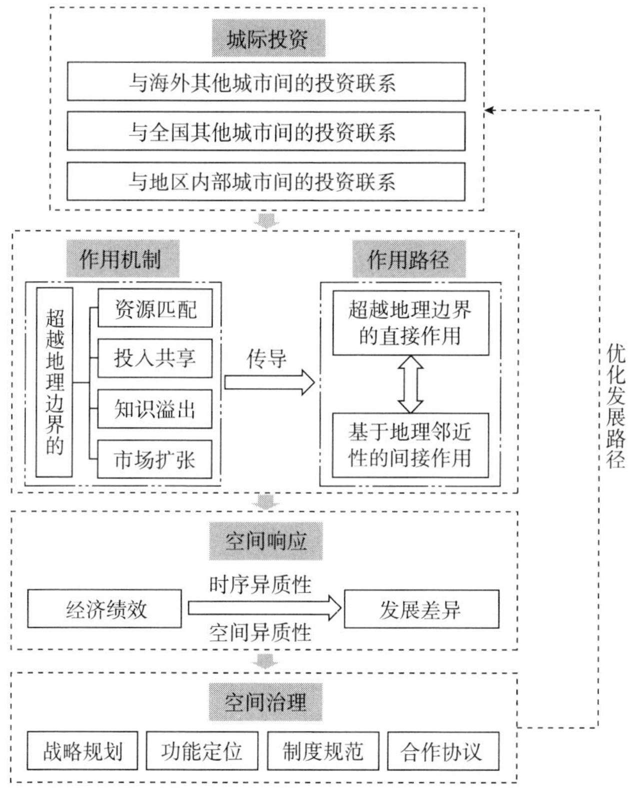

图 7-1　长三角地区城际投资对经济绩效影响的理论框架

市的城际投资水平各不相同，对经济绩效的影响存在时序上和空间上的异质性，引起地区经济发展的差异，此时政府会动用各类政策工具展开相应的空间治理，进而引导和优化地区城际资本流动的发展路径，促进地区城市经济健康发展。

第二节　模型构建

一、城际投资经济绩效模型

大量的文献研究表明，研究某区域要素的经济绩效通常是从对地区的投入产出关系即生产函数的分析来入手的。生产函数一般包括固定替代弹性生产函数、随机边界生产函数和柯布—道格拉斯（Cobb－Douglas）生产函数三种类型（Nicholson 和 Snyder，2016；高鸿业和刘文忻，2007）。本书遵循已有相关文献的做法，采用修正后的柯布—道格拉斯生产函数衡量长三角地区城际投资对区域经济增长的贡献，其基本形式如下（Cobb 和 Douglas，1928）：

$$Q = AL^{\alpha}K^{\beta} \tag{7-1}$$

式中，Q 为总产出；L 为劳动力投入量；K 为资本投入量；A 为全要素生产率，本书研究的核心变量即城际投资、控制变量以及其他外生的效率因素等都被包含在内；α、β 分别为相应的弹性系数。

为降低异方差并获得弹性的结果，基于规模报酬不变，对模型（7-1）两边同时取对数，将其转换成线性随机形式：

$$\ln Q = \theta_0 + \alpha \ln L + \beta \ln K + \sum_k \theta_k \ln X_k + \varepsilon \tag{7-2}$$

式中，X_k 表示系数为 θ_k 的变量组，通过效率项在该变量组中加入城际投资变量和其他控制变量；θ_0 为常数项；ε 为残差。

将上述模型进一步加入地理维度和时间维度，建立城际投资经济绩效传统面板数据计量模型。公式如下：

$$\ln Q_{it} = \theta_0 + \alpha \ln L_{it} + \beta \ln K_{it} + \sum_k \theta_k \ln X_{j,\ it} + \mu_i + \nu_t + \varepsilon_{it} \tag{7-3}$$

式中，i 表示城市；t 表示年份；μ_i、ν_t 分别为个体效应和时间效应。

城际投资经济绩效不仅受到本市域自身因素的影响，还有可能受到周边因素

的影响，因而在构建模型时需考虑到这种空间效应。因此，本书进一步采用空间面板计量模型进行估计：

$$\ln Q_{it} = \theta_0 + \alpha \ln L_{it} + \beta \ln K_{it} + \sum_k \theta_k \ln X_{k,\ it} + \delta w_{ij} \ln L_{it} + \eta w_{ij} \ln K_{it} + \sum_k \lambda_k w_{ij} \ln X_{k,\ it} + \rho w_{ij} \ln Q_{it} + \mu_i + \nu_t + \varepsilon_{it} \quad (7-4)$$

式中，w_{ij} 为由城市 i 和城市 j 构成的空间权重矩阵；该模型为空间面板杜宾模型（SPDM），当 $\delta = \eta = \lambda_k = 0$ 时，该模型退化为空间面板滞后模型（SPLM），当 $\delta+\rho\alpha = 0$、$\eta+\rho\beta = 0$、$\lambda_k+\rho\theta_k = 0$ 时，该模型退化为空间面板误差模型（SPEM）。

二、变量选择与初步描述

（一）被解释变量

经济绩效主要体现为城市经济发展的速度，已有相关文献大多采用 GDP、人均 GDP、劳均 GDP 或者 GDP 增长率来衡量城市的经济绩效（张浩然，2015；孙斌栋和李琬，2016；Ma 等，2020；Shi 和 Pain，2020）。本书遵循已有文献的做法，采用城市历年的 GDP 作为模型的被解释变量。为剔除物价变动因素的影响，采用以 2003 年为基期的实际 GDP 来表示，具体表达式为实际 GDP = 名义 GDP/GDP 缩减指数。其中，考察期内各城市的名义 GDP 数据来源于历年《中国城市统计年鉴》；由于没有城市 GDP 缩减指数的统计数据，因此根据各自所在省份的缩减指数进行替代。各省份的 GDP 缩减指数由名义 GDP 和以不变价格下的 GDP 增长指数计算所得。参与上述计算的相关数据主要来源于历年《中国城市统计年鉴》和《中国统计年鉴》。

如图 7-2 所示，对长三角地区实际 GDP 进行初步分析可以发现，一方面，考察期间地区内城市经济实力得到显著提升。另一方面，城市经济空间分布呈现出显著的区域差异性，上海始终占据经济空间的最高峰，与外围区域的绝对差距也不断拉大；此外，局部的高峰区域与周边区域过渡较为平缓，反映出长三角地区经济空间具有一定的空间关联性特征，这也在一定程度上表明本书选择空间面板计量模型进行分析是较为合理的。

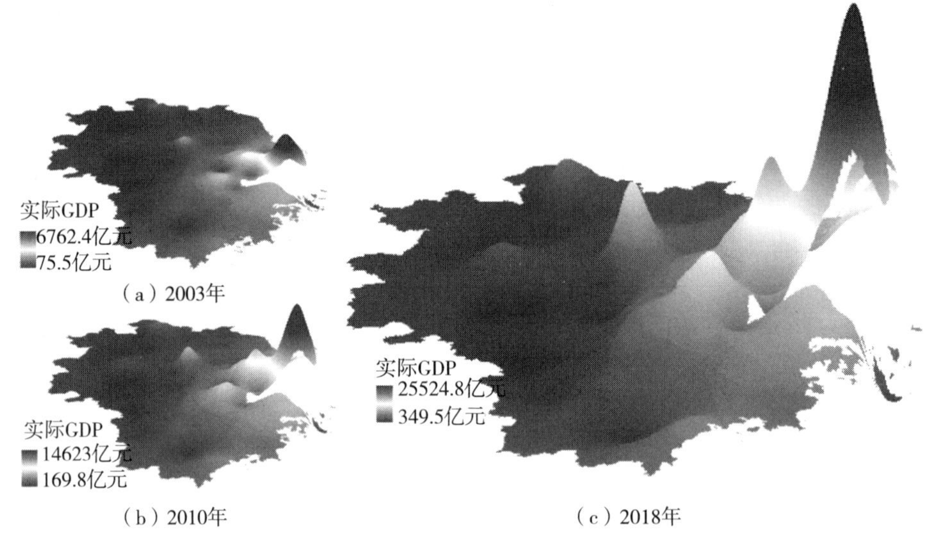

图 7-2　长三角地区实际 GDP 的空间演化

注：根据反距离权重空间差值法生成实际 GDP 连续表面，输出像元大小设为 0.001，基本高度设为 0.004。

（二）核心解释变量

本书选择的核心解释变量为城市的城际投资状况，包括全球尺度城际投资水平（Global Intercity Investment Level，GIIL）、全国尺度城际投资水平（National Intercity Investment Level，NIIL）和区域尺度城际投资水平（Regional Intercity Investment Level，RIIL），分别采用相应尺度上的综合中心性来表示，其值越大城际投资水平就越高。需要说明的是，考察期间有的城市其城际投资水平为 0，无法进行对数变换，故参照已有文献的数据预处理方法，在原数值的基础上统一加上 0.0001 后再取对数。

从全体样本的统计性分析来看（见图 7-3），长三角地区城际投资与经济绩效之间存在明显的正相关关系。全球、全国和区域城际投资水平与城市实际 GDP 之间的相关系数分别为 0.340、0.546 和 0.879，判定系数 R^2 均大于 0.6，表明二者之间线性拟合效果较为理想。这意味着，随着长三角地区与境外和全国城际投资联系的加强，以及地区内部城际投资网络的加密，城市经济发展状况得以不断改善，从而提升了经济绩效。当然，该发现只是建立在数据描述基础上的初步判断，更为可靠、细致的结论需要接下来的实证检验与讨论才能得出。

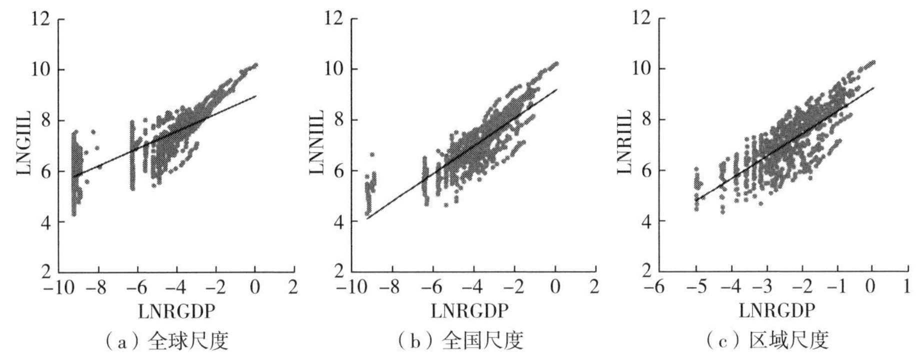

图 7-3 长三角地区各尺度城际投资水平与城市实际 GDP 之间的散点图

（三）其他解释变量

借鉴已有的相关研究成果（种照辉等，2018；Zhao 等，2020；Ma 等，2020；盛科荣等，2020），模型中还引入了新经济增长理论中的人力资本要素，柯布—道格拉斯生产函数中的资本投入要素，以及新增长理论和新经济地理理论中的地方化集聚和城市化集聚要素等诸多解释变量。

（1）人力资本。新经济增长理论（Romer，1989；Lucas，1999）认为，技术进步是经济增长的核心，人力资本和知识是促进技术进步的关键所在。因此，投资教育和提高研究与开发的人力资本存量对于一国和地区经济增长显得尤为重要。相关的实证研究也表明，劳动力的数量规模对经济增长的作用越来越弱，甚至与经济增长无关，一国和地区的经济增长很大程度上依赖于其所拥有的人力资本的规模和质量。劳动者的受教育程度是衡量各国人力资本较为准确的指标（Barro 和 Lee，2000），然而对于城市层面而言，获取研究期间衡量各城市劳动力受教育程度的数据具有相当大的难度，一些学者转而采用城市平均工资、科学研究、技术服务和地质勘查业从业人员占比、万人在校学生数等指标作为城市人力资本存量水平的代理变量。由于教育是劳动力素质提升的主要途径，接受大学（包括大专）教育的边际生产力对经济增长的贡献较大，因此本书采用各城市每万人中在校大学生人数（EDU）来近似衡量劳动者人力资本水平。

（2）资本存量。资本投入是柯布—道格拉斯生产函数中的关键变量。永续盘存法是目前测算资本存量的主流方法，但由于国内没有开展过大规模的资产普查工作，因此本书借鉴张军等（2004）的做法，在估计一个基准年后，借助永续盘存法按不变价格计算各城市的资本存量（K）。基本公式如下：

$$K_{it}=K_{it-1}(1-\sigma_{it})+I_{it} \tag{7-5}$$

式中，i 表示城市；t 表示年份；K_{it}、K_{it-1} 分别表示期末资本存量和期初资本存量；I_{it} 表示当年固定资产投资额；σ_{it} 表示折旧率。其中，期初资本存量 K_{it-1} 由 1979 年的全社会固定资产投资额除以 10%所得，每年的固定资产投资额 I_{it} 按不变价格所得，折旧率 σ_{it} 取 9.6%。

（3）地方化集聚。根据新增长理论和新经济地理理论的观点，产业在某地区集聚所产生的外部性已成为城市和区域经济增长的重要引擎（Romer，1986；Boschma 和 Iammarino，2009；He 和 Pan，2010；王俊松，2016）。根据外部性的差异，可将地方化集聚分为专业化集聚和多样化集聚。前者对应的是马歇尔—阿罗—罗默外部性（MAR externalities），即企业受益于同类产业集聚所带来的劳动力市场、基础设施和专业化投入的共享以及知识的溢出；后者对应的是雅克比外部性（Jacobs' externalities），即企业受益于多类型产业集聚所带来的多样化的知识溢出和抵抗外部经济冲击的能力。实证方面，克鲁格曼专业化指数（Krugman Specialization Index，KSI）和基于赫芬达尔指数构造的多样化指数（Diversification Index，DIV）已成为学界表征专业化集聚和多样化集聚的常用指标（Krugman，1993；孙祥栋等，2016）。

其中，克鲁格曼专业化指数的公式如下：

$$KSI_r = \sum_{i=1}^{I}\left|\frac{L_{i,r}}{L_r}-\frac{L_i}{L}\right| \tag{7-6}$$

式中，i 表示行业，r 表示城市；KSI_r 表示城市 r 的克鲁格曼专业化指数；L_r 表示城市 r 的就业人数；$L_{i,r}$ 表示城市 r 中具体的行业 i 的就业人数；L_i 表示长三角地区行业 i 的总就业人数；L 表示长三角地区所有行业的总就业人数。KSI 指数的取值范围为[0，2]，当 KSI 指数趋近于 0 时，表示城市 r 在产业结构上与整个地区相似；当该指数趋近于 2 时，表示城市 r 的产业结构在本地区中专业化水平非常高。

多样化指数是赫芬达尔指数的倒数形式，具体公式如下：

$$DIV_r = \frac{1}{\sum_{i=1}^{I}\left(\frac{L_{i,r}}{L_r}\right)^2} \tag{7-7}$$

式中，DIVr 表示城市 r 的多样化指数，其余各符号的含义与上述公式中各符号的含义相同。DIVr 的数值越大，表明城市 r 的产业越分散，多样化水平非常高。本书中城市各行业的就业人数数据来源于历年《中国城市统计年鉴》中的

“按行业分组的年末城镇单位就业人员”部分，该统计数据具有时间上的连续性和行业上的稳定性特征，因此适用于本书的分析。

（4）城市化集聚。实际上，城市化集聚所带来的外部性内涵更为丰富，上述地方化集聚指标显然未将这种与城市化环境相关的因素纳入其中（陈建军等，2011）。城市演化理论的一般假设认为，在特定的规模范围内，随着城市规模的扩张其在企业区位选择方面具备相应的优势。大量经验证据也表明，城市化集聚是城市经济绩效的重要来源。人口密度是衡量城市化集聚的合适指标（Ciccone 和 Hall，1996），本书引入地级市层面的人口密度（DEN）作为城市化集聚的代理变量，预计人口密度大的城市其经济绩效就越高。

基本描述性统计结果如表 7-1 所示。就核心解释变量而言，2003~2018 年间，全球、全国和区域尺度城际投资水平对数的均值分别为-5.680、-3.917 和-2.490，标准差分别达到 2.600、1.731 和 1.183，表明长三角地区城际投资分布存在比较明显的差异，但差异程度呈现全球尺度最大、全国尺度居中、区域尺度相对最小的尺度性特征。此外，表 7-1 还报告了城际投资经济绩效模型中其他控制变量的描述性统计结果，在此不予以赘述。

表 7-1　城际投资经济绩效模型中解释变量的基本描述性统计

变量名称	变量定义	样本量	均值	标准差	最小值	最大值
LNGIIL	全球尺度综合中心性的对数	656	-5.680	2.600	-9.211	0.000
LNNIIL	全国尺度综合中心性的对数	656	-3.917	1.731	-9.210	0.000
LNRIIL	区域尺度综合中心性的对数	656	-2.490	1.183	-9.210	0.000
LNEDU	万人在校大学生数的对数（人/万人）	656	4.741	0.929	1.400	6.910
LNK	资本存量的对数（万元）	656	17.779	1.268	14.536	20.707
LNKSI	克鲁格曼专业化指数的对数	656	-0.849	0.440	-2.011	0.150
LNDIV	多样化指数的对数	656	1.700	0.375	0.664	2.269
LNDEN	人口密度的对数（人/平方千米）	656	6.754	0.611	5.176	8.203

第三节　结果分析

本章的实证检验主要分为 4 个步骤展开：首先，以长三角地区 2003~2018 年

41 个城市构成的面板数据为总体样本，研究不同尺度下长三角地区城际投资状况是否会对城市经济绩效产生影响；其次，将总样本分为两个时段，考察各尺度城际投资在不同时段对经济绩效的影响变动；再次，总样本分为核心区域和外围区域两个子样本，以进一步辨析城际投资经济绩效是否存在区域分异规律；最后，采用多种方式对上述模型的稳健性进行检验，旨在增强本部分结论的可靠性。

在建立模型之前需要考察变量的空间自相关性。根据被解释变量实际 GDP 的 Moran's I 指数可知（见表 7-2），三个年份的指数值均显著为正，表明长三角地区经济增长空间存在显著的空间自相关性；且指数值呈现下降趋势，特别是研究后期下降更为明显，表明长三角地区经济增长的空间差异在缩小，均衡性有所提升。此外，三个核心解释变量与被解释变量的双变量 Moran's I 指数统计结果也显示，变量之间存在显著的空间关联和依赖特征。因此，本书采用空间面板计量模型进行估计。

表 7-2　实际 GDP 和各尺度城际投资的单变量和双变量 Moran's I 指数统计结果

年份	单变量 Moran's I	双变量 Moran's I		
	LNRGDP	LNRGDP 与 LNGIIL	LNRGDP 与 LNNIIL	LNRGDP 与 LNRIIL
2003	0.4354*** (0.0959)	0.2882*** (0.0857)	0.3012*** (0.0865)	0.2402*** (0.0810)
2010	0.4310*** (0.0957)	0.2859*** (0.0841)	0.2780*** (0.0879)	0.2771*** (0.0840)
2018	0.2537*** (0.0803)	0.3281*** (0.0850)	0.2384*** (0.0828)	0.3458*** (0.0894)

注：LNRGDP 为城市实际 GDP 的对数；括号内数值为标准误差；*、**和***分别代表在 10%、5%和 1%的统计水平上显著。

一、总体样本估计结果

由前文分析可知，长三角地区城市经济绩效和各尺度城际投资均呈现出空间关联性特征，因此初步判断空间面板计量模型可能较普通 OLS 拟合效果更好。为提高模型估计的准确性，进一步采用拉格朗日乘数（LM）、稳健的拉格朗日乘数（Robust LM）以及 Wald 检验，结果表明 SPDM 模型效果较优。最后，结合 Hausman 统计值可综合判断出总体样本回归模型选择具有固定效应的空间面板杜宾模

型最为合适。对于空间相关性系数 ρ 和 σ^2，各模型均通过了显著性检验，表明长三角地区城市经济增长存在显著的空间溢出效应。

首先分别考察全球、全国和区域尺度城际投资对经济绩效的影响，结果分别对应表 7-3 中的模型 1、模型 2 和模型 3。从中可看出全球和全国尺度的城际投资对经济绩效有着显著的正向影响，尽管区域尺度城际投资的影响不显著，但其影响方向与理论预期相符。进一步将所有解释变量纳入模型 4 之中，其 R^2 和对数似然函数值（Log-L）均大于其他模型，模型的解释力更强，于是就该模型展开具体分析。

表 7-3　城际投资经济绩效模型的回归结果（总体样本）

变量	模型 1	模型 2	模型 3	模型 4	变量	模型 1	模型 2	模型 3	模型 4
LNGIIL	0.0130***	—	—	0.0160***	W×LNGIIL	0.582***	—	—	0.8000***
LNNIIL	—	0.0067*	—	0.0079*	W×LNNIIL	—	0.0528	—	0.5631***
LNRIIL	—	—	0.0047	0.0095*	W×LNRIIL	—	—	0.3545**	0.0741
LNEDU	0.0218**	0.0335***	0.0264**	0.0210*	W×LNEDU	0.5733***	1.6683***	1.8614***	0.1361
LNK	0.3271***	0.3587***	0.3520***	0.3339***	W×LNK	4.0340***	4.2300***	4.4387***	2.5677***
LNKSI	0.0523***	0.0551***	0.0534***	0.0550***	W×LNKSI	-0.8567**	-0.4845	-0.6757*	-0.0321
LNDIV	0.0447***	0.0491***	0.0538***	0.0423**	W×LNDIV	1.1100**	0.8571	-0.7017	1.441***
LNDEN	0.0348***	0.0330***	0.0305***	0.0350***	W×LNDEN	2.0219***	1.9352***	1.9532***	0.9136***
ρ	6.2331***	6.2206***	6.0778***	0.0037***	σ^2	0.0034***	0.0036***	0.0036***	5.1111***
R^2	0.2617	0.2256	0.1827	0.5962	Log-L	924.3297	900.9589	902.7590	939.8301

注：*、**和***分别代表在 10%、5%和 1%的统计水平上显著。

结果显示，在控制了人力资本、资本存量、地方化集聚和城市化集聚等变量的前提下，全球、全国和区域尺度城际投资回归系数均为正值，三者均通过了至少 10%水平上的显著性检验。因此，前文中的理论分析得到初步证实，即长三角地区城市通过开展不同空间尺度的城际投资活动，可以享受到超越地理边界的网络外部性，凸显城市的比较优势和规模经济，成为影响城市经济绩效的一个值得关注的源泉。此外，在空间权重矩阵 W 作用下，空间交互项 W×LNGIIL、W×LNNIIL 的系数均显著为正，表明全球和全国尺度的城际投资均存在显著的空间溢出效应；W×LNRIIL 的系数虽为正值但不显著，表明区域尺度的城际投资虽对经济绩效产生正向的空间溢出效应，但该效应不显著。最后，模型中大部分控制变量的直接项和相应的空间交互项也通过了显著性检验，影响方向与理论预期相符。

当然，SPDM 模型中的回归系数并不能直接体现各个解释变量的影响程度。为精准考察长三角地区不同尺度城际投资状况对城市经济绩效影响的边际效应，进一步地，采用 LeSage 和 Pace（2009）的做法，将空间效应进行分解，通过直接效应、溢出效应和总效应刻画出核心解释变量和其他变量对本市及邻近城市经济绩效的作用。

表 7-4 报告了空间效应分解的结果。就核心解释变量而言，城市各尺度的城际投资水平的总效应均至少在 10%水平上显著为正，这为前文理论分析提供了明确的佐证。具体地，全球、全国和区域尺度城际投资水平每上升 1%，产出将分别增加 0.0841%、0.0705%和 0.0216%，表明长三角地区城市通过融入不同空间尺度的城际投资网络，能够对城市经济增长产生显著的正向促进作用。三个尺度的城际投资直接效应均显著为正，表明城市本身在城际网络中的地位越高，越有利于自身的经济增长。接着观察溢出效应可以发现，全球和全国尺度城际投资的空间溢出效应均显著为正，且占到总效应的 80%以上，这也进一步印证了长三角地区在全球和全国尺度上的资本流动所产生的空间溢出效应对城市经济绩效具有重要贡献。换句话说，传统的 OLS 估计由于没有将空间溢出效应纳入其中，可能会高估城际投资对经济绩效的直接影响。需要注意的是，地区内部城市间的相互投资并没有产生显著的空间溢出效应，这可能与长三角地区内部城际投资活动的发展阶段和区域异质性有关，具体原因将在后文展开探讨。

表 7-4　城际投资经济绩效模型的空间效应分解结果（总体样本）

变量	LNGIIL	LNNIIL	LNRIIL	LNEDU	LNK	LNKSI	LNDIV	LNDEN
直接效应	0.0124***	0.0112**	0.0105**	0.0223*	0.3292***	0.0566***	0.0369**	0.0319***
溢出效应	0.0716***	0.0593***	0.0110	0.0262	0.0833***	−0.0309	0.1148**	0.0731**
总效应	0.0841***	0.0705***	0.0216*	0.0485	0.4125***	0.0257	0.1517***	0.1050***

注：*、**和***分别代表在 10%、5%和 1%的统计水平上显著。

就其他控制变量而言，城市的人力资本、资本存量、地方化集聚和城市化集聚等因素均对本市经济绩效产生直接的促进作用。具体来讲，人力资本和资本存量这两个控制变量的估计结果与以往城市经济绩效模型中的相应结果一致（Ha 和 Howitt，2007；Meijiers，2013；孙斌栋和李琬，2016），即随着教育水平的提升劳动力素质得到改善，专业化人力资本的不断积累使生产函数表现出规模报酬

递增，从而对经济增长产生推动作用；且城市的资本存量越高，越有利于资本的深化，进而有助于提高其经济绩效。集聚经济变量组中的专业化集聚、多样化集聚和城市化集聚三个变量的直接效应均显著为正，这意味着流动空间环境中集聚经济仍是影响城市经济绩效提升的重要因素，空间约束下的产业集聚所带来的外部性和知识溢出效应是经济地理景观演化过程中不可忽视的驱动力量。此外，资本存量、多样化集聚和城市化集聚空间溢出也是显著提升城市经济绩效的重要途径。

至此，在本章前文中的理论预期全部得到了验证。随着理论的发展，尽管对网络嵌入的经济绩效关注度增多，但系统综合分析仍有待加强，特别是对网络嵌入的时间、区域异质性缺乏关注。接下来，本书将从时间异质性和空间异质性两个方面入手展开进一步的检验与讨论，以期深化长三角地区城际投资经济绩效的研究，提高所得结论的准确性和现实指导性。

二、不同时段估计结果

2010 年上海世博会为长三角加快区域一体化进程提供了重要契机，后世博跨区域关联效应逐渐凸显（俞立中等，2011）。此外，从前文中对样本企业的数量和投资额的统计分析来看，2010 年前后也存在着较为明显的差异。因此，本书以 2010 年为时间节点，将 2003~2018 年的总体样本分为 2003~2010 年的样本和 2011~2018 年的样本，分别进行时段分组回归，旨在进一步厘清各尺度城际投资对城市经济绩效贡献的动态变化规律。

首先，分别对两个时段的模型进行格兰杰因果检验，结果显示均存在单项因果关系，可以进一步做多元回归分析。接下来同样遵循 Anselin 等提出的判断规则来确定哪种空间面板回归模型更为合适。对于两个时段的模型来说，SPLM 模型的 LM 和 Robust LM 的统计量均在 10%水平上显著，但 SPEM 模型的 Robust LM 统计量不显著，说明 SPLM 更为合适。其次，进一步地，Walds 检验和 LR 检验显示，SPDM 模型更适合 2003~2010 年的回归；就后半期数据来说，因两个检验 Walds 和 LR 统计量未通过 10%统计水平上的显著性检验，即接受 SPDM 模型简化为 SPLM 模型，因此 SPLM 模型更适合 2011~2018 年的回归。最后，由 Hausman 统计量的 P 值（均不超过 0.05）可判断出固定效应更优。综上，2003~2010 年和 2010~2018 年的最优拟合模型分别选择具有固定效应的空间面板杜宾模型和空间面板滞后模型。

两个时段的相关估计系数如表 7-5 所示。2003~2010 年，仅全球尺度城际投资对城市经济绩效产生显著促进作用，而城市的全球和区域尺度城际投资水平的回归系数未通过显著性检验，表明在该研究时段，全球化驱动下的跨国资本流动是影响长三角地区经济增长的关键力量。2010~2018 年，城市在三个尺度上的城际投资水平的回归系数全部通过显著性检验，且从回归系数的大小上可大致判断出国内市场和地方化的影响超过了全球化的影响，城市经济绩效的提升更多的是依赖全国和区域尺度的城际投资活动。此外，各控制变量在不同时段对城市经济绩效也存在差异，在此不再赘述。两个时段上空间项的估计系数 ρ 和 σ^2 均为正且都通过了 1%统计水平上的显著性检验，表明均存在显著的空间溢出效应。为深入解释各变量对经济绩效的直接效应和溢出效应，有必要对两个时段的结果进行进一步的分解和剖析。

表 7-5 城际投资经济绩效模型的回归结果（不同时段）

变量	2003~2010 年（SPDM）	2011~2018 年（SPLM）	变量	2003~2010 年（SPDM）	2011~2018 年（SPLM）
LNGIIL	0.0083**	0.0136***	W×LNGIIL	0.3509***	
LNNIIL	0.0013	0.0457***	W×LNNIIL	0.5698***	
LNRIIL	-0.0018	0.0225**	W×LNRIIL	0.1846	
LNEDU	0.0161	0.0499***	W×LNEDU	1.3287**	
LNK	0.3229***	0.2787***	W×LNK	2.8901***	
LNKSI	0.0038	0.0393***	W×LNKSI	0.9272	
LNDIV	0.0693***	-0.0038	W×LNDIV	1.5653*	
LNDEN	0.0020	0.0042	W×LNDEN	-0.18017	
ρ	6.2243***	1.5581***	σ^2	0.0019***	0.0008***
R^2	0.6699	0.3000	Log-L	401.4625	698.1901

注：*、**和***分别代表在 10%、5%和 1%的统计水平上显著。

表 7-6 报告了不同时段空间效应分解的结果。首先，分别对三个核心解释变量进行具体分析。与境外其他城市展开城际投资，其对城市经济绩效的三种效应在前后两个不同时段上均显著为正。随着时间的推移，空间溢出效应有所下降，而对本市的直接经济增长效应有所提升，但前者下降较为明显，导致对经济绩效的影响整体上有所下降。在研究前期，与全国其他城市展开城际投资所产生直接效应并不显著，但由于能有效吸收周边核心节点城市空间溢出并共享网络协同利

益，从而使城市的整体经济绩效得到有效提高；在研究后期，直接效应的回归系数通过了显著性检验，即通过进一步直接地融入长三角—全国城际投资网络，能够直接推动本市与全国其他城市之间生产要素的交换与流动，从而有效提升本市经济绩效。长三角地区内部城市间相互投资的各类经济增长效应在前期均不显著，而在后期则均呈现显著的正向影响。

表 7-6 城际投资经济绩效模型的空间效应分解结果（不同时段）

变量	2003~2010 年			2011~2018 年		
	直接效应	溢出效应	总效应	直接效应	溢出效应	总效应
LNGIIL	0.0366*	0.0279**	0.0645***	0.0238***	0.0058**	0.0296***
LNNIIL	0.0049	0.0521***	0.0571***	0.0455***	0.0186***	0.0642***
LNRIIL	-0.0026	0.0187	0.0161	0.0238**	0.0097**	0.0335**
LNEDU	0.0089	0.1094**	0.1183***	0.0505***	0.0207***	0.0712***
LNK	0.3173***	0.0779***	0.3952***	0.2792***	0.1138***	0.3930***
LNKSI	-0.0015	0.0827	0.0812*	0.0394***	0.0161***	0.0555***
LNDIV	0.0636**	0.0926	0.1562**	-0.0042	-0.0017	-0.0059
LNDEN	0.0036	-0.0177	-0.0141	0.0049	0.0021	0.0070

注：*、**和***分别代表在 10%、5%和 1%的统计水平上显著。

通过对各尺度城际投资经济绩效的横向对比可以看出，在早期只有全球和全国尺度的城际投资产生显著的经济拉动作用，可能的原因是：能够在这两个尺度上参与城际投资活动的多数为大型企业，此类企业的资源配置效率、研发技术实力和组织管理水平等处于较高层次，可有效促进城市知识增长和全要素生产率的提高，且它们的投资带动和市场拓展能力等较强，能够直接推动城市经济的增长。随着跨国和跨区投资经营的深入发展，本地企业中知识吸收与创造效率低的企业逐渐被淘汰，存活企业通过引进人才、模仿和学习先进企业的技术和经验等方法，使自身生产经营效率得以不断提高（马林和章凯栋，2008；季颖颖等，2014），城市的全要素生产率也随之得到改善。此外，由前文中对地区内部企业总部和分支机构的数量统计可知，2010 年以后分支机构数量扩张的速度和规模要明显快于企业总部，企业的市场空间得到拓展，从而凸显了城市的规模经济。因此，在研究后期，地区内部城市间相互投资显著地提升了城市的经济绩效。另外，需引起注意的是，近年来全球尺度城际投资对经济绩效的作用有所下降，而全国和区域尺度城际投资的作用在提升。就总效应而言，城市的全球尺度城际投资水平每上升 1%，产出增幅从前期的 0.0645%下降到后期的 0.0296%；而全国尺度城际投资水平每上升 1%，产出增幅由 0.0571%增加到 0.0642%，且区域尺度城际投资水平的回归系数也由不显著变为显著。简言之，现阶段长三角地区城市经济绩效的提升更多的是依靠国内（全国和本地区）资本的流动。

对其他控制变量进行分析可知，人力资本、资本存量、专业化集聚这三个变量的总效应均出现不同程度的下降趋势，而多样化集聚的总体影响由早期的显著为正转变为后期的不显著，城市化集聚的回归系数则未通过显著性检验。进一步聚焦来对比分析网络外部性和集聚外部性。由本书的实证结果来看，城市嵌入多尺度城际投资网络对城市绩效的作用不断提升，甚至超过城市自身规模的作用。这一发现也印证了 McCann 和 Acs（2011）、Meijer 等（2016）、Camagni 等（2017）学者的观点，即在生产分割和流动空间环境下，城市发展越发依赖于建立和维持与其他城市之间联系的能力，其对城市发展的贡献可能会逐渐超过本地集聚经济的影响。

三、不同区域估计结果

事实上，由于资源禀赋和发展阶段的不同，对于城际投资水平和城市经济产出，在区域分布上都存在着明显的差异，这在前文相关分析内容中均有体现。因此，我们猜想城际投资对城市经济绩效的影响也可能存在区域上的异质性，这将是接下来重点研究的问题。本书将总体样本分为核心区域和外围区域两大经济板块进行区域比较分析。主要依据相关规划和研究成果（宁越敏，2011，2016），以及本书的研究发现进行划分，其中核心区域主要包括上海和江苏的南京、苏州、无锡、常州、镇江、扬州、泰州、南通 8 个城市，浙江省的杭州、宁波、湖州、嘉兴、绍兴、舟山、台州 7 个城市，以及安徽的合肥、马鞍山、芜湖 3 个城市，共计 19 个城市，外围区域则包括其余的 22 个城市。

在分区域回归检验之前，首先对不同区域的经济绩效和城际投资差异进行描述性统计说明。由表 7-7 的汇总结果可知，核心区域在经济绩效和城际投资水平上都要明显领先于外围区域。整体来看，在研究前期，外围区域的经济绩效和城际投资水平的增速落后于核心区域；在研究后期，外围区域的经济绩效和城际投资发展增速相对更快，呈现出从核心向外围扩散的态势，区域差距有所缓解。这一现象为城际投资经济绩效的区域异质性检验奠定了基础。

表 7-7　长三角地区不同区域的经济绩效和城际投资差异

研究时段	统计值	核心区域				外围区域			
		实际 GDP	GIIL	NIIL	RIIL	实际 GDP	GIIL	NIIL	RIIL
2003~2018 年	均值（亿元）	3532.346	0.067	0.103	0.212	981.462	0.005	0.023	0.078
	增速（%）	11.30	20.29	20.23	13.24	11.25	18.18	20.64	16.55
2003~2010 年	均值（亿元）	2213.121	0.038	0.052	0.129	591.006	0.002	0.008	0.041
	增速（%）	13.80	32.98	23.12	13.77	13.47	26.94	20.90	18.69
2011~2018 年	均值（亿元）	4851.572	0.096	0.155	0.294	1371.917	0.009	0.037	0.115
	增速（%）	8.76	10.56	17.20	13.12	8.82	12.98	18.77	13.57

首先将样本分为核心和外围两组，分别进行回归分析；其次按时段进一步分类进行回归，共计得到 6 个模型。由 Granger 因果检验、LM 和 Robust LM 检验、Walds 和 LR 检验以及 Hausman 检验的结果最终确定出最优拟合模型应为具有固定效应的空间面板滞后模型，计量结果如表 7-8 所示。结果显示，空间项的估计系数 ρ 和 σ^2 均显著为正，进一步证实了空间相关性的存在，表明长三角地区不同经济板块经济增长同样存在空间溢出效应和空间依赖作用。对于核心区域而言，全球和全国尺度城际投资在全时段和分时段上均显著为正，而区域尺度城际投资仅在研究前期通过了显著性检验；对于外围区域而言，全球尺度城际投资的影响均不显著，而全国尺度城际投资在研究后期影响变为显著，区域尺度城际投资则在全时段和分时段上均显著为正。可见，城际投资经济绩效存在明显的区域异质性，这一发现验证了前文的猜想。

表 7-8　城际投资经济绩效模型的回归结果（不同区域）

变量	核心区域			外围区域		
	2003~2018 年	2003~2010 年	2011~2018 年	2003~2018 年	2003~2010 年	2011~2018 年
LNGIIL	0.0197***	0.0093***	0.0181***	0.0054	0.0044	0.0038
LNNIIL	0.0214***	0.0137**	0.0259**	0.0019	0.0059	0.0381***
LNRIIL	0.0033	0.0302**	0.0285	0.0276***	0.0093**	0.0220*
LNEDU	0.0690***	0.0458***	0.0437**	0.0281**	-0.0003	0.0800***
LNK	0.4566***	0.4750***	0.4557***	0.2903***	0.2702***	0.2711***
LNKSI	0.0772***	0.0368**	0.0861***	0.0337*	0.0348	0.0138
LNDIV	0.0654***	-0.0144	0.0844***	-0.0242	-0.0415	-0.0242

续表

变量	核心区域			外围区域		
	2003~2018 年	2003~2010 年	2011~2018 年	2003~2018 年	2003~2010 年	2011~2018 年
LNDEN	0.0208**	0.0103	0.0298***	0.0074	-0.0062	-0.0056
ρ	1.9215***	1.9001***	1.2672***	3.2191***	4.0344***	2.6420***
σ^2	0.0013***	0.0007***	0.0002***	0.0037***	0.0017***	0.0009***
R^2	0.5267	0.5016	0.4879	0.3626	0.1819	0.2587
Log-L	489.5618	285.2318	364.5802	551.9783	351.7275	420.4031

注：*、**和***分别代表在10%、5%和1%的统计水平上显著。

对于存在自变量空间滞后项的SPLM模型来说，系数值大小无法真实地反映出自变量的影响（LeSage和Pace，2010）。为了更好地揭示不同经济板块城市的城际投资水平与经济绩效之间的空间交互作用，下面通过直接效应、溢出效应和总效应来展开进一步的分析。

（一）核心区域空间效应分解结果

表7-9为核心区域的空间效应分解结果。从整个研究时段上看，全球、全国和区域城际投资总效应的估计结果均显著为正，表明位于核心区域的城市通过嵌入到不同尺度的城际投资网络而获得规模经济和协同效应，进而显著提升了城市的经济绩效。分时段来看，跨国城际投资发展状况对经济绩效的整体影响随着时间的推移略有下降但变化不大，其中对本市自身的直接影响有所下降，而受周边城市空间溢出的间接影响略有上升。跨区进行城际投资经营对经济绩效所产生的直接效应、溢出效应和总效应均呈现增加态势，表明融入全国资本流动空间所带来的正向外部性被越来越好地发挥了出来。然而，区域尺度城际投资的估计结果变化最为明显，从前期的三种影响效应均显著为正，转变为后期的仅对自身有显著的直接效应，地区内城市间相互投资产生的溢出效应不显著的原因应该是：核心区域内城市的城际投资水平均较高彼此间差距相对不大，导致无法辐射带动周边城市经济发展。

对核心区域控制变量的空间效应分解结果可知，整个研究期间，人力资本、资本存量、地方化集聚和城市化集聚等变量的三种效应的系数均至少在5%的统计水平上显著为正，表明人力、资本、产业以及其他要素的本地化集聚能够有效促进城市经济增长。从时间变化上来看，人力资本和资本存量三种效应的回归系数均有所下降，但仍呈现非常显著的正向影响；而地方化集聚和城市化集聚的影

响变化较大，由不显著转变成显著为正。研究结果表明，长三角核心区域并未发展到因资源要素过度集聚而产生集聚不经济现象，相反，因集聚带来的外部性和知识溢出仍是影响该区域增长的重要因素。该发现也呼应了孙斌栋和李琬（2016）关于城市规模分布经济绩效的研究，即需要更加慎重地制定特大城市的城市规模分布引导政策，对于这些城市而言，此时推动多中心建设效果可能会大打折扣，甚至适得其反。

表 7-9 城际投资经济绩效模型的空间效应分解结果（核心区域）

变量	2003~2018 年			2003~2010 年			2011~2018 年		
	直接效应	溢出效应	总效应	直接效应	溢出效应	总效应	直接效应	溢出效应	总效应
LNGIIL	0.0200***	0.0058***	0.0258***	0.0095***	0.0028**	0.0122***	0.0090**	0.0031**	0.0121**
LNNIIL	0.0217***	0.0063***	0.0281***	0.0141**	0.0040**	0.0181**	0.0255**	0.0044**	0.0299***
LNRIIL	0.0247*	0.0013	0.0260*	0.0319**	0.0092**	0.0411**	0.0274*	0.0049	0.0322
LNEDU	0.0697***	0.0203***	0.0900***	0.0464***	0.0136**	0.0600***	0.0439**	0.0078**	0.0516**
LNK	0.4589***	0.1331***	0.5920***	0.4771***	0.1366***	0.6137***	0.4565***	0.0800***	0.5364***
LNKSI	0.0779***	0.0227***	0.1007***	0.0371*	0.0111	0.0482*	0.0861***	0.0150***	0.1011***
LNDIV	0.0658***	0.0192***	0.0850***	-0.0145	-0.0039	-0.0183	0.0840***	0.0146***	0.0987***
LNDEN	0.0215**	0.0062**	0.0277**	0.0107	0.0031	0.0137	0.0293***	0.0052***	0.0345***

注：*、**和***分别代表在 10%、5%和 1%的统计水平上显著。

（二）外围区域空间效应分解结果

表 7-10 报告了外围区域的空间效应分解结果。结果显示，整个研究期间，全球和全国尺度城际投资的三种效应的回归系数的符号虽为正但均未通过显著性检验，这是因为外围区域的城市嵌入全球和全国城际投资网络的程度较浅，尚未跨越显著影响经济绩效的门槛；而区域尺度城际投资的三种效应的回归系数全部显著为正，表明研究期间外围区域的城市通过积极参与到地区内部的城际投资活动中，能够显著推动城市经济发展。从时间演化上来看，因达到跨国城际投资显著促进经济增长门槛的难度较大，因而全球尺度城际投资始终未对外围区域经济发展产生显著影响；随着外围区域进一步地参与全国尺度投资网络合作，能够有效获得网络协同利益并促进经济增长，因此在研究后期全国尺度城际投资水平的回归系数均变得显著；且随着时间的推移，外围区域经济增长越来越获益于地区内部的网络嵌入。

表 7-10 城际投资经济绩效模型的空间效应分解结果（外围区域）

变量	2003~2018 年			2003~2010 年			2011~2018 年		
	直接效应	溢出效应	总效应	直接效应	溢出效应	总效应	直接效应	溢出效应	总效应
LNGIIL	0.0057	0.0033	0.0090	0.0047	0.0041	0.0087	0.0040	0.0018	0.0057
LNNIIL	0.0017	0.0010	0.0027	0.0059	0.0051	0.0110	0.0179***	0.0107***	0.0286***
LNRIIL	0.0285***	0.0168***	0.0454***	0.0099***	0.0086**	0.0186***	0.0236*	0.0103*	0.0339*
LNEDU	0.0285**	0.0168**	0.0453**	-0.0002	-0.0004	-0.0006	0.0812***	0.0361***	0.1172***
LNK	0.2939***	0.1730***	0.4670***	0.2764***	0.2404***	0.5168***	0.2728***	0.1195***	0.3923***
LNKSI	0.0342*	-0.0203*	0.0140*	-0.0357	-0.0311	-0.0667	0.0140*	0.0064	0.0204
LNDIV	-0.0253	-0.0146	-0.0399	-0.0437	-0.0375	-0.0813	-0.0248	-0.0106	-0.0353
LNDEN	0.0082	0.0048	0.0130	-0.0057	-0.0051	-0.0108	-0.0050	-0.0021	-0.0071

注：*、**和***分别代表在 10%、5%和 1%统计水平上显著。

对外围区域控制变量的空间效应分解结果可知，在整个研究期间人力资本和资本存量的三种效益的回归系数均显著为正，体现出人力和资本的积累是外围区域经济增长的重要动力；专业化集聚分别产生显著的正向直接效应和负向溢出效应，但前者相对影响更大，使专业化集聚产生的总体效应显著为正；其余控制变量则未通过显著性检验。在时间演化上，各控制变量对外围区域的影响总体上变化不大，其中人力资本的各类效应由不显著变为显著，资本存量的作用一直显著为正，但系数略有下降，这些说明相对于物质资本而言，人力资本对外围区域发展的重要性逐渐凸显。此外，随着时间的推移，长三角外围区域的市域集聚经济始终不存在（地方化集聚和城市化集聚的回归系数不显著）。

第四节 本章小结

本章利用 2003~2018 年长三角地区各城市在不同尺度上的城际投资数据，采用修正后的柯布—道格拉斯生产函数并结合空间面板计量模型，从整体、分时段、分区域等角度用以衡量长三角地区城际投资的经济绩效，得到以下主要发现和启示：

（1）全球、全国和区域尺度城际投资水平每上升 1%，产出将分别增加

0.0841%、0.0705%和0.0216%，可以看出各城市通过融入长三角—境外、长三角—全国以及本地城际投资网络，均能够对城市经济增长产生显著的正向促进作用，且这种促进作用存在尺度差异性。该发现有力地证明了理论预期，即长三角地区城市通过开展不同空间尺度的城际投资活动，进一步凸显了城市的比较优势和规模经济，为城市经济增长带来积极的正向影响。因此，城市增长模型中需要考虑城市间经济联系的作用。由此引申出的政策含义是，形成开放共赢、互利合作的发展理念，在更大的、多层次的空间尺度上推动城市间的投资联系和跨界区域合作，应纳入国家和地方政府的政策决策。

（2）考察城际投资的空间效应可以发现，长三角地区不同空间尺度的城际资本流动不仅直接影响城市经济增长，其所引致的空间溢出效应还对城市经济增长产生间接影响，其中全球和全国尺度城际投资的空间溢出效应占到总效应的80%以上。这一结论的启示在于，地方政府在制定政策促进本地区城际投资活动时，不仅需要关注本地的条件与环境，还需全面考虑周边地区的城际投资发展状况，与之加强交流与合作。在制度建设方面，需进一步破除地区壁垒，完善区域间要素流动的体制机制，鼓励资本要素的自由流动，扩大城际投资溢出的空间半径。

（3）从各尺度城际投资影响程度的时序变化上来看，城市的全球尺度城际投资水平每上升1%，产出增幅从前期的0.0645%下降到后期的0.0296%；而全国尺度城际投资水平每上升1%，产出增幅由0.0571%增加到0.0642%，且区域尺度城际投资水平的回归系数也由不显著变为显著。可见，现阶段长三角地区城市经济绩效的提升更多的是依靠国内（全国和本地区）资本的流动。该结论可为构建国内国际双循环相互促进新发展格局这一国家战略提供来自长三角地区的直接依据。由此可见，提出这一国家战略不仅是大势所趋，更是中国经济可持续发展的现实基础和内在需求（钱学锋和裴婷，2021）。

（4）相对于核心区域，外围区域的经济绩效和城际投资发展增速更快，呈现出从核心向外围扩散的态势，区域差距有所缓解。从整个研究时段来看，对于核心区域而言，三个尺度的城际投资发展状况均对经济增长产生显著的正向作用；而对于外围区域而言，由于位于该区域的城市其嵌入全球和全国城际投资网络的程度较浅，尚未跨越显著影响经济绩效的门槛，仅有区域尺度城际投资能显著提升城市的经济绩效。随着时间的推移，位于核心区域的城市，其全球、全国和区域尺度城际投资的经济绩效分别表现为略有下降、显著提升及变为不显著；而位于外围区域的城市，其全球、全国和区域尺度城际投资的经济绩效则分别表现为始终不显著、变为显著为正以及显著提升。这说明，随着融入不同尺度的城际投资网络程度的加深，对处于不同发展阶段的区域的贡献度也随之变化。因此，在制定政策时应高度重视这种时空异质性特征，实施差异化策略促进长三角地区城际投资协调发展，以此缩小区域经济发展差距。

（5）就控制变量而言，整体上，城市的人力资本和资本存量越高，越有助于提高其经济绩效；集聚经济（包括专业化集聚、多样化集聚和城市化集聚）是影响城市经济绩效提升的重要因素，空间约束条件下经济集聚所带来的外部性和知识溢出效应仍是经济地理景观演化过程中不可忽视的驱动力量。此外，通过对比发现，随着时间的推移，城市发展越发依赖于建立和维持与其他城市之间联系的能力，其对城市发展的贡献可能会逐渐超过本地集聚经济的影响。

第八章 结论与展望

第一节 主要结论

为了对长三角地区城际投资时空演化进行系统性考察，本书在理论分析的基础上，基于2003~2018年的企业微观投资数据，构建长三角—境外、长三角—全国以及长三角地区内部的有向加权的城际投资网络，结合社会网络分析、规模分布模式分析、马尔可夫链分析和计量回归分析等方法，从多尺度网络分析的视角，揭示长三角地区城际投资时空演化的地理过程、空间效应、驱动机制及经济绩效，得到以下几点主要结论：

一、多尺度、多中心、多节点的网络型城际投资格局浮现

2020年11月1日，第21期《求是》杂志发表习近平总书记的重要文章《国家中长期经济社会发展战略若干重大问题》。文章从发展战略的角度对涉及中国中长期经济社会发展的六个重大问题进行了思考，其中在第三点“完善城市化战略”中重点强调“要推动城市组团式发展，形成多中心、多层级、多节点的网络型城市群结构”。长三角地区是中国起步最早、能级最高的全球城市区域之一。从跨区域的资本流动或投资的角度看，结果显示长三角地区企业异地投资活跃，资本跨区流动频繁，已初步形成多尺度、多中心、多节点的网络型城际投资格局。

（1）多尺度。长三角地区已构建起全球性、全国性和区域性的城际投资网络，分别处于快速发展、稳步发展和完善发展的阶段，空间上普遍遵循择优链接规律，网络对称性也不断提高。境外网络形成与东亚、西欧和北美等地投资联系异常紧密的区域，以资本流向长三角地区为主导；全国网络“东密西疏”的结

构凸显，长三角地区由投资辐合地转为投资辐射地；区域网络呈现出“等级+邻近+跳跃”的空间扩张和行政区经济现象，区内几乎所有城市与本地其他城市有双向投资互动。此外，各尺度投资网络的城市节点性空间分布不均衡，空间异质性随尺度扩大而加剧，“沪宁合杭甬”发展带日益显现，但位于外围地区的城市其城际投资水平增速相对更快。

（2）多中心。长三角地区城际投资空间格局呈现多中心发展势头，且具有典型的尺度敏感性。一方面，随着时间的推移，分别承担全球性、全国性和区域性功能的首位城市（即上海）在相应尺度上的极化和控制能力有弱化的趋势，首位投资门户的相对地位有所下降，其他主要城市的相对地位则有所提升。另一方面，研究发现在长三角地区，随着空间尺度的缩小（由全球、国家尺度下降到区域尺度），城际投资空间格局的多中心度就越高。该结论印证了 Hall 和 Pain（2006）所提出的理论假设，即城市区域的多中心网络是高度“尺度敏感”（scale sensitive）的，这意味着首位城市在不同空间尺度网络中的相对地位各有不同。

（3）多节点。研究期间，参与到不同尺度城际投资网络中的长三角节点城市越来越多，且各尺度城际投资的规模分布在长三角地区呈扩散趋势，但分布模式存在尺度差异。一方面，对长三角地区内部城市进行局部性的分析发现，尽管各尺度城际投资的规模分布中高位序城市和中低位序城市差异较大产生双分形结构，但研究期间分散力量占主导，中低位序城市的城际投资功能发育较快，呈现多节点化趋势。另一方面，分布模式具有尺度差异，在全球和全国尺度上呈帕累托分布模式，意味着城际投资功能集中于高位序城市，中低位序城市发育较弱；而在区域尺度上呈正态分布模式，意味着本地城际投资功能较均匀地分布于不同位序的城市。

二、城际投资时空演化过程中存在着显著的空间关联性

主流经济学假定资本在空间中是充分流动的，资本空间流动的核心影响因子是区域之间的利润差别，而空间因素被长期排除在其分析体系中。此外，随着流空间的深入发展，生产要素得以更加容易地跨区域不断流转，包括投资在内许多经济活动的分布与空间的关系似乎越来越不明显，甚至有学者提出“地理不再重要”（O’Brien，1992）、“距离已死”（Cairncross，1997）等观点。然而，通过本书的研究发现，长三角地区城际投资时空演化过程中存在着显著的空间关联性，空间因素产生非常重要的影响。

（1）“路径依赖与路径创造”过程中的邻近空间关联性。各尺度的城际投资向邻近较高水平方向转移的趋势显著，但城际投资的演化具有维持原有状态的稳定性，整体上呈现出路径依赖与路径创造的区域经济空间演化规律，并且空间尺度越大，向着较高水平方向转移（路径创造）的难度就越大。地理空间格局在城际投资时空演化过程中发挥着重要作用，在不同空间背景下空间邻近效应具有一定的异质性，城际投资水平较高的城市和较低的城市对周边城市分别产生了正向的和负向的空间效应，形成“高高集聚、低低集聚、高辐射低、低抑制高”的俱乐部收敛现象。

（2）“引进来与走出去”过程中的同尺度空间关联性。考察内向城际投资（“引进来”）和外向城际投资（“走出去”）之间的关系发现，在各尺度上两者均存在相互促进的关系。该结论印证了 Anderson 等（2004）提出的网络权力加强网络威望理论。然而，这种互促关系的显著性存在差异，即在全球、全国和区域尺度上分别表现为双向显著、单向显著和不显著，且这种互促关系随时间而动态调整。另外，不同尺度的内向、外向城际投资互促关系在空间上也呈现出不同的分布规律，这为制定差异化的政策措施提供了依据。

（3）“双循环互动”过程中的跨尺度空间关联性。考察不同尺度城际投资之间的关系发现，城市的全球与全国城际投资之间存在显著互促关系；城市的区域城际投资对其全球城际投资水平的提升作用不断强化，而由于外资“挤出效应”的存在使其在一定程度上表现出对区域城际投资的非显著的抑制作用；城市积极加强本区域的投资联系与合作能够显著提升其在全国投资网络中的地位，然而，尽管城市融入全国投资网络反过来也会提升其在区域投资网络中的地位，但该影响并不显著。长三角地区跨尺度城际投资空间关联效应的空间异质性突出，与区域经济发展格局相耦合。

三、全球化、市场化和地方化共同驱动着城际投资演化

以往关于城际投资影响机理的研究大多局限在单一的空间尺度上，而多尺度视角的研究尚不多见，导致难以展现城际投资影响机理的尺度异同性。本书试图构建一个较为统一的理论分析框架来解释多尺度视角下城市异地投资活动内在的形成与影响机理，在此基础上从全球化、市场化和地方化三个维度选取具体指标进行空间计量分析。结果表明，整体上全球化、市场化和地方化共同驱动着长三角地区城际投资的时空演化，但影响城市各尺度城际投资水平的主要因素既有共性特征，也存在明显的差异，而且周边城市的间接影响也不容忽视。

（1）共性特征。反映全球化的国际贸易联系、反映市场化的非国有经济发展（企业营收非国有化和劳动力非国有化）以及反映地方化的服务业发展、劳动力成本、开发区建设等变量对各尺度的城际投资均有显著影响。其中，国际贸易联系程度越深、非国有经济发展越充分、服务业发展基础越好、开发区资源越集聚，越有助于提升城市在各个尺度上的城际投资水平。而与一般认知不同的是，较高的劳动力成本反而会起到积极的促进作用。

（2）差异特征。工业的大量集聚对城市跨国投资表现出显著的抑制作用，而对全国和本地投资表现出显著的促进作用。由于空间竞争机制的存在，全球资本流入仅对全球尺度的城际投资产生显著影响，而创新能力仅对全国尺度的城际投资产生显著影响。与上海的时间距离对全球和全国尺度的城市投资联系水平影响显著，证明当城市与境外城市或与国内其他城市开展城际投资活动时，更依赖上海等级较高的城市功能，“借用规模”表现更突出，该结论从多尺度的维度进一步拓展了“借用规模”理论。此外，政府干预和行政等级两个变量在全球尺度上影响不显著，而对长三角地区城市开展跨区和本地城际投资活动产生显著的正向影响。

（3）周边影响。空间效应分解结果表明，城市各尺度的城际投资水平不仅受到本市各影响因素的直接影响，还受到周边城市的间接影响。周边较高的劳动力成本有助于提升各尺度的城际投资水平；周边非国有经济占比越高、服务业基础越好，其对全球和区域尺度城际投资发展越有利；周边较高的国际贸易联系水平和行政等级分别在全球和区域尺度上有正向的溢出效应。此外，对全球资本、创新资源以及开发区资源的不合理竞争还会带来负向的空间溢出效应。

此外值得注意的是，相对于外向城际投资而言，各尺度的内向城际投资更易受全球化、市场化和地方化的显著影响。其中，国际贸易联系、政府干预、非国有经济发展、服务业基础、投资成本、开发区建设等，均对吸引全球、全国和区内其他城市的投资具有显著的促进作用。

四、投资网络嵌入对城市经济增长的影响具有多维异质性

首先，作为中国大陆改革开放后最早迈开市场化步伐的地区之一，长三角地区对外开放程度不断提高，地区间市场分割问题不断改善，产品与要素得以在更大空间尺度内进行流通与配置，每个城市的经济发展可能越来越取决于同其他城市之间建立和维持联系的能力。其次，城市融入不同尺度投资网络所带来的经济绩效可能不同，且这种绩效可能随时间而变化。最后，尽管长三角一体化已取得

积极的进展，但地区经济发展不平衡问题依然突出，即使同一省区内的区域发展差异也十分明显（宁越敏，2020）。城际投资经济绩效可能存在地区差异，故可以根据不同地区的发展情况因地制宜优化城际投资布局，以达到缩小区域经济差距的目的。因此，必须从尺度异质性、时间异质性、区域异质性等多维异质性角度进行分析，才能更加全面与深入地揭示投资网络嵌入对城市经济增长的影响，这也就成为本书的主要议题之一。

（1）尺度异质性。整体来看，各城市通过嵌入长三角—境外、长三角—全国以及本地城际投资网络，进一步凸显了城市的比较优势和规模经济，对城市经济增长产生显著的正向促进作用，但融入的空间尺度越大，促进作用就越强。此外，通过与其他控制变量的对比发现，随着时间的推移，城市发展越发依赖于建立和维持与其他城市之间联系的能力，其对城市发展的贡献可能会逐渐超过本地集聚经济的影响。

（2）时间异质性。从各尺度城际投资影响程度的时序变化来看，城市嵌入全球投资网络所产生的经济影响在前期最大，而后期则较小；与之相反，城市融入全国投资网络所产生的经济影响前期较小而后期则变大，并超过全球尺度的影响；回归模型结果显示，区域尺度城际投资水平的影响系数也由不显著变为显著为正。可见，现阶段长三角地区城市经济绩效的提升更多的是依靠国内（全国和区域）资本的流动。因此，从跨区域的资本流动或投资的角度看，长三角地区转向内循环为主既是现实表现，也是必然选择。同时，这也呼应了 2020 年以来党中央多次强调的要构建新发展格局的要求，即以内需为战略基点，以国内大循环为主体。

（3）区域异质性。分别对长三角核心区域和外围区域进行考察，发现核心区域在全球、全国和区域网络嵌入中提高了经济绩效，而外围区域由于嵌入全球和全国城际投资网络的程度较浅，尚未跨越显著影响经济绩效的门槛，仅区域尺度城际投资能显著提升城市的经济绩效。另外，随着嵌入不同尺度的城际投资网络程度的加深，对处于不同发展阶段区域的贡献度也随之变化。对于核心区域而言，全球、全国和区域尺度城际投资的经济绩效分别表现为略有下降、显著提升及变为不显著；对于外围区域而言，全球、全国和区域尺度城际投资的经济绩效则分别表现为始终不显著、变为显著为正以及显著提升。

此外，投资网络嵌入不仅直接影响城市经济增长，其所引致的空间溢出效应还对城市经济增长产生了间接影响，这一点不应被忽视。

第二节　主要政策启示

早在20世纪60年代，长三角地区便被戈特曼列为世界上六大城市带之一。时至今日，这一地区更是中国经济最发达、国际联系最紧密的全球城市区域，成为引领全国经济发展和参与全球合作和竞争的重要引擎。本书从城际资本流动或投资的角度分析得知，当前长三角地区的经济活动已经远远超越了地理邻近性的限制，资本在全球、全国和本地的跨区域流动性日益增强，城市网络外部性日益凸显。因此，长三角地区在未来的发展中不仅要重视生产要素的投入，还要关注城市网络的重要价值，在更大的空间尺度上优化生产要素，特别是资本要素的流动与配置。基于本书的研究结果，结合长三角地区城际投资的现状和发展趋势，得到以下四点政策启示：

一、明确城际投资主导方向，推动双向投资协调发展

重视和发挥投资联系对于优化资源配置、提升城市与区域竞争力的关键作用，明确城际投资主导联系方向，统筹协调“引进来”与“走出去”的关系，在引导地方政府招商引资的同时，鼓励本地企业“走出去”参与区域、全国甚至国际竞争，以双向多尺度提升城市的城际投资水平。

具体来讲，在全球尺度上，鼓励和引导长三角地区企业向境外扩张，在深耕东亚、西欧、北美等传统国际市场的同时，充分利用国家重大利好政策（如“一带一路”建设）所带来的路径创造机遇，引导企业开拓新的国际市场，通过加强长三角地区总部与境外分支机构之间的联系来提高长三角地区在全球城市网络中的辐射能力与主导地位。在全国尺度上，重视企业网络对于链接长三角地区与全国其他地市的重要作用，引导网络边缘城市发挥自身比较优势承接来自京津冀、珠三角等跨区域的产业转移，放大招商引资的“洼地效应”；推动网络核心城市低技术生产功能向区外转移，聚焦产业价值链中的总部经济、研发设计、先进制造、品牌营销等中高端环节。在区域尺度上，本地城际投资网络已进入完善发展阶段，多中心特征十分明显，其发展政策要强调多中心城市的差异化发展，发挥各地比较优势，强化分工合作。

二、统筹国际国内城际投资，促进资本双循环互动

鉴于长三角地区不同尺度城际投资之间存在空间关联效应的事实，在制定相关政策时不能各自为战，而是将促进国际和国内城际投资进行统筹考虑，做到整体谋划统一布局。目前，长三角地区城市的全球和全国城际投资功能之间，以及全国和区域城际投资功能之间已经初步达到了相互促进的良好局面，未来应因势利导地推动两者之间实现更高水平的互促共进。

需要注意的是，对于城市的全球和区域城际投资功能之间的关系而言，外资进入已对当地企业产生较强的挤出效应，从而不利于城市融入本地城际投资网络。为此，一方面，未来应限制外资超国民待遇，着重提高引进外资的质量，推动长三角地区城市协同嵌入全球产业链、价值链、创新链。另一方面，通过推动本地企业的技术创新摆脱对外资技术的过度依赖，从根本上消除外资利用技术水平的差异对本地企业产生的投资挤出效应。

三、优化资本跨区流动环境，完善资本要素市场化配置

推动长三角地区经济发展和区域一体化建设的一个关键举措，就是要尊重市场经济的规律，让市场在资源配置中发挥决定性的作用，从而促进生产要素的自由流动（宁越敏，2020）。因此，为优化长三角地区城际投资格局，提升城市的多尺度城际投资水平，需持续优化资本跨区流动环境，完善资本要素市场化配置。

具体来讲，一是要深化国有企业市场化改革，营造各类所有制主体依法平等使用资源要素、公开公平参与竞争的市场环境。二是要打破行政壁垒，加强区域合作，一方面推动沪宁合杭甬发展带与外围区域的互动与合作，促使高水平区域最大限度地释放其正向溢出效应；另一方面，为降低负向溢出效应的影响，需从投资联系水平较低的区域中选择投资联系水平较高和发展潜力较大的城市，重点加强政策支持，以辐射带动周边城市协同发展。三是要加快建设现代化流通体系，为资本流动提供便捷渠道，引导资本跨区域协同配置，特别是要强化与上海的交通联系，为长三角地区嫁接和配置全球和全国资源创造条件。四是要持续放开市场准入，提升上海国际金融中心能级（宁越敏，2019），营造良好的产业金融环境。

四、从合作共识到空间实践，共建共享投资平台载体

从全域角度重点梳理各类产业投资集聚区、投资服务平台、公共服务平台等空间载体，凝聚合作共识，优化平台载体资源配置，形成共建共享的合作局面。

一是要明确各产业园区的发展定位，提升园区功能配套，探索园区共建共享可持续发展新模式，旨在协调招商引资，避免重复建设、过度竞争，不断提高园区吸引力和综合承载力。二是要着力推进上海自由贸易试验区新片区建设，推动长三角各自贸区之间的产业分工与合作，携手优化产业链布局，共同打造对外开放高地。三是要完善区域性股权市场，支持上交所在长三角设立资本市场服务基地，提高企业融资的便利性。四是要加快高品质医疗、教育、文化等资源的便利共享，通过优质生活空间吸引资本、技术、人才的会聚。

第三节　不足之处与展望

本书基于多尺度网络分析的视角探究了 2003~2018 年长三角地区城际投资的时空演化问题，丰富了城市网络的理论研究，但仍存在一些不足之处，有待今后进一步的探索与突破。

（1）细化研究尺度。本书基本的空间研究对象为地级及以上城市。但由于地级及以上城市内部经济发展水平和企业投资分布有较大的差异，仅从地级及以上城市层面探讨城际投资时空演化存在的缺陷。后续研究可以借鉴 Bathelt 和 Li（2014）对全球集群网络（global cluster networks）研究的方法细化研究尺度。

（2）加强质性研究。目前，城市网络的定量研究方法侧重刻画城市之间的结构关系，难以将网络中的个体行动者和生成网络关系的“实践的空间”充分理论化（Watson 和 Beaverstock，2014），从而影响研究的深度。从行动者角度来看，网络形成和运行背后的行为主体所起作用错综复杂。本书对长三角城际投资动力机制的分析，初步揭示了各变量的影响方向与大小。未来需尝试转向后结构主义研究范式，强化质性分析，通过实地调研、访谈等形式揭示各行为主体对城际投资活动产生的影响。

（3）进行比较研究。本书主要聚焦于长三角地区在多个空间尺度（全球、全国和区域）上的城际投资格局。未来应在统一的分析框架下，加强与国内同等级城市区域（如京津冀地区、粤港澳大湾区）及不同等级城市区域（如长江中游城市群）的比较研究，以提高研究结论的可靠性，并寻求其中的普遍规律与特殊规律，夯实来自中国的经验证据。

参考文献

英文文献

［1］ Aghion P, Howitt P. Endogenous growth theory ［M］. Cambridge, MA: MIT Press, 1998.

［2］ Alderson A S, Beckfield J, Jessica S J. Intercity relations and globalization: The evolution of the global urban hierarchy, 1981-2007 ［J］. Urban Studies, 2010, 47 (9): 1899-1923.

［3］ Alderson A S, Beckfield J. Power and position in the world city system ［J］. American Journal of Sociology, 2004, 109 (4): 811-851.

［4］ Alessia A A, Chiara F. A sector perspective on Chinese outward FDI: The automotive case ［J］. China Economic Review, 2013, (27): 148-161.

［5］ Allen J, Cochrane A. Beyond the territorial fix: Regional assemblages, politics and power ［J］. Regional Studies, 2007, 41 (9): 1161-1175.

［6］ Andrew H. Scale ［M］. New York: Routledge, 2011.

［7］ Anselin L, Florax R, Rey S J. Advances in spatial econometrics: Mythology, tools and applications ［M］. New York: Springer Verlag Press, 2004.

［8］ Anselin L, Syabri I, Smirnov O. Visualizing multivariate spatial correlation with dynamically linked windows ［M］ //Anselin L, REY S. New Tools for Spatial Data Analysis: Proceedings of The Specialist Meeting. Santa Barbara: Center for Spatially Integrated Social Science, University of California, CD-ROM, 2002.

［9］ Anselin L. Spatial econometrics: Methods and models ［M］. Dordrecht: Kluwer Academic Publishers, 1988.

［10］ Antonelli C, Patrucco P, Quatraro A. Productivity growth and pecuniary knowledge externalities: An empirical analysis of agglomeration economies in European regions ［J］. Economic Geography, 2011, 87 (1): 23-50.

[11] Apergis N. Foreign direct investment, inward and outward: Evidence from panel data, developed and developing economies, and open and close economies [J] . American Economist, 2009, 54 (2): 22-27.

[12] Arthur W B. Self-reinforcing mechanisms in economics [M] //Anderson P K Arrow and D Pines. The Economy as an Evolving, Complex System. Reading, MA: Addison-Wesley, 1988: 9-31.

[13] Ayhan K M, Eswar P, Kenneth R, et al. Financial globalization: A reappraisal [R] . NBER Working Paper, 2006: 12484.

[14] Baldwin J, Beckstead D, Brown W M, et al. Agglomeration and the geography of localization economies in Canada [J] . Regional Studies, 2008, 42 (1): 117-132.

[15] Barro R, Lee J W. International data on educational attainment updates and implications [R] . NBER Working Papers, 2000, 7911.

[16] Bathelt H, Li P. Global cluster networks—foreign direct investment flows from Canada to China [J] . Journal of Economic Geography, 2014 (1): 45-71.

[17] Bathelt H, Malmberg A, Maskell P. Clusters and knowledge: Local buzz, global pipelines and the process of knowledge creation [J] . Progress in Human Geography, 2002, 28 (1): 31-56.

[18] Bathelt H. Buzz-and-pipeline dynamics: Towards a knowledge-based multiplier model of clusters [J] . Geography Compass, 2007, 1 (6): 1282-1298.

[19] Beeson M. Regionalism and globalization in east asia: Politics, security and economic development [M] . Basingstoke: Palgrave Macmillan, 2004.

[20] Boix R, Trullén J. Knowledge, networks of cities and growth in regional urban systems [J] . Papers in Regional Science, 2007, 86 (4): 551-574.

[21] Boschma R, Frenken K. Why is economic geography not an evolutionary science? Towards an evolutionary economic geography [J] . Social Science Electronic Publishing, 2005, 6 (3): 273-302.

[22] Boschma R, Henning M, Neffke F. The impact of aging and technological relatedness on agglomeration externalities: A survival analysis [J] . SERC Discussion Papers, 2009, 12 (2): 485-517.

[23] Boschma R, Iammarino S. Related variety, trade linkages, and regional growth in Italy [J] . Economic Geography, 2009, 85 (3): 289-311.

［24］ Boschma R， Lambooy J G. Evolutionary economics and economic geography ［J］ . Journal of Evolutionary Economics， 1999， 9 （4）： 411-429.

［25］ Boschma R， Martin R. The handbook of evolutionary economic geography ［M］ . Cheltenham： Edward Elgar， 2010.

［26］ Boschma R， Minondo A， Navarro M. The emergence of new industries at the regional level in Spain： A proximity approach based on product relatedness ［J］ . Economic Geography， 2013， 89 （1）： 29-51.

［27］ Boschma R. Proximity and innovation： A critical assessment ［J］ . Regional Studies， 2005， 39 （1）： 61-74.

［28］ Brunsdon C， Fotheringham S， Charlton M. Geographically weighted regression ［J］ . Journal of the Royal Statistical Society， 1998， 47 （3）： 431-443.

［29］ Buckley P J， Casson M C. The future of the multinational enterprise ［M］ . London： Macmillan Press， 1976.

［30］ Burger M J， Karreman B， Van Eenennaam F. The competitive advantage of clusters： Cluster organisations and greenfield FDI in the European life sciences industry ［J］ . Geoforum， 2015 （65）： 179-191.

［31］ Burger M J， Meijers E J. Agglomerations and the rise of urban network externalities ［J］ . Papers in Regional Science， 2016， 95 （1）： 5-15.

［32］ Burger M J， Van der Knaap B， Wall R S. Revealed competition for greenfield investments between European regions ［J］ . Journal of Economic Geography， 2013， 13 （4）： 619-648.

［33］ Burger M， Meijers E. Form follows function? Linking morphological and functional polycentricity ［J］ . Urban Studies， 2012， 49 （5）： 1127-1149.

［34］ Burger M， Van der Knaap B， Wall R. Polycentricity and the multiplexity of urban networks ［J］ . European Planning Studies， 2014， 22 （4）： 816-840.

［35］ Butollo F. Growing against the Odds： Government agency and strategic recoupling as sources of competitiveness in the garment industry of the Pearl River Delta ［J］ . Cambridge Journal of Regions， Economy and Society， 2015， 8 （3）： 521-536.

［36］ Cairncross F. The death of distance： How the communications revolution will change our lives ［M］ . London： Orion Publishing， 1997.

［37］ Camagni R P. City networks as tools for competitiveness and sustainability ［M］ //Cities in Globalization. London and New York： Routledge， 2007： 102-123.

[38] Camagni R, Capello R, Caragliu A. Static vs. dynamic agglomeration economies: Spatial context and structural evolution behind urban growth [J]. Papers in Regional Science, 2017, 95 (1): 133-158.

[39] Camagni R, Salone C. Network urban structures in northern Italy: Elements for a theoretical framework [J]. Urban Studies, 1993, 30 (6): 1053-1064.

[40] Camagni R. From city hierarchy to city network: Reflections about an emerging paradigm [M] //Lakshmanan T R, Nijkamp P. Structure and Change in the Space Economy: Festschrift in Honor of Martin Beckmann. Berlin: Springer Verlag, 1993: 66-87.

[41] Cantwell J. The globalization of technology: What remains of the product cycle [J]. Cambridge Journal of Economics, 1995, 19 (1): 155-174.

[42] Capello R. The city network paradigm: Measuring urban network externalities [J]. Urban Studies, 2000, 37 (11): 1925-1945.

[43] Castells M. The rise of the network society [M]. Cambridge, MA: Blackwell, 1996.

[44] Celebioglu F, Dall' erba S. Spatial disparities across the regions of Turkey: An exploratory spatial data analysis [J]. The Annals of Regional Science, 2010, 45 (2): 379-400.

[45] Chang W, MacMillan I C. A review of entrepreneurial development in the People' s Republic of China [J]. Journal of Business Venturing, 1991, 6 (6): 375-379.

[46] Cheng Y, Legates R. China' s hybrid global city region pathway: Evidence from the yangtze river delta [J]. Cities, 2018 (77): 81-91.

[47] Ciccone A, Hall R E. Productivity and the density of economic activity [J]. American Economic Review, 1996, 86 (1): 54-70.

[48] Cieślik A, Ryan M. Brexit and the location of Japanese direct investment in European regions [J]. European Urban and Regional Studies, 2021, 28 (1): 66-73.

[49] Cobb C W, Douglas P H. A theory of production [J]. The American Review, 1928, 18 (1): 139-165.

[50] Coe N W, Dicken P, Hess M. Global production networks realizing the potential [J]. Economic Geography, 2008, 8 (3): 271-295.

[51] Coe N, Hess M, Yeung H, et al. Globalizing regional development: A global production networks perspective [J]. Transactions of the Institute of British Geographers, 2004, 29 (4): 468-484.

[52] Coe N, Yeung H W C. Global production networks: Theorising economic development in an interconnected world [M]. Oxford: Oxford University Press, 2015.

[53] Cohen R B. The new international division of labour, multi-national corporations and urban hierarchy [M] //Dear M, Scott A J. Urbanization and Urban Planning in Capitalist Society. New York: Methuen, 1981: 287-315.

[54] Conroy T, Deller S, Tsvetkova A. Regional business climate and interstate manufacturing relocation decisions [J]. Regional Science and Urban Economics, 2016, 60 (12): 155-168.

[55] Cooke P, Morgan K. The associational economy: Firms, regions, and innovation [M]. Oxford: Oxford University Press, 1998.

[56] Cooke P, Morgan K. The network paradigm: New departures in corporate and regional development [J]. Environment and Planning D: Society and Space, 1993, 11 (5): 543-564.

[57] Cortinovis N, van Oort F. Between spilling over and boiling down: Network-mediated spillovers, local knowledge base and productivity in European regions [J]. Tinbergen Institute Discussion Paper, 2018: 2017-2118.

[58] Cox K R. Spaces of dependence, spaces of engagement and the politics of scale, or: Looking for local politics [J]. Political Geography, 1998, 17 (1): 1-23.

[59] Crescenzi R, Datu K, Iammarino S. European cities and foreign investment networks [J]. Scienze Regionali, 2017, 16 (2): 229-260.

[60] David P A. Clio and the economics of QWERTY [J]. American Economic Review, 1985, 75 (2): 332-337.

[61] Dawley S. Fluctuating rounds of inward investment in peripheral regions: Semiconductors in the north east of England [J]. Economic Geography, 2007, 83 (1): 51-73.

[62] Defever F. Functional fragmentation and the location of multinational firms in the enlarged Europe [J]. Regional Science and Urban Economics, 2006, 36 (5): 658-677.

[63] Deller S C, Conroy T, Tsvetkova A. Factors affecting the interstate migration of manufacturing firms: Much to do about nothing [R]. Madison, USA: University of Wisconsin-Madison, 2015.

[64] Derudder B, Cao Z, Liu X, et al. Changing connectivities of Chinese cities in the world city network, 2010-2016 [J]. Chinese Geographical Science, 2018, 28 (2): 183-201.

[65] Derudder B, Taylor P J, Hoyler M et al. Measurement and interpretation of connectivity of Chinese cities in world city network, 2010 [J]. Chinese Geographical Science, 2013, 23 (3): 261-273.

[66] Derudder B, Taylor P, Ni P, et al. Pathways of change: Shifting connectivities in the world city network, 2000-2008 [J]. Urban Studies, 2010, 47 (9): 1861-1877.

[67] Derudder B, Taylor P. Change in the world city network, 2000-2012 [J]. The Professional Geographer, 2016, 68 (4): 1-14.

[68] Dewar M, Epstein D. Planning for "megaregions" in the united states [J]. Journal of Planning Literature, 2007, 22 (2): 108-124.

[69] Dicken P. Geographers and "Globalization": (yet) Another missed boat? [J]. Transactions of the institute of British Geographers, 2004, 29 (1): 5-26.

[70] Dicken P. Global shift: Reshaping the global economic map in the 21st century [M]. London: SAGE, 2003.

[71] Dogaru T, Burger M, Karreman B, et al. Functional and sectoral division of labour within Central and Eastern European countries: Evidence from greenfield FDI [J]. Tijdschrift Voor Economische En Sociale Geografie, 2014, 106 (1): 120-129.

[72] Duckett J. The emergence of the entrepreneurial state in contemporary China [J]. The Pacific Review, 1996, 9 (2): 180-198.

[73] Dunning J H. Explaining the international direct investment position of countries: Towards a dynamic or developmental approach [J]. Review of World Economics, 1981, 117 (1): 30-64.

[74] Dunning J H. International production and the multinational enterprise [M]. London: Allen and Unwin, 1981.

[75] Dunning J H. Location and the multinational enterprise: A neglected factor? [J]. Journal of International Business Studies, 1998, 29 (1): 45-66.

［76］ Dunning J H. Multinational enterprises and the global economy ［M］. Wokingham：Addison-Wesley Publishing Company，1993.

［77］ Dunning J H. The eclectic （OLI） paradigm of international production：Past，present and future ［J］. International Journal of the Economics of Business，2001，8 （2）：173-190.

［78］ Dunning J H. The investment development cycle and third world multinationals. In：Khan，Khushi M. Multinationals of the South：New Actors in the International Economy ［M］. Hamburg：German Overseas Institute，1986.

［79］ Dunning J H. The theory of transnational corporations ［M］. New York：Routledge，1993.

［80］ Dunning J H. Toward an eclectic theory of international production ［J］. International Executive，1980，22 （3）：1-3.

［81］ Durán，úbeda F. The investment development path：A new empirical approach and some theoretical issues ［J］. Transnational Corporations，2001，10 （2）：1-34.

［82］ Duranton G，Puga D. Micro-foundations of urban agglomeration economies ［J］. Handbook of Regional and Urban Economics，2004 （4）：2063-2117.

［83］ Dyer J H，Hatch N W. Relation-specific capabilities and barriers to knowledge transfers：Creating advantage through network relationships ［J］. Strategic Management Journal，2006，27 （8）：701-719.

［84］ Elhorst J P. Specification and estimation of spatial panel data models ［J］. International Regional Science Review，2003，26 （3）：244-268.

［85］ Ernst D，Kim L. Global production networks，knowledge diffusion，and local capability formation ［J］. Research Policy，2002，31 （8/9）：1417-1429.

［86］ Florida R. The economic geography of talent ［J］. Annals of the Association of American Geographers，2002，92 （4）：743-755.

［87］ Friedmann J，Wolff G. World city formation：An agenda for research and action ［J］. International Journal of Urban and Regional Research，1982，6 （3）：309-344.

［88］ Friedmann J. Regional Development Policy ［M］. Cambridge，MA：MIT Press，1966.

［89］ Friedmann J. The world city hypothesis ［J］. Development and Change，

1986, 17 (1): 69-83.

[90] Fujita M, Hu D. Regional disparity in China 1985-1994: The effects of globalization and economic liberalization [J]. The Annals of Regional Science, 2001, 35 (1): 3-37.

[91] Fujita M, Krugman P. When is the economy monocentric? von thünen and chamberlin unified [J]. Regional Science and Urban Economics, 1995, 25 (4): 505-528.

[92] Fujita M, Mori T. Transport development and the evolution of economic geography [J]. Portuguese Economic Journal, 2005, 4 (2): 129-156.

[93] Garud R, Karnøe P. Path creation as a process of mindful deviation [M] //Garud R, Karnøe P. Path Dependence and Creation. Mahwah: Lawrence Erlbaum Associates, 2001: 1-38.

[94] Ge Y. The effect of foreign direct investment on the urban wage in China: An empirical examination [J]. Urban Studies, 2006, 43 (9): 1439-1450.

[95] Glaeser E L, Kallal H D, Scheinkman J A, et al. Growth in cities [J]. Journal of Political Economy, 1992, 100 (6): 1126-1152.

[96] Gong H. Spatial patterns of foreign investment in China's cities, 1980-1989 [J]. Urban Geography, 1995, 16 (3): 198-209.

[97] Gottmann J. Megalopolis or the urbanization of the northeastern seaboard [J]. Economic Geography, 1957, 33 (3): 189-200.

[98] Gottmann J. Megalopolis Revisited: 25 Years Later (No. 6) [Z]. College Park, MD: University of Maryland Urban Studies, 1987.

[99] Gottmann J. Megalopolitan systems around the world [J]. Ekistics, 1976, 243 (2): 109-113.

[100] Green M B, Cromley R G. Merger and acquisition fields for large united states cities 1955-1970 [J]. Regional Studies, 1984, 18 (4): 291-301.

[101] Green M B, McNaughton R B. Interurban variation in venture capital investment characteristics [J]. Urban Studies, 1989, 26 (2): 199-213.

[102] Grossman G M, Helpman E, Kircher P. Matching, sorting, and the distributional effects of international trade [J]. Journal of Political Economy, 2017, 125 (1): 224-264.

[103] Gu, Q, Lu J W. Effects of inward investment on outward investment: The

venture capital industry worldwide 1985-2007 [J]. Journal of International Business Studies, 2011, 42 (2): 263-284.

[104] Guo Y, Yang Y, Wang C. Global energy networks: Geographies of mergers and acquisitions of worldwide oil companies [J]. Renewable and Sustainable Energy Reviews, 2021, 139 (4): 1-13.

[105] Ha J, Howitt P. Accounting for trends in productivity and R&D: A Schumpeterian critique of semi-endogenous growth theory [J]. Journal of Money, Credit and Banking, 2007, 39 (4): 733-774.

[106] Hagerstrand T. The propagation of innovation waves [J]. Lund Studies in Geography Series B Human Geography, 1952 (4): 3-19.

[107] Hagertrand T. Innovation diffusion as a spatial process [M]. Chicago: University of Chicago Press, 1967.

[108] Hall P, Pain K. The polycentric metropolis: Learning from mega-city regions in europe [M]. London: Earthscan Publication, 2006.

[109] Hall P. The world cities [M]. London: Weidenfeld and Nicoson, 1984.

[110] Hanssens H, Derudder B, Van Aelst S, et al. Assessing the functional polycentricity of the mega-city-region of central Belgium based on advanced producer service transaction links [J]. Regional Studies, 2014, 48 (12): 1939-1953.

[111] Harrison J, Growe A. When regions collide: In what sense a new "regional problem"? [J]. Environment and Planning A, 2014, 46 (10): 2332-2352.

[112] Harrison J, Gu H. Planning megaregional futures: Spatial imaginaries and megaregion formation in China [J]. Regional Studies, 2021, 55 (1): 77-89.

[113] Harrison J, Hoyler M. Megaregions: Globalizations new urban form? [M]. Cheltenham: Edward Elgar, 2015.

[114] He C, Pan F. Economic transition, dynamic externalities and city-industry growth in China [J]. Urban Studies, 2010, 47 (1): 121-144.

[115] He C, Wei Y H D, Xie X. Globalization, institutional change, and industrial location: Economic transition and industrial concentration in China [J]. Regional Studies, 2008, 42 (7): 923-945.

[116] He C, Yan Y, Rigby D. Regional industrial evolution in China: Path dependence or path creation? [J]. Paper in Regional Science, 2016, 97 (2): 173-198.

[117] He C. Information costs, agglomeration economies and the location of for-

eign direct investment in China [J] . Regional Studies, 2002, 36 (9): 1029-1036.

[118] He C. Locational choices and export decisions of foreign manufacturing enterprises in China [D] . Tempe: Doctoral Dissertation of Arizona State University, 2001.

[119] Head K, Mayer T. Market potential and the location of Japanese investment in the European Union [J] . The Review of Economics and Statistics, 2004, 84 (6): 959-972.

[120] Head K, Ries J. Inter-city competition for foreign investment: Static and dynamic effects of China's incentive areas [J] . Journal of Urban Economics, 1996, 40 (1): 38-60.

[121] Helpman E. The size of regions [M] //Pines D, Sadka E, Zilcha I. Topics in public economics: Theoretical and applied analysis. Cambridge: Cambridge University Press, 1998: 33-54.

[122] Henderson J, Dicken P, Hess M, et al. Global production networks and the analysis of economic development [J] . Review of International Political Economy, 2002, 9 (3): 436-464.

[123] Henderson V, Kuncoro A, Turner M. Industrial development in cities [J] . Journal of Political Economy, 1995, 103 (5): 1067-1090.

[124] Hernández V, Nieto M J. Inward-outward connections and their impact on firm growth [J] . International Business Review, 2016, 25 (1): 393-420.

[125] Hess M. "Spatial" relationships? Towards to a reconceptualization of embeddedness [J] . Progress in Human Geography, 2004, 28 (2): 165-186.

[126] Hoffa M V, Wall R. Business districts: The spatial characteristics of FDI within cities [J] . European Planning Studies, 2020, 28 (2): 273-295.

[127] Holtz-Eakin D, Newey W, Rosen H S. Estimating vector auto-regressions with panel data [J] . Econometrica, 1988, 56 (6): 1371-1395.

[128] Hoyler M, Freytag T, Mager C. Connecting Rhine-Main: The production of multi - scalar polycentricities through knowledge - intensive business services [J] . Regional Studies, 2008, 42 (8): 1095-1111.

[129] Hoyler M, Kloosterman R C, Sokol M. Polycentric puzzles: Emerging mega-city regions seen through the lens of advanced producer services [J] . Regional Studies, 2008, 42 (8): 1055-1064.

[130] Hoyler M. External relations of German cities through intra-firm networks:

A global perspective [J] . Raumforsch Raumordn, 2011 (69): 147-159.

[131] Huang H, Wei Y H D. Spatial inequality of foreign direct investment in China: Institutional change, agglomeration economies, and market access [J] . Applied Geography, 2016 (69): 99-111.

[132] Hudson J. Diffusion in A Central Place System [J] . Geographical Analysis, 1969, 1 (1): 45-58.

[133] Huggins R, Thompson P. A network-based view of regional growth [J] . Journal of Economic Geography, 2014, 14 (3): 511-545.

[134] Huggins R. Forms of network resource: Knowledge access and the role of inter-firm networks [J] . International Journal of Management Reviews, 2010, 12 (3): 335-352.

[135] Hymer S H. The international operations of national firms: A study of direct foreign investment [M] . Cambidge, MA: MIT Press, 1976.

[136] Hymer S. The multinational corporation and the law of uneven development [M] //Jagdish N. Bhagwati (eds.) Economics and World Order. New York: Macmillan, 1972: 113-140.

[137] Indraprahasta G S, Derudder B, Koelemaij J. Global-local dynamics in the transformation of the Jakarta metropolitan area into a global city-region [J] . Disp the Planning Review, 2018, 54 (3): 52-62.

[138] Jacobs J. Cities and the wealth of nations [M] . New York: Random House, 1984.

[139] Jessop B. Institutional re (turns) and the strategic-relational approach [J] . Environment and Planning A, 2001, 33 (7): 1213-1235.

[140] Jones P. The locational policies and geographical expansion of multiple retail companies: A case study of M. F. I. [J] . Geoforum, 1982, 13 (1): 39-43.

[141] Kimino S, Driffield N, Saal D. Do Keiretsu really hinder FDI into Japanese manufacturing? [J] . International Journal of the Economics of Business, 2012, 19 (3): 377-395.

[142] Kindleberger C P. American Business Abroad: Six Lectures on Direct Investment [M] . New Haven: Yale University Press, 1969.

[143] Kornai J. The socialist system: The political economy of communism [M] . Princeton and Oxford: Princeton University Press and Oxford University Press,

1992.

[144] Krugman P R. Geography and trade [M] . Cambridge, MA: MIT Press, 1993.

[145] Krugman P. A dynamic spatial model [R] . National Bureau of Economic Research Working Paper, 1992, No. 4219.

[146] Krugman P. Geography and trade [M] . Cambridge, MA: MIT Press, 1991.

[147] Krugman P. Increasing returns and economic geography [J] . Journal of Political Economy, 1991, 99 (3): 483-499.

[148] Krugman P. Increasing returns, monopolistic competition, and international trade [J] . Journal of International Economics, 1979, 9 (4): 469-479.

[149] Kumar A, Pandey A C, Hoda N, et al. Evaluating the long-term urban expansion of Ranchi urban agglomeration, India using geospatial technology [J] . Journal of the Indian Society of Remote Sensing, 2011, 39 (2): 213-224.

[150] Lang R E, Lefurgy J. Edgeless cities: Exploring the elusive metropolis [J] . Housing Policy Debate, 2003, 14 (3): 427-460.

[151] Laulajainen R. Chain store expansion in national space [J] . Geografiska Annaler Series B: Human Geography, 1988, 70 (2): 293-299.

[152] Lee Y. Geographic redistribution of US manufacturing and the role of state development policy [J] . Journal of Urban Economics, 2008, 64 (2): 436-450.

[153] Leitão N C. Localization factors and inward foreign direct investment in Greece [J] . Theoretical and Applied Economics, 2010, 6 (547): 17-26.

[154] Lesage J, Pace R K. Introduction to Spatial Econometrics [M] . New York: CRC Press, 2009.

[155] Li J, Xia J, Lin Z. Cross-border acquisitions by state-owned firms: How do legitimacy concerns affect the completion and duration of their acquisitions? [J] . Strategic Management Journal, 2017, 38 (9): 1915-1934.

[156] Li P, Bathelt H. Location strategy in cluster networks [J] . Journal of International Business Studies, 2017, 49: 967-989.

[157] Liao F H F, Wei Y D. Dynamics, space, and regional inequality in provincial China: A case study of Guangdong province [J] . Applied Geography, 2012, 35 (1): 71-83.

[158] Limtanakool N, Dijst M, Schwanen T. A theoretical framework and methodology for characterizing national urban systems on the basis of flows of people: Empirical evidence for France and Germany [J]. Urban Studies, 2007, 44 (11): 2123-2145.

[159] Liu X, Derudder B, Taylor P J. Mapping the evolution of hierarchical and regional tendencies in the world city network, 2000-2010 [J]. Computers, Environment and Urban Systems, 2014, 43 (1): 51-66.

[160] Liu X, Derudder B, Wu K. Measuring polycentric urban development in China: An intercity transportation network perspective [J], Regional Studies, 2015, 50 (8): 1302-1315.

[161] Liu X, Neal Z, Derudder B. City networks in the United States: A comparison of four models [J]. Environment and Planning A, 2012, 44 (2): 255-256.

[162] Lucas R E. On the mechanics of economic development [R]. Quantitative Macroeconomics Working Papers, 1999, 22 (1): 3-42.

[163] Lutkepohl H. New introduction to multiple time series analysis [M]. Berlin, Heidelberg: Springer, 2005.

[164] Ly A, Esperança J, Davcik N S. What drives foreign direct investment: The role of language, geographical distance, information flows and technological similarity [J]. Journal of Business Research, 2018 (88): 111-122.

[165] Ma T, Yin H, Hong T. Urban network externalities, agglomeration economies and urban economic growth [J]. Cities, 2020, (107): 1-15.

[166] Ma X, Timberlake M F. Identifying China's leading world city: A network approach [J]. GeoJournal, 2008, 71 (1): 19-35.

[167] Madariaga N, Poncet S. FDI in Chinese cities: Spillovers and impact on growth [J]. 2007, 30 (5): 837-862.

[168] Mahroum S, Huggins R, Clayton N, et al. Innovation by adoption: measuring and mapping absorptive capacity in UK nations and regions [M]. London: National Endowment for Science, Technology and the Arts (NESTA), 2008.

[169] Marston S. The social construction of scale [J]. Progress in Human Geography, 2000, 24 (2): 219-242.

[170] Martin R, Sunley P. Path dependence and regional economic evolution [J]. Journal of Economic Geography, 2006, 6 (4): 395-437.

[171] Martin R. Path dependence and the spatial economy: A key concept in retrospect and prospect [M] //Fischer M M, Nijkamp P. Handbook of Regional Science. Berlin, Heidelberg: Springer, 2014.

[172] Martin R. Roepke lecture in economic geography: Rethinking regional path dependence: Beyond lock-in to evolution [J]. Economic Geography, 2010, 86 (1): 1-27.

[173] Martinus K, Sigler T J, Searle G, et al. Strategic globalizing centers and sub-network geometries: A social network analysis of multi-scalar energy networks [J]. Geoforum, 2015 (64): 78-89.

[174] Mathews J A. Dragon multinationals: New players in 21st century globalization [J]. Asia Pacific Journal of Management, 2006, 23 (1): 5-27.

[175] Mathews J. Competitive advantages of the latecomer firm: A resource-based account of industrial catch-up strategies [J]. Asia Pacific Journal of Management, 2002, 19 (4): 467-488.

[176] McCann P, Acs Z J. Globalization: Countries, cities and multinationals [J]. Regional Studies, 2011, 45 (1): 17-32.

[177] McGee T G. The Emergence of Desakota Regions in Asia: Expanding a Hypothesis [M] //Ginsburg N, McGee T G. The extended metropolis: settlement transition is Asia. Honolulu: University of Hawii Press, 1991: 3-25.

[178] McGee T, Robinson I. The new southeast asia: Managing the mega-urban regions [M]. Vancouver: University of British Columbia Press, 1995.

[179] Meijer E J, Burger M J, Hoogerbrugge M M. Borrowing size in networks of cities: City size, network connectivity and metropolitan functions in Europe [J]. Papers in Regional Science, 2016, 95 (1): 181-198.

[180] Meijers E J. Borrowed size, agglomeration shadows and cultural amenities in North-West Europe [J]. European Planning Studies, 2015, 23 (6): 1090-1109.

[181] Meijers E J. Metropolitan labor productivity and urban spatial structure [M] //Johan Klaesson et al. Metropolitan Regions. Berlin, Heidelberg: Springer, 2013: 141-166.

[182] Meijers E. From central place to network model: Theory and evidence of a paradigm change [J]. Tijdschrift Voor Economische en Sociale Geografie, 2007, 98 (2): 245-259.

［183］ Meijers E. Summing small cities does not make a large city：Polycentric urban regions and the provision of cultural， leisure and sports amenities ［J］ . Urban Studies， 2008， 45 （11）：2323-2342.

［184］ Meijers， E. Polycentric urban regions and the quest for synergy：Is a network of cities more than the sum of the parts? ［J］ . Urban Studies， 2005， 42 （4）：765-781.

［185］ Morrill R L. Waves of spatial diffusion ［J］ . Journal of Regional Science，1968， 8 （1）：1-18.

［186］ Neal Z. Differentiating centrality and power in the world city network ［J］ . Urban Studies， 2011， 48 （13）：2733-2748.

［187］ Nicholson W， Snyder C M. Microeconomic theory：Basic principles and extensions （12th ed） ［M］ . Mason：South-Western College Pub， 2016.

［188］ Ning L， Wang F， Li J. Urban innovation， regional externalities of foreign direct investment and industrial agglomeration：Evidence from Chinese cities ［J］ . Research Policy， 2016 （45）：830-843.

［189］ North D C. Institutions， institutional change and economic performance ［M］ . Cambridge：Cambridge University Press， 1990.

［190］ O' Brien R. Global financial integration：The end of geography ［M］ . London：Pinter， 1992.

［191］ Pan F， Zhao S X B， Wójcik D. The rise of venture capital centres in China：A spatial and network analysis ［J］ . Geoforum， 2016 （75）：148-158.

［192］ Pavlínek P. The internationalization of corporate R&D and the automotive industry R&D of East-Central Europe ［J］ . Economic Geography， 2012， 88 （3）：279-310.

［193］ Phelps N. Cluster or capture：Manufacturing foreign direct investment and， exogenous economies and agglomeration ［J］ . Regional Studies， 2008， 42 （4）：457-473.

［194］ Pred A. City - Systems in advanced economics：Past growth， present processes and future development options ［M］ . London：Hutchinson & Co （Publishers） Ltd， 1977.

［195］ Qian Y， Roland G. Federalism and the soft budget constraint ［J］ . The American Economic Review， 1998， 88 （5）：1143-1162.

[196] Qian Y, Wu J. China’s transition to a market economy: How far across the river? [R]. Working Paper in Stanford University, 2000 (69): 1-36.

[197] Rademaker L, Martin X. Home country alliance experience, state ownership and the internationalization of Chinese firms [R]. Working Paper, 2012.

[198] Rey S J, Montouri B D. Us regional income convergence: A spatial econometric perspective [J]. Regional Studies, 1999, 33 (2): 143-156.

[199] Ricardo D. Principles of political economy [M]. London: Dent, 1911.

[200] Roberto B. Acquisition versus greenfield investment: The location of foreign manufacturers in Italy [J]. Regional Science and Urban Economics, 2004, 34 (1): 3-25.

[201] Roberts, M, Setterfield M. Endogenous regional growth: A critical survey [M] //Setterfield M (ed.) Handbook of Alternative Theories of Economic Growth. Cheltenham: Edward Elgar, 2010.

[202] Rodríguez-pose A, Zademach H. Rising metropoli: The geography of mergers and acquisitions in Germany [J]. Urban Studies, 2003, 40 (10): 1895-1923.

[203] Romer P M. Endogenous technological change [R]. NBER Working Papers, 1989 (98): 71-102.

[204] Romer P M. Increasing returns and long-run growth [J]. Journal of Political Economy, 1986, 94 (5): 1002-1037.

[205] Rosenthal S S, Strange W C. Evidence on the nature and sources of agglomeration economies [J]. Handbook of Regional and Urban Economics, 2004, (4): 2119-2171.

[206] Rozenblat C, Pumain D. The location of multinational firms in the European urban system [J]. Urban Studies, 2017, 30 (10): 1691-1709.

[207] Rozenblat C. Opening the black box of agglomeration economies for measuring cities’ competitiveness through international firm networks [J]. Urban Studies, 2010, 47 (13): 2841-2865.

[208] Sassen S. The Global City: New York, London, Tokyo [M]. Princeton: Princeton University Press, 1991.

[209] Schmeiser K N. Learning to export: Export growth and the destination decision of firms [J]. Journal of International Economics, 2012, 87 (1): 89-97.

[210] Schmitt P, Smas L. Nordic “intercity connectivities” in a multi-scalar

perspective [R] . Nordregio Working Paper, 2012 (7): 10-88.

[211] Scott A J, Storper M. Regions, globalization, development [J] . Regional Studies, 2003, 37 (6-7): 579-593.

[212] Scott A J. A new map of Hollywood: The production and distribution of American motion pictures [J] . Regional Studies, 2002, 36 (9): 957-975.

[213] Scott A J. City-regions reconsidered [J] . Environment and Planning A: Economy and Space, 2019, 51 (3): 554-580.

[214] Scott A J. Economic geography: The great half-century [M] //Clark G, Feldman M, Gertler M. (Eds) The Oxford Handbook of Economic Geography. Oxford: Oxford University Press, 2000 (18): 44.

[215] Scott A J. Global city-Region: Trends, theory, and policy [M] . New York: Oxford University Press, 2001.

[216] Scott A. Globalization and the rise of global city-regions [J] . European Planning Studies, 2001, 9 (7): 813-826.

[217] Shi S, Pain K. Investigating China' s Mid-Yangtze River economic growth region using a spatial network growth model [J] . Urban Studies, 2020, 0 (0): 1-21.

[218] Shi S, Wall R, Pain K. Exploring the significance of domestic investment for foreign direct investment in China: A city-network approach [J] . Urban Studies, 2018, 56 (12): 2447-2464.

[219] Sigler T J, Martinus K. Extending beyond "world cities" in World City Network (WCN) research: Urban positionality and economic linkages through the Australia-based corporate network [J] . Environment & Planning A, 2017, 49 (12): 2916-2937.

[220] Sims C A. Macroeconomics and reality [J] . Econometrica, 1980, 48 (1): 1-48.

[221] Smith D A, Timberlake M. Conceptualising and mapping the structure of the world system' s city system [J] . Urban Studies, 1995, 32 (2): 287-304.

[222] Smith D, White D. Structure and dynamics of the global economy: Network analysis of international trade 1965-1980 [J] . Social Forces, 1992, 70 (4): 857-893.

[223] Smith N. Uneven Development: Nature, Capital, and the Production of

Space [M] . Athens, Georgia: University of Georgia Press, 2008.

[224] Storper M, Walker R. The capitalist imperative: Territory, technology, and industrial growth [M] . New York: Blackwell, 1989.

[225] Storper M. The regional world: Territorial development in a global economy [M] . New York and London: The Guilford Press, 1997.

[226] Swyngedouw E. Globalisation or "glocalisation"? Networks, territories and rescaling [J] . Cambridge Review of International Affairs, 2004, 17 (1): 25-48.

[227] Taylor P J, Catalano G, Walker D. Measurement of the world city network [J] . Urban Studies, 2002, 39 (13): 2367-2376.

[228] Taylor P J, Derudder B, Faulconbridge J, et al. Advanced producer service firms as strategic networks, global cities as strategic places [J] . Economic Geography, 2014, 90 (3): 267-291.

[229] Taylor P J, Derudder B, Hoyler M, et al. New regional geographies of the world as practised by leading advanced producer service firms in 2010 [J] . Transactions of the Institute of British Geographers, 2013 (38): 497-511.

[230] Taylor P J, Evans D M, Hoyler M, et al. The UK space economy as practised by advanced producer service firms: Identifying two distinctive polycentric city-regional processes in contemporary Britain [J] . International Journal of Urban and Regional Research, 2009, 33 (3): 700-718.

[231] Taylor P J, Evans D M, Pain K. Application of the interlocking network model to mega-city-regions: Measuring polycentricity within and beyond city-regions [J] . Regional Studies, 2008, 42 (8): 1079-1093.

[232] Taylor P J. A materialist framework for political geography [J] . Transactions of the Institute of British Geographers, 1982, 7 (1): 15-34.

[233] Taylor P J. A research odyssey: From interlocking network model to extraordinary cities [J] . Tijdschrift Voor Economische en Sociale Geografie, 2014, 105 (4): 387-397.

[234] Taylor P J. Hierarchical tendencies amongst world cities: A global research proposal [J] . Cities, 1997, 14 (6): 323-332.

[235] Taylor P J. Shanghai, Hong Kong, Taipei and Beijing within the world city network: positions, trends and prospects [R] . GaWC Research Bulletin 204, Loughborough University, 2006.

[236] Taylor P J. World city network: A global urban analysis [M] . London: Routledge, 2004.

[237] Taylor P. Regionality in the world city network [M] . Hoboken: Blackwell Publishing Ltd, 2004.

[238] Tobler W. A computer movie simulating urban growth in the Detroit region [J] . Economic Geography, 1970, 46 (2): 234-240.

[239] Tonts M, Taylor M. Corporate location, concentration and performance: Large company headquarters in the Australian urban system [J] . Urban Studies, 2010, 47 (12): 2641-2664.

[240] Trippl M, Grillitsch M, Isaksen A. Exogenous sources of regional industrial change: Attraction and absorption of non-local knowledge for new path development [J] . Progress in Human Geography, 2018, 42 (5), 687-705.

[241] van Meeteren M, Bassens D. World cities and the uneven geographies of financialization: Unveiling stratification and hierarchy in the world city archipelago [J] . International Journal of Urban and Regional Research, 2016, 40 (1): 62-81.

[242] van Meeteren M, Neal Z, Derudder B. Disentangling agglomeration and network externalities: A conceptual typology [J] . Papers in Regional Science, 2016, 95 (1): 61-80.

[243] Vergne J P, Durand R. The missing link between the theory and empirics of path dependence: Conceptual clarification, testability issue, and methodological implications [J] . Journal of Management Studies, 2010, 47 (4): 736-759.

[244] Vernon R. International investment and international trade in the product cycle [J] . The International Executive, 1966, 8 (4): 190-207.

[245] Vongpraseuth T, Choi C G. Globalization, foreign direct investment, and urban growth management: Policies and conflicts in vientiane, laos [J] . Land Use Policy, 2015 (42): 790-799.

[246] Wall R S, van der Knaap G A. Sectoral differentiation and network structure within contemporary worldwide corporate networks [J] . Economic Geography, 2011, 87 (3): 267-308.

[247] Wall R S. Netscape: Cities and Global Corporation Networks [M] . Rotterdam: ERIM and Haveka Publishers, 2009.

[248] Wang C C, Wu A. Geographical FDI knowledge spillover and innovation of

indigenous firms in China [J]. International Business Review, 2016, 25 (4): 895-906.

[249] Watson A, Beaverstock J V. World city network research at a theoretical impasse: On the need to re-establish qualitative approaches to understanding agency in world city networks [J]. Tijdschrift Voor Economische en Sociale Geografie, 2014, 105 (4): 412-426.

[250] Wei Y H D. Decentralization, marketization, and globalization: The triple processes underlying regional development in China [J]. Asian Geographer, 2001, 20 (1-2): 7-23.

[251] Wen M. Relocation and agglomeration of Chinese industry [J]. Journal of Development Economics, 2004, 73 (1): 329-347.

[252] Westaway J. The spatial hierarchy of business organizations and its implications for the British urban system [J]. Regional Studies, 1974, 8 (2): 145-155.

[253] Wu F. China's emergent city-region governance: A new form of state spatial selectivity through state-orchestrated rescaling [J]. International Journal of Urban and Regional Research, 2016, 40 (6): 1134-1151.

[254] Wu F. Modelling intrametropolitan location of foreign investment firms in a Chinese City [J]. Urban Studies, 2000, 37 (13): 2441-2464.

[255] Wu F. Urban processes in the face of China's transition to a socialist market economy [J]. Environment and Planning C: Government and Policy, 1995, 13 (2): 159-177.

[256] Ye Y, Wu K, Xie Y, et al. How firm heterogeneity affects foreign direct investment location choice: Micro-evidence from new foreign manufacturing firms in the Pearl River Delta [J]. Applied Geography, 2019 (106): 11-21.

[257] Yeh A G O, Yang F F, Wang J. Producer service linkages and city connectivity in the mega-city region of China: A case study of the Pearl River Delta [J]. Urban Studies, 2015, 52 (13): 2458-2482.

[258] Yeung H W C. Regional development and the competitive dynamics of global production networks: An East Asian perspective [J]. Regional Studies, 2009, 43 (3): 325-351.

[259] Yeung H W. Global production networks and foreign direct investment by small and medium enterprises in ASEAN [J]. Transnational Corporations, 2017, 24

(2): 1-42.

[260] Yeung H W. Strategic coupling: East asian industrial transformation in the new global economy [M] . Ithaca and London: Cornell University Press, 2016.

[261] Yeung H W. Transnational corporations from Asian developing countries: Their characteristics and competitive edge [J] . Journal of Asian Business, 1994, 10 (4): 17-58.

[262] Yeung H W. Transnational corporations, global production networks, and urban and regional development: A geographer' s perspective on multinational enterprises and the global economy [J] . Growth and Change, 2009, 40 (2): 197-226.

[263] Ying Q. Personal networks, institutional involvement, and foreign direct investment flows into China' s interior [J] . Economic Geography, 2005, 81 (3): 261-281.

[264] Yu B, Shu S, Liu H, et al. Object-based spatial cluster analysis of urban landscape pattern using nighttime light satellite images: A case study of China [J] . International Journal of Geographical Information Science, 2014, 28 (11), 2328-2355.

[265] Zademach H, Rodríguez-pose A. Cross-border M&As and the changing economic geography of Europe [J] . European Planning Studies, 2009, 17 (5): 765-789.

[266] Zhang J. The spatial dynamics of globalizing venture capital in China [J] . Environment and Planning A, 2011, 43 (7): 1562-1580.

[267] Zhang W, Derudder B, Wang J, et al. An analysis of the determinants of the multiplex urban networks in the Yangtze River Delta [J] . Tijdschrift Voor Econo-Mische en Sociale Geografie, 2020, 111 (2): 117-133.

[268] Zhang W, Derudder B, Wang J, et al. Regionalization in the Yangtze River Delta, China, from the perspective of inter-city daily mobility [J] . Regional Studies, 2018, 52 (4), 528-541.

[269] Zhang X, Chen S, Luan X, et al. Understanding China' s city-regionalization: Spatial structure and relationships between functional and institutional spaces in the Pearl River Delta [J] . Urban Geography, 2020, 42 (1): 1-28.

[270] Zhang X, Kloosterman R C. Connecting the "Workshop of the World": Intra-and Extra-Service Networks of the Pearl River Delta City-Region [J] . Regional

Studies the Journal of the Regional Studies Association, 2016, 50 (6): 1-13.

[271] Zhang X. Multiple creators of knowledge-intensive service networks: A case study of the Pearl River Delta city-region [J]. Urban Studies, 2018, 55 (9): 2000-2019.

[272] Zhang Z, Tang Z. Examination and interpretation of the quantitative validity in China's corporate-based urban network analysis [J]. Chinese Geographical Science, 2021, 31 (1): 41-53.

[273] Zhao M, Derudder B, Huang J. Examining the transition processes in the Pearl River Delta polycentric mega-city region through the lens of corporate networks [J]. Cities, 2017 (60): 147-155.

[274] Zhao M, Liu X, Derudder B, et al. Mapping producer services networks in mainland Chinese cities [J]. Urban Studies, 2015, 52 (6): 3018-3034.

[275] Zhao S X B, Cai J, Zhang L. Asymmetric information as a key determinant for locational choice of MNC headquarters and the development of financial centers: A case for China [J]. China Economic Review, 2005 (16): 308-331.

[276] Zhao S X B, Zhang L. Foreign direct Investment and the Formation of Global city-regions in China [J]. Regional Studies, 2007, 41 (7): 979-994.

[277] Zhao X, Su J, Chao J, et al. The character and economic preference of city network of China: A study based on the Chinese Global Fortune 500 Enterprises [J]. Complexity, 2020 (4): 1-11.

[278] Zhu A. Essays on the discrete choice model: Application and extension [D]. Mannheim: University of Mannheim, 2014.

[279] Zhu S, He C. Geographical dynamics and industrial relocation: Spatial strategies of apparel firms in Ningbo, China [J]. Eurasian Geography and Economics, 2013, 54 (3): 342-362.

中文文献

[1] 阿瑟·奥沙利文. 城市经济学（第六版）[M]. 周京奎，译. 北京：北京大学出版社，2008.

[2] 艾伦·J. 斯科特. 浮现的世界：21 世纪的城市与区域 [M]. 王周杨，译. 南京：江苏凤凰教育出版社，2017.

[3] 安筱鹏. 论企业空间扩张与区域经济一体化 [J]. 经济评论，2004

（2）：29-33.

［4］白俊红，刘宇英．对外直接投资能否改善中国的资源错配［J］．中国工业经济，2018（1）：60-78.

［5］白俊红，王钺，蒋伏心，等．研发要素流动，空间知识溢出与经济增长［J］．经济研究，2017，52（7）：109-123.

［6］毕秀晶，宁越敏．长三角大都市区空间溢出与城市群集聚扩散的空间计量分析［J］．经济地理，2013，33（1）：46-53.

［7］曹春方，周大伟，吴澄澄，等．市场分割与异地子公司分布［J］．管理世界，2015（9）：92-103+169.

［8］曹湛，彭震伟．全球城市与全球城市—区域“属性与网络”的关联性：以上海和长三角为例［J］．经济地理，2017，37（5）：1-11.

［9］曾鹏，秦艳辉．城市行政级别、产业集聚对外商直接投资的影响［J］．国际贸易问题，2017（1）：104-115.

［10］陈建军，崔春梅，陈菁菁．集聚经济、空间连续性与企业区位选择——基于中国265个设区城市数据的实证研究［J］．管理世界，2011（6）：63-75.

［11］陈培阳，朱喜钢．中国区域经济趋同：基于县级尺度的空间马尔可夫链分析［J］．地理科学，2013，33（11）：1302-1308.

［12］陈秀山，张可云．区域经济理论［M］．北京：商务印书馆，2005.

［13］陈艳华，韦素琼，陈松林．大陆台资跨界生产网络的空间组织模式及其复杂性研究——基于大陆台商千大企业数据［J］．地理科学，2017，37（10）：1517-1526.

［14］陈玉，孙斌栋．京津冀存在“集聚阴影”吗——大城市的区域经济影响［J］．地理研究，2017，36（10）：1936-1946.

［15］程遥，张艺帅，赵民．长三角城市群的空间组织特征与规划取向探讨——基于企业联系的实证研究［J］．城市规划学刊，2016（4）：22-29.

［16］程遥，赵民．GaWC世界城市排名的内涵解读及其在中国的应用思辨［J］．城市规划学刊，2018（6）：54-60.

［17］樊纲，王小鲁，朱恒鹏．中国市场化指数——各省区市场化相对进程2011年度报告［M］．北京：经济科学出版社，2011.

［18］方嘉雯，刘海猛．京津冀城市群创业风险投资的时空分布特征及影响机制［J］．地理科学进展，2017，36（1）：68-77.

［19］方军雄．市场分割与资源配置效率的损害——来自企业并购的证据［J］．财经研究，2009（9）：36-47.

［20］符文颖，吴艳芳．德国在华知识密集制造业投资进入方式的时空特征及区位影响因素［J］．地理学报，2017，72（8）：1361-1372.

［21］干春晖．并购经济学［M］．北京：清华大学出版社，2004.

［22］高鸿业，刘文忻．西方经济学：微观部分（第四版）［M］．北京：中国人民大学出版社，2007.

［23］高鹏，何丹，宁越敏，等．长江中游城市群社团结构演化及其邻近机制——基于生产性服务企业网络分析［J］．地理科学，2019，39（4）：578-586.

［24］高鹏，何丹，宁越敏．长江中游城市群网络结构演变特征与影响因素［J］．中国城市研究，2019（12）：43-63.

［25］高鹏，宁越敏，何丹．基于生产性服务业的长江中游城市群空间关联网络演变研究［J］．地域研究与开发，2021，40（1）：61-66.

［26］高鹏，许可双，何丹，等．公路交通可达性视角下山东省区域空间重构［J］．世界地理研究，2016，25（4）：84-92.

［27］高士博，谷人旭，王春萌，等．“快时尚”企业空间扩张路径及演化特征研究［J］．世界地理研究，2017，26（1）：102-111.

［28］韩峰，柯善咨．追踪我国制造业集聚的空间来源：基于马歇尔外部性与新经济地理的综合视角［J］．管理世界，2012（10）：55-70.

［29］何好俊，彭冲．城市产业结构与土地利用效率的时空演变及交互影响［J］．地理研究，2017，36（7）：1271-1282.

［30］贺灿飞，李燕，尹薇．跨国零售企业在华区位研究——以沃尔玛和家乐福为例［J］．世界地理研究，2011，20（1）：12-26.

［31］贺灿飞，李振发，陈航航．区域一体化与制度距离作用下的中国企业跨境并购［J］．地理科学进展，2019，38（10）：1501-1513.

［32］贺灿飞，毛熙彦．尺度重构视角下的经济全球化研究［J］．地理科学进展，2015，34（9）：1073-1083.

［33］贺灿飞，肖晓俊．跨国公司功能区位实证研究［J］．地理学报，2011，66（12）：1669-1681.

［34］贺灿飞．转型经济地理研究［M］．北京：经济科学出版社，2017.

［35］胡国建，陈传明，陈丽娟，等．企业跨区域投资格局及其影响因素——以福建上市企业为例［J］．经济地理，2018，38（9）：138-146.

［36］胡国建，陈传明，金星星，等．中国城市体系网络化研究［J］．地理学报，2019，74（4）：681-693.

［37］胡志强，苗长虹，华明芳，等．中国外商投资区位选择的时空格局与影响因素［J］．人文地理，2018，33（5）：88-96.

［38］黄群慧．“双循环”新发展格局：深刻内涵、时代背景与形成建议［J］．北京工业大学学报（社会科学版），2021，21（1）：9-16.

［39］黄玮强，高振明，庄新田．我国上市公司跨区域并购复杂网络研究［J］．工业技术经济，2015（6）：128-136.

［40］黄武俊，燕安．中国对外直接投资发展阶段实证检验和国际比较［J］．国际商务（对外经济贸易大学学报），2010（1）：67-73.

［41］黄肖琦，柴敏．新经济地理学视角下的 FDI 区位选择——基于中国省际面板数据的实证分析［J］．管理世界，2006（10）：7-11.

［42］计启迪，陈伟，刘卫东．全球跨境并购网络结构及其演变特征［J］．地理研究，2020，39（3）：527-538.

［43］季颖颖，郭琪，贺灿飞．外商直接投资技术溢出空间效应及其变化——基于中国地级市的实证研究［J］．地理科学进展，2014，33（12）：1614-1623.

［44］姜磊，季民河．长三角地区外商直接投资、知识溢出和区域创新——基于面板数据的实证［J］．科技与经济，2011，24（4）：68-72.

［45］蒋冠宏，蒋殿春．绿地投资还是跨国并购：中国企业对外直接投资方式的选择［J］．世界经济，2017（7）：128-148.

［46］康江江，张凡，宁越敏．苹果手机零部件全球价值链的价值分配与中国角色演变［J］．地理科学进展，2019，38（3）：395-406.

［47］康江江．长江三角洲城市群地区制造业专业化与集聚演变研究［D］．华东师范大学博士学位论文，2020.

［48］雷辉．我国东、中、西部外商直接投资（FDI）对国内投资的挤入进出效应：基于 PanelData 模型的分析［J］．中国软科学，2006（6）：111-117.

［49］李富有，王运良．引进外资是否促进中国对外直接投资？——基于空间溢出与门槛特征的经验分析［J］．统计与信息论坛，2020，35（1）：45-52.

［50］李健，宁越敏，石崧．长江三角洲城市化发展与大都市圈圈层重构［J］．城市规划学刊，2006（3）：16-21.

［51］李健，宁越敏，汪明峰．计算机产业全球生产网络分析——兼论其在

中国大陆的发展［J］. 地理学报，2008，63（4）：437-448.

［52］李健，宁越敏. 全球生产网络的浮现及其探讨：一个基于全球化的地方发展研究框架［J］. 上海经济研究，2011，29（9）：20-27，54.

［53］李金凯，张同斌. 中国城市生产率增长中 FDI 的分层影响和非对称效应研究［J］. 产业经济研究，2018（4）：14-25.

［54］李敬，陈澍，万广华，等. 中国区域经济增长的空间关联及其解释——基于网络分析方法［J］. 经济研究，2014（11）：4-16.

［55］李磊，冼国明，包群. “引进来”是否促进了“走出去”？——外商投资对中国企业对外直接投资的影响［J］. 经济研究，2018（3）：142-156.

［56］李琳，熊雪梅. 产业集群生命周期视角下的地理邻近对集群创新的动态影响——基于对我国汽车产业集群的实证［J］. 地理研究，2012，31（11）：2017-2030.

［57］李茜，胡昊，罗海江，等. 我国经济增长与环境污染双向作用关系研究——基于 PVAR 模型的区域差异分析［J］. 环境科学学报，2015，35（6）：1875-1886.

［58］李清娟. 长三角产业同构向产业分工深化转变研究［J］. 上海经济研究，2006（4）：47-56.

［59］李涛，张伊娜. 企业关联网络视角下中国城市群的多中心网络比较研究［J］. 城市发展研究，2017，24（3）：116-124.

［60］李仙德. 城市网络结构与演变［M］. 北京：科学出版社，2015.

［61］李仙德. 基于上市公司网络的长三角城市网络空间结构研究［J］. 地理科学进展，2014，33（12）：1587-1600.

［62］李小健. 公司地理论［M］. 北京：科学出版社，1999.

［63］李小平，王紫. FDI 抑制还是提升了城市的出口国内增加值率？——基于中国 241 个地级市数据研究［J］. 中国地质大学学报（社会科学版），2019，19（3）：136-149.

［64］李艳，孙阳，姚士谋. 基于财富中国 500 强企业的中国城市群城市网络联系分析［J］. 地理研究，2020，39（7）：1548-1564.

［65］李迎成. 中西方城市网络研究差异及思考［J］. 国际城市规划，2018，33（2）：65-71.

［66］李哲睿，甄峰，傅行行. 基于企业股权关联的城市网络研究——以长三角地区为例［J］. 地理科学，2019，39（11）：86-93.

［67］梁育填，周政可，刘逸．东南亚华人华侨网络与中国企业海外投资的区位选择关系研究［J］．地理学报，2018，73（8）：1449-1461.

［68］林柄全，谷人旭，王俊松，等．从集聚外部性走向跨越地理边界的网络外部性——集聚经济理论的回顾与展望［J］．城市发展研究，2018，25（12）：82-89.

［69］刘丙章，高建华，陈名，等．中国外资银行空间网络演化的结构特征及其影响因素［J］．人文地理，2020（2）：84-92，111.

［70］刘昌黎．关于投资相关概念的理论思考［J］．东北财经大学学报，2008（5）：3-5.

［71］刘戈非，任保平．FDI 数量与质量对中国城市经济增长质量影响的实证研究［J］．经济经纬，2020，37（6）：54-62.

［72］刘鹤．加快构建以国内大循环为主体、国内国际双循环相互促进的新发展格局［N］．人民日报，2020-11-25.

［73］刘军．社会网络分析导论［M］．北京：社会科学文献出版社，2004.

［74］刘君德．中国转型期"行政区经济"现象透视——兼论中国特色人文—经济地理学的发展［J］．经济地理，2006，26（6）：897-901.

［75］刘可文，曹有挥，牟宇峰，等．长江三角洲区域政策变迁与跨国公司布局演变［J］．地理科学进展，2013，32（5）：797-806.

［76］刘卫东，邹嘉龄．区域发展研究方向探讨［J］．地域研究与开发，2014，33（1）：1-5+16.

［77］刘修岩，艾刚．FDI 是否促进了中国城市的郊区化？——基于卫星夜间灯光数据的实证检验［J］．财经研究，2016，42（6）：52-62.

［78］刘修岩，张学良．集聚经济与企业区位选择——基于中国地级区域企业数据的实证研究［J］．财经研究，2010，36（11）：83-92.

［79］刘雅媛，张学良．"长江三角洲"概念的演化与泛化——基于近代以来区域经济格局的研究［J］．财经研究，2020，46（4）：94-108.

［80］刘逸．战略耦合的研究脉络与问题［J］．地理研究，2018，37（7）：1421-1434.

［81］刘玉潇，王茂军．中国城市日企的同业与同源效应——以京、沪、广、深为例［J］．地理科学进展，2020，39（11）：63-77.

［82］刘铮，王世福，赵渺希，等．有向加权型城市网络的探索性分析［J］．地理研究，2013，32（7）：1253-1268.

［83］娄帆，李小建，陈晓燕．大型劳动密集型企业快速扩张的区位分析——以富士康为例［J］．经济地理，2016，36（2）：102-108.

［84］卢明华，周悦颜，刘汉初，等．北京企业对河北直接投资的时空动态特征及影响因素［J］．地理科学进展，2020，39（3）：389-401.

［85］陆铭，陈钊．中国区域经济发展中的市场整合与工业集聚［M］．上海：上海三联书店，2006.

［86］逯建，杨彬永．FDI 与中国各城市的税收收入——基于 221 个城市数据的空间面板分析［J］．国际贸易问题，2015（9）：3-13.

［87］栾峰，何丹．企业家城市：城市发展理论的内涵及其批判［J］．城市规划学刊，2005（2）：50-54.

［88］吕越，陆毅，吴嵩博，等．“一带一路”倡议的对外投资促进效应——基于 2005—2016 年中国企业绿地投资的双重差分检验［J］．经济研究，2019，54（9）：189-204.

［89］马光荣，程小萌，杨恩艳．交通基础设施如何促进资本流动——基于高铁开通和上市公司异地投资的研究［J］．中国工业经济，2020（6）：5-23.

［90］马林，章凯栋．外商直接投资对中国技术溢出效应的分类检验研究［J］．世界经济，2008（7）：78-87.

［91］孟德友，李小建，陆玉麒，等．长江三角洲地区城市经济发展水平空间格局演变［J］．经济地理，2014，34（2）：50-57.

［92］苗长虹，胡志强，耿凤娟，等．中国资源型城市经济演化特征与影响因素——路径依赖、脆弱性和路径创造的作用［J］．地理研究，2018，37（7）：1268-1281.

［93］莫辉辉，金凤君，刘毅，等．机场体系中心性的网络分析方法与实证［J］．地理科学，2010，30（2）：204-212.

［94］宁越敏，施倩，查志强．长江三角洲都市连绵区形成机制与跨区域规划研究［J］．城市规划，1998，22（1）：16-20.

［95］宁越敏，石崧．从劳动空间分工到大都市区空间组织［M］．北京：科学出版社，2011.

［96］宁越敏，王列辉，李仙德，等．全球要素流动及其配置能级［M］//周振华，张广生主编．全球城市发展报告 2019：增强全球资源配置功能．上海：格致出版社，2019.

［97］宁越敏，武前波．企业空间组织与城市—区域发展［M］．北京：科

学出版社，2011.

［98］宁越敏，熊世伟，范炳全．上海利用外资的特点及空间结构分析［J］．中国软科学，1998（4）：112-117.

［99］宁越敏，严重敏．我国中心城市的不平衡发展及空间扩散的研究［J］．地理学报，1993，48（2）：97-104.

［100］宁越敏，杨传开．新型城镇化背景下城市外来人口的社会融合［J］．地理研究，2019，38（1）：23-32.

［101］宁越敏，张凡．中国城市网络研究的自主性建构［J］．中国城市研究，2019（12）：1-24.

［102］宁越敏．论中国城市群的界定和作用［J］．城市观察，2016（1）：27-35.

［103］宁越敏．世界城市群的发展趋势［J］．地理教育，2013（4）：1.

［104］宁越敏．市场经济条件下城镇网络优化的若干问题［J］．城市问题，1993（4）：2-6.

［105］宁越敏．外商直接投资对上海经济发展影响的分析［J］．经济地理，2004，24（3）：313-317.

［106］宁越敏．新城市化进程——90 年代中国城市化动力机制和特点探讨［J］．地理学报，1998，53（5）：470-477.

［107］宁越敏．新的国际劳动分工世界城市和我国中心城市的发展［J］．城市问题，1991（3）：2-7.

［108］宁越敏．长江三角洲市场机制和全域一体化建设［J］．上海交通大学学报（哲学社会科学版），2020，28（131）：53-74.

［109］宁越敏．长三角一体化中的“尺度”问题和江南文化活化［N］．学习时报，2020-12-18.

［110］宁越敏．中国都市区和大城市群的界定——兼论大城市群在区域经济发展中的作用［J］．地理科学，2011，31（3）：257-263.

［111］潘峰华，王俊松，高翔，等．汽车跨国公司在华投资的新模式及其生产网络构建——以北京现代为例［C］．地理学核心问题与主线——中国地理学会学术年会暨中国科学院新疆生态与地理研究所建所五十年庆典，2011：1.

［112］潘峰华，夏亚博，刘作丽．区域视角下中国上市企业总部的迁址研究［J］．地理学报，2013，68（4）：19-33.

［113］潘苏，种照辉，覃成林．基于先进生产性服务业的粤港澳大湾区城市

网络演化及其影响因素［J］．广东财经大学学报，2019，34（1）：103-112.

［114］潘文卿，陈晓，陈涛涛，等．吸引外资影响对外投资吗？——基于全球层面数据的研究［J］．经济学报，2015，2（3）：18-40.

［115］皮亚彬，陈耀．大国内部经济空间布局：区位、禀赋与一体化［J］．经济学（季刊），2019，18（4）：1289-1310.

［116］蒲英霞，马荣华，葛莹，等．基于空间马尔可夫链的江苏区域趋同时空演变［J］．地理学报，2005，60（5）：817-826.

［117］钱肖颖，孙斌栋．基于城际创业投资联系的中国城市网络结构和组织模式［J］．地理研究，2021，40（2）：419-430.

［118］钱学锋，裴婷．国内国际双循环新发展格局：理论逻辑与内生动力［J］．重庆大学学报（社会科学版），2021，27（1）：14-26.

［119］邵朝对，苏丹妮，李坤望．跨越边界的集聚：空间特征与驱动因素［J］．财贸经济，2018，39（4）：99-115.

［120］沈丽珍，顾朝林．区域流动空间整合与全球城市网络构建［J］．地理科学，2009，29（6）：787-793.

［121］盛科荣，张红霞，佀丹丹．中国城市网络中心性的空间格局及影响因素［J］．地理科学，2018，38（8）：1256-1265.

［122］盛科荣，张红霞，赵超越．中国城市网络关联格局的影响因素分析——基于电子信息企业网络的视角［J］．地理研究，2019，38（5）：32-46.

［123］盛科荣，张杰，张红霞．上市公司500强企业网络嵌入对中国城市经济增长的影响［J］．地理学报，2020，75（10）：1-17.

［124］司明．空间经济网络的作用机理及效应研究［D］．南开大学博士学位论文，2014.

［125］宋家泰，崔功豪，张同海．城市总体规划［M］．北京：商务印书馆，1985.

［126］宋林霖，何成祥．从招商引资至优化营商环境：地方政府经济职能履行方式的重大转向［J］．上海行政学院学报，2019，20（6）：100-109.

［127］孙斌栋，华杰媛，李琬，等．中国城市群空间结构的演化与影响因素——基于人口分布的形态单中心—多中心视角［J］．地理科学进展，2017，36（10）：112-121.

［128］孙斌栋，李琬．城市规模分布的经济绩效——基于中国市域数据的实证研究［J］．地理科学，2016，36（3）：328-334.

［129］孙斌栋，王婷，刘鹏飞．中国城市群空间结构演化的影响因素分析——基于铁路客运的功能联系视角［J］．人文地理，2019，34（5）：76-82.

［130］孙祥栋，张亮亮，赵峥．城市集聚经济的来源：专业化还是多样化——基于中国城市面板数据的实证分析［J］．财经科学，2016（2）：113-122.

［131］孙宇，刘海滨．中国区域对外直接投资空间效应及影响因素研究——基于空间计量模型的实证考察［J］．宏观经济研究，2020（7）：138-164.

［132］覃成林，桑曼乘．城市网络与城市经济增长［J］．学习与实践，2015（4）：5-11.

［133］唐子来，李涛，李粲．中国主要城市关联网络研究［J］．城市规划，2017，41（1）：28-39，82.

［134］唐子来，赵渺希．经济全球化视角下长三角区域的城市体系演化：关联网络和价值区段的分析方法［J］．城市规划学刊，2010（1）：29-34.

［135］陶修华，曹荣林．江苏省外商直接投资（FDI）时空演变及区位决策因素［J］．经济地理，2007，27（2）：217-221.

［136］万天浩．投资率、储蓄率的相关性和地区资本流动——中国 277 个城市的 Feldstein-Horioka 难题［J］．经济论坛，2017（12）：70-74.

［137］汪传江．中国城市间投资网络的结构特征与演化分析——基于企业并购视角［J］．工业技术经济，2019，38（2）：89-98.

［138］汪明峰，魏也华，邱娟．中国风险投资活动的空间集聚与城市网络［J］．财经研究，2014，40（4）：117-131.

［139］汪明峰．城市网络化的历史进程、空间实践与研究范式——对城市网络研究的地理学反思和展望［J］．中国城市研究，2019（12）：25-42.

［140］汪明峰．城市网络空间的生产与消费［M］．北京：科学出版社，2007.

［141］王宝平．基于全球价值链的多元城市网络与价值空间分异研究［D］．华东师范大学博士学位论文，2014.

［142］王承云，杜德斌．在华美、日跨国公司 R&D 投资区位的比较［J］．人文地理，2007，22（2）：1-5.

［143］王聪，曹有挥，陈国伟．基于生产性服务业的长江三角洲城市网络［J］．地理研究，2014，33（2）：323-335.

［144］王丰龙，刘云刚．尺度概念的演化与尺度的本质：基于二次抽象的尺度认识论［J］．人文地理，2015，30（1）：9-15.

［145］王凤荣，苗妙．税收竞争，区域环境与资本跨区流动——基于企业异

地并购视角的实证研究［J］. 经济研究，2015，50（2）：16-30.

［146］王晗，董平，柯文前. 江苏省外商投资与区域经济发展的时空关系［J］. 经济地理，2014，34（1）：22-27+53.

［147］王会云. 对外直接投资与我国货物贸易关系的实证研究［D］. 安徽大学硕士学位论文，2014.

［148］王姣娥，王涵，焦敬娟. 中国航空运输业与旅游业发展水平关系测度［J］. 地理科学，2016，36（8）：1125-1133.

［149］王金杰，李启航，刘金铃. 高铁开通与企业经营空间的地理扩张——基于2004-2018年上市公司子公司地理信息的实证分析［J］. 经济地理，2020，40（8）：116-124.

［150］王俊松，颜燕，胡曙虹. 中国城市技术创新能力的空间特征及影响因素——基于空间面板数据模型的研究［J］. 地理科学，2017，37（1）：11-18.

［151］王俊松，颜燕. 在华跨国公司功能区位的时空演化研究［J］. 地理科学，2016，36（3）：352-358.

［152］王俊松. 集聚经济、相关性多样化与城市经济增长——基于279个地级及以上城市面板数据的实证分析［J］. 财经研究，2016，42（5）：136-145.

［153］王丽，曹有挥，袁丰. 中国FDI区位选择的时空格局演进及影响因素分析［J］. 长江流域资源与环境，2012，21（1）：8-16.

［154］王伟，张常明，王梦茹. 中国三大城市群产业投资网络演化研究［J］. 城市发展研究，2018，25（11）：118-124.

［155］王欣，姚洪兴. 长三角OFDI对区域技术创新的非线性动态影响效应——基于吸收能力的PSTR模型检验［J］. 世界经济研究，2016（11）：86-100+136-137.

［156］王玉海，张鹏飞. 双循环新格局的实现与增长极的跃变——兼议都市圈（城市群）发展的价值意义［J］. 甘肃社会科学，2021（1）：32-40.

［157］王志锋，杨少丽. FDI对东部沿海三大都市圈经济增长作用的机制比较研究——基于长三角、珠三角、京津冀代表性城市的实证分析［J］. 经济社会体制比较，2011（6）：112-119.

［158］王志华，陈圻. 长三角制造业结构高级化与同构的关系分析［J］. 工业技术经济，2006，25（1）：94-97.

［159］卫春江，朱纪广，李小建，等. 传统农区村落位序—规模法则的实证研究：以周口市为例［J］. 经济地理，2017，37（3）：158-165.

[160] 魏后凯．中国城市行政等级与规模增长［J］．城市与环境研究，2014，(1)：4-17.

[161] 魏乐，张秋生，赵立彬．我国产业重组与转移：基于跨区域并购复杂网络的分析［J］．经济地理，2012，32 (2)：89-93.

[162] 魏守华，李婷．汤丹宁．双重集聚外部性与中国城市群经济发展［J］．经济管理，2013，35 (9)：30-40.

[163] 吴加伟，陈雯，袁丰，等．中国企业本土并购双方的地理格局及其空间关联研究［J］．地理科学，2019，39 (9)：1434-1445.

[164] 吴加伟，袁丰，吕卫国，等．金融危机下泛长三角 FDI 时空格局演化及其机制研究［J］．地理科学进展，2014，33 (12)：1601-1613.

[165] 吴康，方创琳，赵渺希．中国城市网络的空间组织及其复杂性结构特征［J］．地理研究，2015，34 (4)：711-728.

[166] 吴康．京津冀城市群职能分工演进与产业网络的互补性分析［J］．经济与管理研究，2015，36 (3)：63-72.

[167] 武前波，宁越敏．国际城市理论分析与中国的国际城市建设［J］．南京社会科学，2008 (7)：23-29.

[168] 武前波，宁越敏．中国城市空间网络分析——基于电子信息企业生产网络视角［J］．地理研究，2012，31 (2)：207-219.

[169] 夏立军，陆铭，余为政．政企纽带与跨省投资——来自中国上市公司的经验证据［J］．管理世界，2011 (7)：136-148.

[170] 小艾尔弗雷德·D. 钱德勒．战略与结构——美国工业企业成长的若干篇章［M］．昆明：云南人民出版社，2002.

[171] 谢专，张佳梁，张晓波．京津冀的产业结构现状、变迁与空间资本流动——来自工商注册数据的证据［J］．人口与发展，2015，21 (5)：24-33.

[172] 熊世伟，宁越敏．跨国公司的组织模式与区位选择［J］．世界地理研究，1997 (1)：26-32.

[173] 徐宁，李仙德．上海上市公司对外投资网络演变及其影响因素研究［J］．地理科学进展，2020，39 (4)：553-566.

[174] 薛德升，邹小华．基于中资商业银行全球空间扩展的世界城市网络及其影响因素［J］．地理学报，2018，73 (6)：989-1001.

[175] 严浩坤．中国跨区域资本流动：理论分析与实证研究［D］．浙江大学博士学位论文，2008.

［176］严重敏．区域开发中城镇体系的理论与实践［J］．地理学与国土研究，1985，1（2）：7-11.

［177］杨仁发，刘纯彬．中国生产性服务业FDI影响因素实证研究［J］．国际贸易问题，2012（11）：107-116.

［178］姚士谋．中国的城市群［M］．合肥：中国科学技术大学出版社，1992.

［179］叶雅玲，林文盛，李振发，等．中国城市间投融资网络结构及其影响因素［J］．世界地理研究，2020，29（2）：307-316.

［180］尹贻梅，刘志高，刘卫东．路径依赖理论及其地方经济发展隐喻［J］．地理研究，2012，31（5）：782-791.

［181］尹永纯．改革开放以来中国利用外资的历史考察［D］．中共中央党校博士学位论文，2006.

［182］于洪俊，宁越敏．城市地理概论［M］．合肥：安徽科学技术出版社，1983.

［183］俞立中，徐长乐，宁越敏，等．后世博效应对长三角一体化发展区域联动研究［J］．科学发展，2011（5）：25-49.

［184］张闯．中国城市间流动网络结构及其演化：理论与实证［M］．北京：经济科学出版社，2010.

［185］张凡，宁越敏．中国城市网络研究的自主性建构［J］．区域经济评论，2020（2）：84-92.

［186］张广海，赵韦舒．我国城镇化与旅游化的动态关系、作用机制与区域差异——基于省级面板数据的PVAR模型分析［J］．经济管理，2017，39（11）：116-133.

［187］张浩然．生产性服务业集聚与城市经济绩效——基于行业和地区异质性视角的分析［J］．财经研究，2015，41（5）：68-78.

［188］张京祥，吴缚龙，马润潮．体制转型与中国城市空间重构——建立一种空间演化的制度分析框架［J］．城市规划，2008，32（6）：55-60.

［189］张军，吴桂英，张吉鹏．中国省际物质资本存量估算：1952-2000［J］．经济研究，2004，39（10）：35-44.

［190］张伟丽，叶信岳，李栋，等．网络关联、空间溢出效应与中国区域经济增长——基于腾讯位置大数据的研究［J］．地理科学，2019，39（9）：1371-1377.

［191］张五常．中国的经济制度［M］．北京：中信出版社，2009.

［192］张燕玲．一国对外直接投资网络构建能推动其全球价值链分工地位提升吗？——基于社会网络分析的视角［D］．广东外语外贸大学硕士学位论文，2020.

［193］张艺帅，赵民，王启轩，等．“场所空间”与“流动空间”双重视角的“大湾区”发展研究——以粤港澳大湾区为例［J］．城市规划学刊，2018（4）：24-33.

［194］张永波，张峰．基于企业投资数据的京津冀科技创新空间网络研究［J］．城市规划学刊，2017（8）：78-84.

［195］赵渺希，刘铮．基于生产性服务业的中国城市网络研究［J］．城市规划，2012（9）：23-28.

［196］赵渺希，魏冀明，吴康．京津冀城市群的功能联系及其复杂网络演化［J］．城市规划学刊，2014（1）：46-52.

［197］赵渺希．长三角区域的网络交互作用与空间结构演化［J］．地理研究，2011，30（2）：311-323.

［198］赵娜，王博，刘燕．城市群、集聚效应与“投资潮涌”——基于中国20个城市群的实证研究［J］．中国工业经济，2017（11）：81-99.

［199］赵伟，古广东，何元庆．外向FDI与中国技术进步：机理分析与尝试性实证［J］．管理世界，2006（7）：53-60.

［200］赵新正，李秋平，芮旸，等．基于财富500强中国企业网络的城市网络空间联系特征［J］．地理学报，2019，74（4）：694-709.

［201］赵新正，宁越敏，魏也华．上海外资生产空间演变及影响因素［J］．地理学报，2011，66（10）：1390-1402.

［202］赵玉萍，汪明峰，唐曦．长三角一体化背景下的城市空间联系与规划——基于风险投资活动的研究［J］．城市规划，44（6）：55-64.

［203］郑德高，朱雯娟，陈阳，等．基于网络和节点对长三角城镇空间的再认识［J］．城市规划学刊，2017（S2）：20-26.

［204］郑曼欣．城市网络特征对跨区域投资格局的影响［D］．华东师范大学硕士学位论文，2020.

［205］中共中央，国务院．关于构建更加完善的要素市场化配置体制机制的意见［EB/OL］．http：//politics. people. com. cn/n1/2020/0409/c1001-31667879. html.

［206］中共中央，国务院．长江三角洲区域一体化发展规划纲要［R］．2020.

［207］中华人民共和国商务部，等．2017 年度中国对外直接投资统计公报［M］．北京：中国统计出版社，2018.

［208］种照辉，覃成林，叶信岳．城市群经济网络与经济增长——基于大数据与网络分析方法的研究［J］．统计研究，2018，35（1）：13-21.

［209］周锐波，刘叶子，杨卓文．中国城市创新能力的时空演化及溢出效应［J］．经济地理，2019，39（4）：85-92.

［210］周学仁，李梦君．外商对华绿地投资的就业创造效应研究——基于省际面板数据的实证分析［J］．科技促进发展，2017，13（11）：926-931.

［211］周一星．城市地理学［M］．北京：商务印书馆，2007.

［212］周沂，贺灿飞．中国城市出口产品演化［J］．地理学报，2019，74（6）：1097-1111.

［213］朱查松，王德，罗震东．中心性与控制力：长三角城市网络结构的组织特征及演化——企业联系的视角［J］．城市规划学刊，2014（4）：24-30.

［214］朱晟君，王翀．制造业重构背景下的中国经济地理研究转向［J］．地理科学进展，2018，37（7）：865-879.

［215］朱希伟，金祥荣，罗德明．国内市场分割与中国的出口贸易扩张［J］．经济研究，2005（12）：68-76.

［216］庄德林，王鹏鹏，许基兰，等．中国创业投资城市网络空间结构演变研究——基于四大投资阶段的分析视角［J］．地理科学，2020，40（8）：1256-1265.

［217］卓云霞，刘涛．城市和区域多中心研究进展［J］．地理科学进展，2020，39（8）：1385-1396.

附　录

附表 1　基于欧盟产业分类标准的 10 大产业部类

三大产业	10 大产业部类		欧盟产业分类（NACE Rev. 2）
第一产业	农林牧渔业		01. 农作物和动物生产、狩猎及相关活动，02. 林业和伐木业，03. 渔业和水产养殖
第二产业	制造业	劳动密集型制造业	10. 食品生产业，11. 饮料制造业，12. 烟草制品制造业，13. 纺织品制造业，14. 服装制造业，15. 皮革及相关产品制造业，16. 木材及木料、软木制品（家具除外）制造业及稻草制品和编织材料制造业，17. 纸及纸制品制造业，18. 印刷和复印业，31. 家具制造业
		资金密集型制造业	19. 焦炭和精炼石油产品制造业，20. 化学品和化工产品制造业，22. 橡塑制品制造业，23. 其他非金属矿产品制造业，24. 基本金属制造业，25. 金属制品制造业
		技术密集型制造业	21. 基本药物产品和药物制剂制造业，26. 计算机、电子和光学产品制造业，27. 电气设备制造业，28. 机械设备制造业，29. 汽车、挂车和半挂车制造业，30. 其他运输设备制造业
	其他工业		05. 煤炭和褐煤开采，06. 原油和天然气开采，07. 金属矿开采，08. 其他采矿和采石业，35. 电力、燃气、蒸汽和空调供应业，36. 水的收集、处理和供应业，37. 污水处理业，38. 废物收集、处理和处置活动及材料回收业
	建筑业		41. 建筑业，42. 土木工程业，43. 专业建筑活动

续表

三大产业	10大产业部类		欧盟产业分类（NACE Rev. 2）
第三产业	生产性服务业	高级生产性服务业	62. 计算机程序设计、咨询及相关活动，63. 信息服务业，64. 金融服务业（保险和养老金基金除外），65. 保险、再保险和养老金（强制性社会保障除外），66. 辅助金融服务和保险活动，69. 法律和会计服务业，70. 总部和管理咨询活动，71. 建筑和工程咨询活动、技术试验和分析，72. 科学研究与发展，73. 广告与市场研究，74. 其他专业、科学和技术活动
		一般生产性服务业	09. 采矿支持服务活动，33. 机械设备的修理和安装，39. 补救活动和其他废物管理服务业，45. 汽车摩托车批发零售贸易与修理业，46. 批发业（机动车和摩托车除外），47. 零售业（机动车和摩托车除外），49. 陆路运输和管道运输业，50. 水路运输业，51. 航空运输业，52. 运输仓储和支持活动，53. 邮政和快递活动，61. 电信业，77. 租赁业，78. 就业服务
	其他服务业		55. 住宿业，56. 餐饮服务业，58. 出版业，59. 电影、影视节目制作、录音、音乐出版活动，60. 节目和广播活动，75. 兽医活动，79. 旅游中介服务，80. 安全和调查活动，81. 为建筑物和景观活动提供服务，82. 办公室行政、办公室支持和其他业务支持活动，84. 公共管理和国防；强制性社会保障，85. 教育，86. 人类健康活动，87. 寄宿护理活动，88. 为无住宿者提供社会工作活动，90. 创意、艺术和娱乐活动，91. 图书馆、档案馆、博物馆和其他文化活动，92. 博彩业，93. 体育和娱乐活动，94. 会员组织活动，95. 电脑及个人及家庭用品修理，96. 其他个人服务活动，97. 家庭作为家政人员雇主活动，98. 为私人家庭生产各种商品和服务的活动，99. 域外组织和机构活动
	房地产业		68. 房地产业

附表 2　基于上市公司行业分类标准的 10 大产业部类

三大产业	10 大产业部类		上市公司行业分类
第一产业	农林牧渔业		A01. 农业，A02. 林业，A03. 畜牧业，A04. 渔业
第二产业	制造业	劳动密集型制造业	B13. 农副食品加工业，B14. 食品制造业，B15. 酒、饮料和精制茶制造业，B16. 烟草制品业，B17. 纺织业，B18. 纺织服装、服饰业，B19. 皮革、毛皮、羽毛及其制品和制鞋业，B20. 木材加工和木、竹、藤、棕、草制品业，B21. 家具制造业、B22. 造纸和纸制品业、B23. 印刷和记录媒介复制业，B24. 文教、工美、体育和娱乐用品制造业，B29. 橡胶和塑料制品业，32. 其他制造业
		资金密集型制造业	B25. 石油加工、炼焦和核燃料加工业，B26. 化学原料和化学制品制造业，B30. 非金属矿物制品业，B31. 黑色金属冶炼和压延加工业，B32. 有色金属冶炼和压延加工业，B33. 金属制品业，B34. 通用设备制造业，B35. 专用设备制造业，B43. 金属制品、机械和设备修理业，B41. 其他制造业
		技术密集型制造业	B27. 医药制造业，B28. 化学纤维制造业，B36. 汽车制造业，B37. 铁路、船舶、航空航天和其他运输设备制造业，B38. 电气机械和器材制造业，B39. 计算机、通信和其他电子设备制造业，B40. 仪器仪表制造业
	其他工业		B06. 煤炭开采和洗选业，B07. 石油和天然气开采业，B08. 黑色金属矿采选业，B09. 有色金属矿采选业，B10. 非金属矿采选业，B12. 其他采矿业，B42. 废弃资源综合利用业，D44. 电力、热力生产和供应业，D45. 燃气生产和供应业，D46. 水的生产和供应业
	建筑业		E47. 房屋建筑业，E48. 土木工程建筑业，E49. 建筑安装业，E50. 建筑装饰和其他建筑业
第三产业	生产性服务业	高级生产性服务业	I64. 互联网和相关服务，I65. 软件和信息技术服务业，J66. 货币金融服务，J67. 资本市场服务，J68. 保险业，J69. 其他金融业，L72. 商务服务业，M73. 研究和试验发展，M74. 专业技术服务业，M75. 科技推广和应用服务
		一般生产性服务业	A05. 农、林、牧、渔服务业，B11. 开采辅助活动，F51. 批发业，F52. 零售业，G53. 铁路运输业，G54. 道路运输业，G55. 水上运输业，G56. 航空运输业，G57. 管道运输业，G58. 装卸搬运和运输代理业，G59. 仓储业，G60. 邮政业，I63. 电信、广播电视和卫星传输服务，L71. 租赁业，N76. 水利管理业，N77. 生态保护和环境治理业，N78. 公共设施管理业，O80. 机动车、电子产品和日用产品修理业
	其他服务业		H61. 住宿业，H62. 餐饮业，O79. 居民服务业，O81. 其他服务业，P82. 教育，Q83. 卫生，Q84. 社会工作，R85. 新闻和出版业，R86. 广播、电视、电影和影视录音制作业，R87. 文化艺术业，R88. 体育，R89. 娱乐业，S90. 综合
	房地产业		K70. 房地产业

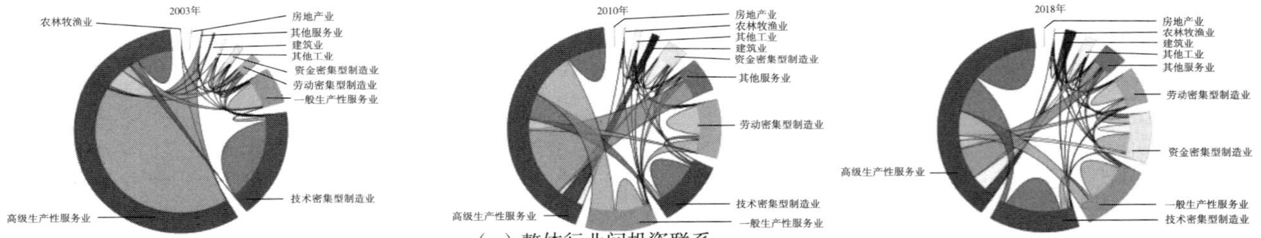

（a）整体行业间投资联系

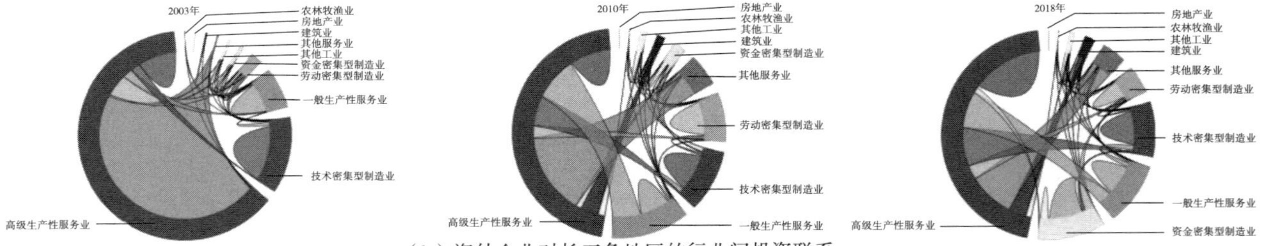

（b）海外企业对长三角地区的行业间投资联系

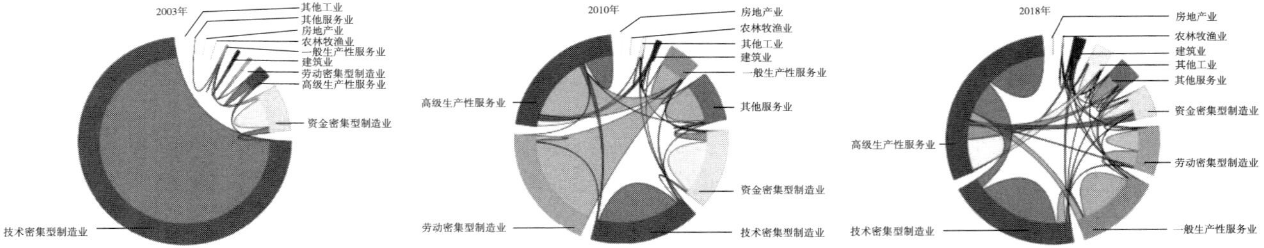

（c）长三角地区企业对海外的行业间投资联系

附图1　长三角—境外行业间投资联系

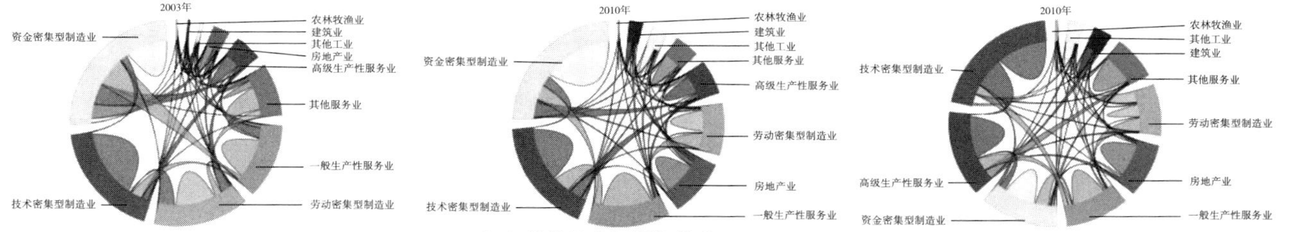

（a）整体行业间投资联系

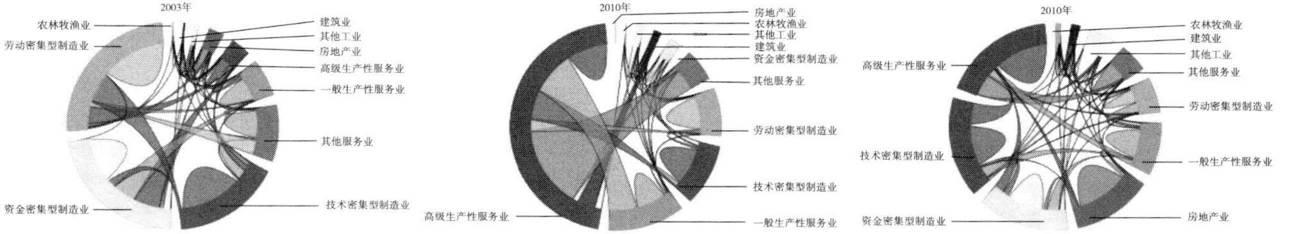

（b）全国企业对长三角地区的行业间投资联系

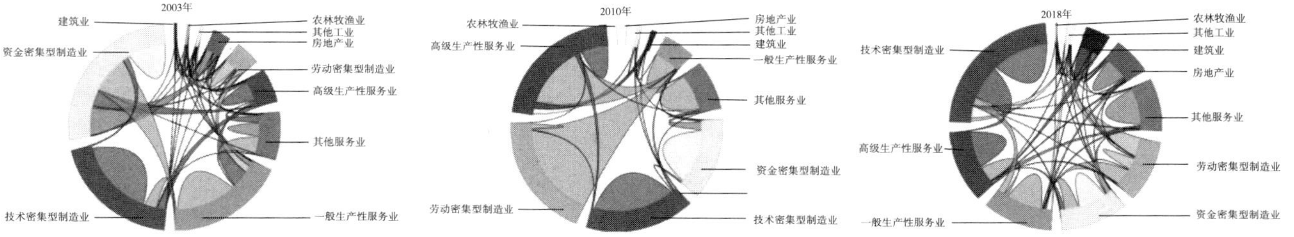

（c）长三角地区企业对全国的行业间投资联系

附图 2　长三角—全国行业间投资联系

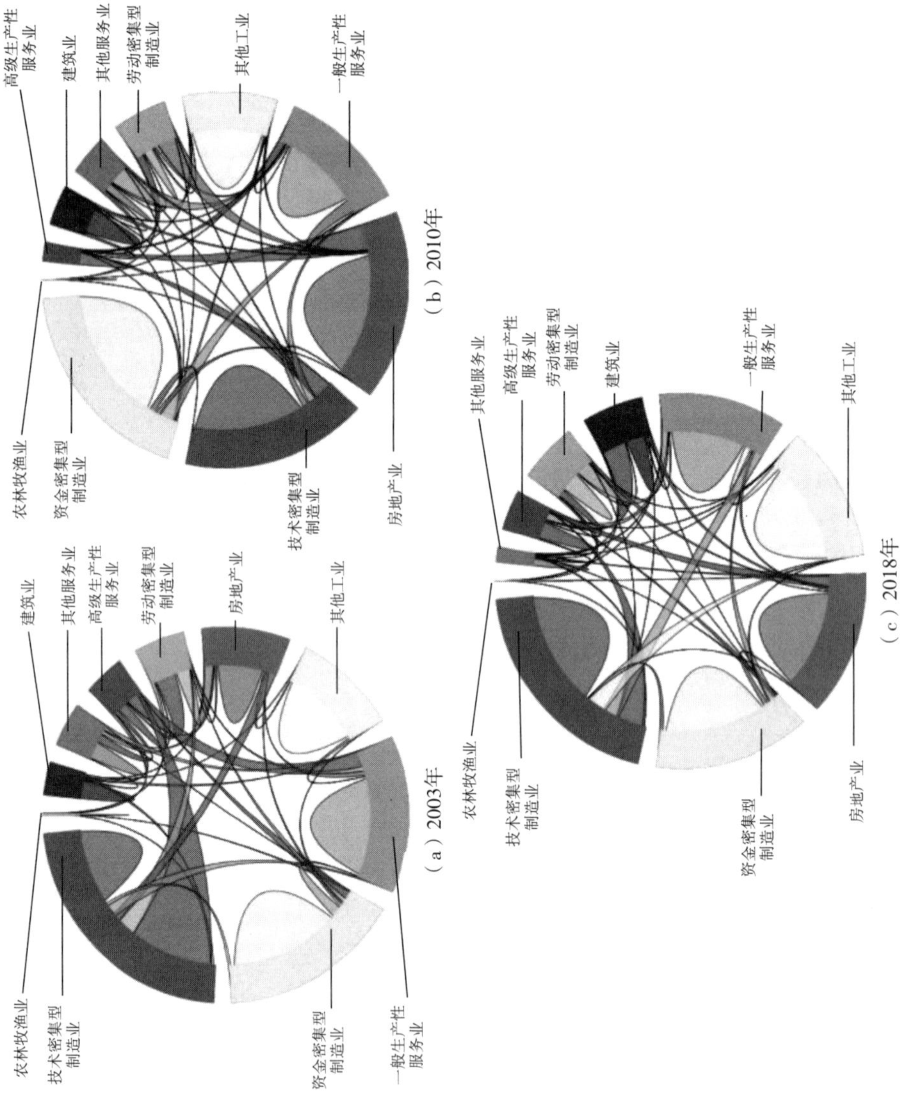

（a）2003年

（b）2010年

（c）2018年

附图3 长三角地区内部行业间投资